本书为国家社科基金课题"城郊农民市民化问题研究"（06BSH019）、教育部新世纪优秀人才支持计划"中国农民行动逻辑"（NCET-07-0749）的成果（本书涉及的所有村庄名称均系化名）

浙江村庄转型研究丛书

# 城郊农民市民化问题研究

## 以浙江省为例

毛丹 郑晓东 胡文木 著

中国社会科学出版社

**图书在版编目(CIP)数据**

城郊农民市民化问题研究：以浙江省为例／毛丹，郑晓东，胡文木著.
—北京：中国社会科学出版社，2017.7（2019.7 重印）
（浙江村庄转型研究丛书）
ISBN 978-7-5203-0622-5

Ⅰ.①城…　Ⅱ.①毛…②郑…③胡…　Ⅲ.①农民–城市化–研究–
浙江　Ⅳ.①D422.64

中国版本图书馆 CIP 数据核字（2017）第 131278 号

| | |
|---|---|
| 出 版 人 | 赵剑英 |
| 责任编辑 | 宫京蕾 |
| 责任校对 | 张依婧 |
| 责任印制 | 李寡寡 |

| | |
|---|---|
| 出　　版 | 中国社会科学出版社 |
| 社　　址 | 北京鼓楼西大街甲 158 号 |
| 邮　　编 | 100720 |
| 网　　址 | http：//www.csspw.cn |
| 发 行 部 | 010-84083685 |
| 门 市 部 | 010-84029450 |
| 经　　销 | 新华书店及其他书店 |

| | |
|---|---|
| 印刷装订 | 北京君升印刷有限公司 |
| 版　　次 | 2017 年 7 月第 1 版 |
| 印　　次 | 2019 年 7 月第 2 次印刷 |

| | |
|---|---|
| 开　　本 | 710×1000　1/16 |
| 印　　张 | 16 |
| 插　　页 | 2 |
| 字　　数 | 230 千字 |
| 定　　价 | 68.00 元 |

# 目　　录

# 第一章　城郊农民市民化：实践与理论

  法国社会学家孟德拉斯（Henri Mendras）在其 1967 年出版的名著《农民的终结》中断言："20 亿农民站在工业文明的入口处，这就是在 20 世纪下半叶当今世界向社会科学提出的主要问题。"[①] 改革开放以来特别是进入 21 世纪的 10 年来，中国的城市化和工业化进程迅速推进，使孟德拉斯的预言在中国的土地上得以生动的呈现，"数千万农民在城市化的圈地中失去了祖祖辈辈赖以生存的土地……每一年都有上万的村落在中国行政版图上消失，这些数千年的村落解体以后，农民怎样融入与他们完全不同的城市，是一个亟待解决的问题"[②]。从实践上来看，城市建设重心外移使郊区成为城市发展的重要战略空间，城市发展所导致的土地扩张也客观上促进了郊区城市化，伴随而生的城郊农民市民化问题因此成为当前各级政府和社会公众都非常关注的热点问题，其成功与否直接关系到"城乡一体化、农村城市化、农业现代化、农民市民化"的发展战略的成败，也事关全面建设小康社会和构建社会主义和谐社会的大局。[③] 从理论上看，城

---

  ① ［法］孟德拉斯：《农民的终结》，李培林译，社会科学文献出版社 2005 年版，第 1 页。

  ② 李培林：《〈农民的终结〉中文版再版译者前言》，载［法］孟德拉斯《农民的终结》，李培林译，社会科学文献出版社 2005 年版，第 7 页。

  ③ 之所以选择城郊农民入手讨论农民市民化问题，一是考虑到这是农民市民化问题的先发、典型、凸显的层面，即由于地理便利，城郊农民在交通、信息、交往、工作各个方面贴近城市与市民，"市民化"的条件较非城郊农民更为充分；二是由于很多地方政府近年来加快城市扩张与改造，采取征地拆迁、撤村建居等政策，把大量城郊农民转变成了城镇居民，农民市民化的问题因此显得比较突出；三是由于城郊农民市民化问题通常以家庭、整村为单位发生，具备对它作群体和组织分析的基础。这些因素，不仅使城郊农民市民化成为农民市民化最急迫需要研究的论题，也使它最适合被用来观察一些社会学理论（如本书所讨论的角色理论、安全经济学理论等）的适用性问题。

郊农民市民化的过程客观上触及了改造和转换传统农民的大问题，其成效与影响亟待研究和评估——这为社会科学尤其是社会学提出了观察任务。

## 第一节　作为实践问题的城郊农民市民化

### 一　城郊农民市民化与城乡发展

在一般经验上，"农民市民化"首先会被理解为农村人口（"农民"）转化为城镇人口（"市民"）的过程，是各国城市化和工业化进程中的常规现象。这个过程大概包括三个方面的转变：第一，从就业部门和经济收入方面来看，表现为由以从事农业生产为主转变为主要从事非农产业并以此为稳定的收入来源；第二，从居住地和户籍方面来看，不再居住在传统村落，转而长期居住在城市（镇），并取得城镇非农户籍；第三，从思想意识、行为和生活方式等方面看，即农民逐渐融入城市生活，与城市居民接轨、融合，"像城里人那样过日子"。① 因此，"农民市民化"事实上意味着一系列的事件：城市化率的大幅度提升（人口城市化）、农民职业（收入）的非农化、居住地域的城市化、身份的转换、财产内容与权利的变化、生活的社区化以及村庄的消失等。用社会学的术语可以概括为一系列社会角色、社会关系、社会权利、文化行为方式、社会组织、社会结构等的转型与衔接或适应。

从世界范围来看，不论是英国的强制性非农化模式还是美国自由迁移的非农化转移模式，一个共同的现象是工业化与农民市民化基本

---

① 从我国的实际情况来看，农民市民化大致可分为进城务工的农民市民化和城郊失地农民的市民化两种类型（也有学者根据动力来源的不同，将其分别称为"主动型市民化"和"被动型市民化"，参见万厦、海平《加速城市化进程中"村改居"的理论与实践探讨》，载《社会科学研究》2005年第3期）。前者作为"农民工"问题的主要方面之一，多年来一直受到有关部门和众多学者的高度关注，相关的研究较多，而对后者的研究则相对较弱较浅。

上同期发生。经济学家一般认为，这是因为工业化过程中城市工业生产部门需要大量廉价劳动力，城市可以提供更好的就业机会、更高的工资、更好的教育和卫生设施等，从而形成了对农村劳动力的"拉力"；同时，工业化带动了农业劳动生产率的提高，由此大量产生的农村剩余劳动力也需要向城市转移，而学校、医院等基本生活设施在农村中的相对缺乏和落后，又形成所谓"推力"促使他们向城市转移。工业化是农民脱离农村的加速器，直接推动农村人口向城镇的集中，因此，农民市民化过程与工业化过程是同一个过程的两个侧面。

相比较而言，我国的农民市民化进程却远远落后于工业化和城市化的发展步伐，形成了农民市民化进程与工业发展过程脱节、不同步的局面。有人曾算过这样一笔账：根据国家统计局公布的有关数据，2003 年我国的国内生产总值为 116694 亿元，其中第一产业增加值为 17247 亿元，第二产业增加值为 61778 亿元，第三产业增加值为 37669 亿元。由第二、第三产业构成的非农产业已占到国内生产总值的 85%，而 2003 年我国城镇非农人口（即"市民"）的比重仅为 40.53%，两者相差近 45 个百分点。而如果根据塞缪尔·普雷斯顿提出的所谓"1：2 规律"[1] 进行测算，目前我国工业劳动者（含乡镇工业劳动者）占全体劳动者的比例约为 55%，比 1978 年提高了 28.2%，因此城镇人口比例则应相应提高 56.4%——但实际的情况是，我国 2003 年的城镇市民人口比例为 40.53%，比 1978 年的 17.92%仅提高了 22.61%——这意味着，我们的人口城市化速度比世界城镇市民人口的一般增长速度低了 1.5 倍左右。[2]

1. 城郊农民市民化与"三农"问题

显然，农民市民化进程的严重滞后会引发和加剧"三农"问题：

---

[1]　塞缪尔·普雷斯顿对 1950—1970 年世界多个发展中国家（不包括中国）工业化与城市化关系进行考察，在收集了大量数据的基础上，他发现其比例关系大约是 1：2，即工业劳动力占全体劳动力的比例每增长 1%，城市人口占总人口的比例会增长 2%。（参见 Samuel H. Preston, 1979, "Urban Growth in Developing Countries: A Demographic Reappraisal", *Population and Development Review*, 5（2）: pp. 195-215）

[2]　姜国祥：《农民市民化是解决"三农"问题的重要途径》，载《上海农村经济》2005 年第 3 期。

其一，会加剧农民失业问题。由于市民化进程的严重滞后，农村人口无法为工业化和城市化顺利吸收，而农村有限的土地资源又无法承载过多的农业劳动力，不断增加的剩余劳动力会加剧农民失业的问题。其二，会造成农业生产率下降。随着农业劳动力日趋增加，农业规模经营受到很大限制，大量的劳动力投入导致农业生产边际效率递减，农业生产率难以提高，也限制了现代农业的推广和发展。其三，会给农民生活带来困难。在工业化和城市化进程中大批农业用地被征用，但是城乡二元的户籍制度、身份制度又阻碍了农民平顺地转变为市民，造成大批农民"种田无地、上班无岗、社保无份"的困境，他们的生活也因此受到诸多影响。

因此，多数学者认为，农民市民化应该成为我国缓解二元体制下的"三农"问题的重要途径。例如，廖红丰从农村经济发展和农民收入增长的角度，提出农民市民化是快速减少农民数量，直接提高农民收入的必由之路；是促进土地流转和规模经营、提高劳动生产率并以此增加农民收入的手段；是提高农民素质、促进农民全面发展、增加农民收入的重要途径；是拉动农产品的有效需求、改变农产品价格疲软状态、增加农民收入的有效措施。[①] 姜国祥也认为，加快农民市民化进程可大大增加需求农产品的人口，从而有效提高农产品的市场销售量和农民的农产品销售收入；有利于改变农业资源配置不合理的现状，推动农业规模经营；有利于提高农村人口素质。[②]

前述意见在一般意义上已经触及了农民市民化之于解决"三农"问题的积极意义——农民市民化作为一项政策目标显然具有其合理性，也是我国城市化与统筹城乡发展战略的有机组成部分，而城郊农村似乎更有利于通过这一政策率先解决"三农"问题。但是，问题在于，如何实现市民化？其具体的路径选择应该是怎样的？在此层面上发生的问题，在我国目前的城郊农民市民化推进政策与实践中表现

---

① 廖红丰：《农民市民化与农民收入的增加》，载《决策咨询通讯》2005 年第 1 期。

② 姜国祥：《农民市民化是解决"三农"问题的重要途径》，载《上海农村经济》2005 年第 3 期。

得十分明显，可反思的地方甚多。

作为"长三角"区域经济社会较为发达的地方，浙江省的杭州、宁波、台州等城市较早通过"撤村建居"的方式推进农民市民化，在实践上也较为成功。为了有效组织撤村建居工作，各城市相关部门先后出台了数十个文件，形成了各自较为完整的工作机制和政策体系，涉及撤村建居过程中的控制性详细规划、征地补偿、新居民社会保障、村级集体资产量化、股份制改革、社区建设、新农居公寓建设管理、集体经济发展留用地等问题。以杭州市为例，170 多个撤村建居的对象一般都是大部分农地都已被陆续征用的"城中村"或城郊村庄，撤村建居似乎是长期征用土地过程的最后一个自然顺应性的非农化环节，政府圈地的色彩并不浓重，而政府的政策设计也较为细致。而且实施这些政策所产生一个明显的变化是，许多农民一次性获得较可观的物质补偿，生活水平也有了较大提高。① 饶是如此，本课题组在调研中也还是发现，撤村建居过程所带来的问题与潜在问题及其复杂性，远远超出了政策预期：首先，由于政府财力的有限性，这些社区往往在一定程度上被置于城市管理体制之外，新市民无法完全享受和城市居民一样的医疗、失业、养老等社会保障待遇；其次，由于村庄原有基础条件无法在撤村建居的急速转换过程中同步改观，农民的自由择业力、发展可能性尚很难得到同步提升；最后，由于农村文化不同于城市文化，撤村建居的农民们需要很长时间才有可能真正融入城市生活，也许一两代人都很难成为真正的城市市民。

这些现象表明，通过撤村建居推进城郊农民市民化，在短期内可以让城郊农民（绝大多数是失地农民）依靠一次性安置补偿维持生计，实际生活水平不致下降。但从长远来看，在就业市场竞争激烈、社会保障制度不健全的情况下，随着数额有限的安置费逐渐花完，失地农民将可能失去生活保障或生活发展能力，从而给社会留下诸多隐患。

2002 年，中共十六大报告明确指出："全面繁荣农村经济，加快城

---

① 这是课题组在浙江各地调研中发现的在各撤村建居社区较为普遍的情况，详见本书各章所述。

镇化进程。统筹城乡经济社会发展，建设现代农业，发展农村经济，增加农民收入，是全面建设小康社会的重大任务。"随后，中央连年来的"一号文件"一再强调，在城乡发展战略上要执行统筹城乡经济社会发展，实行工业反哺农业、城市支持农村和"多予少取放活"的方针，并且将"生产发展、生活宽裕、乡风文明、村容整洁、管理民主"作为建设社会主义新农村的方向和重点。可见，国家解决"三农"问题的战略意图是，通过统筹城乡发展，打破以二元结构为基本特征的城乡分治格局，大力推进城乡一体化进程；通过统一城乡规划，打破城乡分割的体制和政策，加强城乡间的基础设施和社会事业建设，促进城乡间生产要素流动，逐步缩小城乡差别，使城市更像城市，农村更像农村，实现城乡经济、社会、环境的和谐发展，从而最终建立起城市和农村互补互促、共同进步、平等和谐的经济社会发展新格局。

　　但是，近年来在我国一些地方，由于"提高城市化率"的政绩冲动和"土地财政"的利益诱惑的双重驱使，地方政府非常热衷于通过大规模的征用土地来推进城郊农民市民化。在这些地方，城郊农民市民化所产生的问题更多、更复杂。毋庸讳言，这些问题的产生在很大程度上与这些地方政府策划和推进郊区城市化的动机或出发点有关：大多数地方政府实际上并非首先考虑城郊农民权益的改善和提升，加速推进城郊农民市民化常常出于前述的政绩和利益驱动，其核心是新时期地方政府的"圈地运动"，秉承的是从农村和农民那里汲取资源的惯性思维。通常，城市化进程中地方政府"圈地"的意图越是强烈，产生的问题就越是严重。有人甚至激烈批评说："改革初期的利改税和财政分级承包，在使全民所有制演化为部门所有制的过程中，逐步强化了地方政府在'现代化攀比'压力下，进行地方政府资本原始积累的利益决策取向。其中最为关键的是：对地方政府而言，它们往往直接参照改革前中央政府进行资本原始积累的制度经验，通过种种以国家为名的手段，剥夺农村、农民，从农业提取积累。"① 显然，按照这个取向设计和实施的城郊土地征用、推动城郊

---

① 温铁军：《三农问题与世纪反思》，三联书店2005年版，第38页。

农民市民化的工程，不但不能真正有效地在城郊地区首先解决三农问题，反而极有可能引发新时期的新"三农"问题——这显然并不符合中央近年来在"三农"问题上的政策意图。

因此，如果把城郊农民市民化作为解决"三农"问题的重要举措，那么，无论在理论上还是在实践上，无论是在目标设定还是在路径选择上，都需要对目前的城郊农民市民化方向及其实施策略选择作出谨慎审视。

2. 城郊农民市民化与城市发展

客观而言，城郊农民市民化不仅涉及在城郊区域率先解决"三农"问题，还直接涉及如何选择城市建设与城市发展策略的问题。诺贝尔经济学奖得主、美国哥伦比亚大学经济学教授斯蒂格利茨曾经断言，中国的城市化与美国的高科技发展将是影响 21 世纪人类社会发展进程的两大关键因素，并认为中国的城市化将是区域经济增长的火车头，将会产生最重要的经济效益。显然，城市化将是未来一段时间内我国经济社会发展的战略重点，但在城市化进程中如何进行城市建设和城市发展，是中国在 21 世纪里面临的巨大挑战。目前，城郊农民市民化的常规路径——通过撤村建居或者征用土地实现城市空间拓展——正在对我国城市发展战略产生重大的影响，并且暴露出了片面追求城市规模和扩张速度的一些弊端，集中表现为以下两个方面：

其一，城市建设与城市发展中存在着片面追求"大城市"的倾向。

如上所述，现有的城市化路径一般都表现为相对较大城市为了拓展城市发展空间，解决城市发展用地所采取的一种地方政策，它所依据的实际上是一种传统的大城市发展理念。在实践上，这一路径并不尽符合现代城乡协调发展理念的要求。在发达国家，城市化进程经历了两个截然不同的发展阶段，即大城市发展阶段和小城市发展阶段。在第二次世界大战以前，以美国、英国、德国、荷兰和比利时为代表的西方城市化发展主要表现为乡村人口集中向城市或较高人口密度地区转移。但是在第二次世界大战后的半个多世纪里，西方城市发展不再表现为人口集中向城市或较高人口密度地区转移，相反是人口向乡村或较低人口密度地区转移。以美国为例，已有的城市人口和第二、第三产业出现向乡村地区流动，人口和产业的主流不是向人口密度较高的地域转移，而是向人口密度远低于城市核心地区或老郊区的地方转移，以致形成"无边的城镇"。西欧国家也是如此，城市化发展并不表现为大城市的发展，城市化的主流方向是原先的乡村人口就地改变和提升生产方式和生活方式，人口不一定是向特定的地方集中转移，而是保留在乡村地区，新建起一座座小市镇，形成"无尽的城镇"。从面上统计数据看，我国目前的城市化水平远远不及西方发达国家——根据联合国有关组织的统计，我国目前城市化水平是43.9%，还不及第二次世界大战前发达国家的一般水平。但是，如果考虑到我国人口众多、疆域辽阔，地方城市化差异巨大等因素，结论会很不相同。"实际上，如果按照美国人口聚集程度和对城市的定义讲，在我们东部的许多地区，特别是许多特大城市区域内，如京津唐经济区、长三角经济区、珠三角经济区，人口城市化已经超过70%。"[1] 客观而言，这些地区实际上正面临着与西方发达国家曾经经历过和正在经历的同样的城市发展难题——如何从集中趋于分散。这是因为，城市的发展过度追求规模，不仅会加剧城乡差距，而且还会导致一系列严重的城市问题。

　　1990年颁布的《中华人民共和国城市规划法》第四条规定："国家实行严格控制大城市规模、合理发展中等城市和小城市的方针，促进生产力和人口的合理布局。"但是，长期以来，这个决策并没有得到有力贯彻。特别是近年来，地方各级政府各自为政，迅速扩张城市的意图显得强烈，在实施城市发展、推进城郊农民市民化过程中，考虑城市规模多、考虑农民能力少，考虑城市效益多、考虑乡村提升少，考虑经济增长多、考虑社会文化少，未能综合、科学地顾及规模与效益、城市与乡村以及发展与治理等一系列问题的解决。其中一个直观的表现是，在推进城郊农民市民化过程中，政府从土地等方面获益颇多，而为城郊农民付出的少，甚至经常出现补偿资金不足或不到位而形成"半拉子"工

---

　　[1]　叶齐茂：《发达国家乡村建设考察与政策研究》，中国建筑工业出版社2008年版，第132页。

程，既影响了农民市民化，也不利于城市本身的发展。

其二，城市建设与城市发展中存在着片面追求"快速化"的问题。

城市化发展离不开土地，而撤村建居最直接的结果就是征用农村土地用以城市建设，因此，撤村建居自然成了推进城市化进程最直接、最有效的方式和途径。撤村建居本来是 20 世纪末少数发达地区所采取的地方政策，但是，自党的十六大报告提出"全面繁荣农村经济，加快城镇化进程"后，很多地方纷纷借机圈地征地搞开发区，加快撤村建居，工作方式粗放，并且显得无力或无意解决各种遗留问题。

应该承认，在全球性的城市化进程中，城市化水平的高低正成为衡量一个国家或地区是否现代化的主要标志之一。我国作为后发国家，适当加快城市化进程的确有其必要性。首先，我国目前城市化的总体水平还相对较低。1998 年，世界的平均城市化水平（城市人口占总人口的比重）是 46%，其中低收入国家为 30%，中等收入国家为 65%，高收入国家为 77%，整个东亚和太平洋地区为 34%，而中国则仅为 31%；到了 2004 年，我国的城市化水平增至 41%，但较之当年 50% 的世界平均水平仍有很大的差距。其次，我国正处在城市发展加速阶段。美国经济地理学家诺瑟姆关于城市化发展进程的"S 曲线理论"认为，世界各国城市化历史过程大体都表现为"S"形曲线，即先由慢到快再由快到慢，直至停滞不前的曲线发展过程，"就阶段性规律而言，当城市化率为 20%—30% 时，城市化处在初始阶段；当城市化水平进入 30%—70% 这一区间时，城市化的进程就处于加速发展时期；当城镇人口占总人口的比例超过 70% 时，城市化开始进入停滞不前的终结阶段，北美洲和欧洲的发达国家就处在这样的阶段。"[①] 若按此规律，当代中国正处于"S"形曲线中的高速发展阶段。

但是，问题在于，我国目前的城市化进程可能已经超过了正常的发展速度。据《中国统计年鉴》数据统计，自 20 世纪 90 年代以来，全国城市（镇）数量、规模尤其是城市（镇）面积均呈现高速扩张态势。中

---

① 沈建国：《世界城市化的基本规律》，载《城市发展研究》2000 年第 1 期。

国科学院可持续发展战略研究组在 2005 年的研究报告中指出："我国未来 50 年内必须年均有 1000 万以上的农村人口转化为城市人口，才有望实现现代化，在 2050 年之前，将城市人口和农村人口比例从现在的 30% 比 70%，转化为至少 70% 比 30%。"也就是说，按照目前的城市化发展速度，我们城镇人口在未来 40 年左右的时间就能达到 70%。在全球范围内，这个速度属于惊人。[①] 例如，"英国城市人口从占 30% 发展到占 70% 用了 200 多年时间，在 19 世纪中叶才达到；美国城市人口从占 30% 发展到占 70% 用了 100 多年时间，在 20 世纪 20 年代达到。"[②] 超速的城市化，对城市发展、社会建设都是严峻考验。因为城市化是一个复杂的社会工程，需要与一个地区的经济发展水平、工业化水平、市场环境、社会能力、政府能力等各方面因素相适应。如果急于求成，很难避免拉美国家出现的"城市病"。目前，中央显然已经意识到了这一问题。党的十六届五中全会在关于"促进区域协调发展"的问题中，把十六大报告中的"加快城镇化进程"的表述调整为"促进城镇化健康发展"，提出要"积极稳妥地推进城镇化"，并且明确指出必须"坚持大中小城市和小城镇协调发展，提高城镇综合承载能力，按照循序渐进、节约土地、集约发展、合理布局的原则，积极稳妥地推进城镇化"。

从这个意义上说，认真研究城郊农民市民化问题也意味着重新省思城市发展策略选择的问题。

## 二　撤村建居：浙江的经验与问题

### 1. 浙江各地撤村建居的实践与经验

作为我国东部较为发达的省份，浙江省是以主要城市为单位推进城郊农民市民化起步较早、步伐最快的地区之一，其中省会城市杭

---

① 我们还可以从另外一组数字来认识我国目前城市化的速度：从 1953 年到 2004 年约半个世纪的时间里，我国城市化的年均增长速度只有 0.57%，但是从 1990 年至 2000 年 10 年里，中国的城市化率从 26.2% 提高到了 36.0%，平均每年增长约 1 个百分点。从 2000 年到 2004 年的 4 年里，城市化率从 36.0% 提升到了 41.8%，平均每年增长约 1.5 个百分点。

② 葛正鹏：《农村城市化——农民市民化研究的新视角》，载《经济问题》2007 年第 4 期。

州，以及台州、宁波等市都有较大力度的推进，相关的政府措施、具体进程以及面临的问题也具有相当的典型性。"撤村建居"是浙江各地推进城郊农民市民化的最主要方式，早在 1998 年，杭州市市委、市政府就出台了《关于在市区开展撤村建居改革试点工作的意见》，随后台州、嘉兴、宁波和绍兴等市也相继制定了有关撤村建居的具体程序和步骤。① 虽然这些城市的具体政策与实践有所不同，但是一般都包含或涉及以下几个方面的内容：

（1）关于撤村建居农民社会保障实现方式的探索

在我国，土地对于农民不仅意味着农业生产要素，同时也是其实现各项基本社会保障的根本条件。因此，在实行土地征用、实施撤村建居过程中，地方政府一般会把失地农民的社会保障视为关键问题。又由于货币补偿和实物补偿的局限性，② 浙江省一直致力于寻找失地农民各项社会保障的实现方式，比较有代表性的是 1998 年嘉兴市政府出台的《土地征用人员分流办法》和 2003 年杭州市政府出台的《关于市区征用土地农转非人员就业和社会保障的若干意见》和《杭州市区征用土地农转非人员"双低"养老保险实施办法》等。2003 年 5 月，浙江省劳动和社会保障厅、省国土资源厅等 5 个部门联合制定下发了《关于建立失地农民基本生活保障制度的指导意见》，同年 8 月，浙江省人民政府下发了《关于加快建立被征地农民社会保障制度的通知》，以养老保险为主，就业、医疗等保障配套的撤村建居农民基本生活保障制度开始在浙江全省范围内基本建立起来。

从保障对象上来看，上述文件和制度基本上都将参加此类社会保障的对象界定为劳动年龄段内和劳动年龄以上人员，并且被征地时登

---

① 浙江各地的撤村建居工作大多是循序渐进、稳步推进的。以杭州市为例，1998 年启动第一批 34 个试点村，2001 年、2004 年分别启动第二批和第三批，截至 2007 年，杭州主城区累计完成个撤村建居 171 个村。随着撤村建居在全省的展开，全省行政村数量近年逐渐呈下降趋势，据《浙江统计年鉴统计》统计，2003 年、2004 年、2005 年、2006 年分别为 38322 个、35445 个、34515 个、32976 个。

② 这两类补偿方式的弊端主要表现为现行补偿标准偏低、大多数农民在现金消费上存在的短期行为及其理财能力的低下等，导致有限的货币或实物补偿对失地农民的生活难以起到有效的保障作用。

记注册为农业人口。上述制度的主要内容，则是为处于不同年龄段的撤村建居农民建立起标准有别、内容不同的养老保障制度：对于 16 周岁以上、60 周岁以下处于劳动年龄段的失地农民，以促进就业为目标，就业前发放不超过两年的生活补助，期满未就业者若符合城市低保条件则纳入低保，期满就业者参加城镇职工基本养老保险；对劳动年龄段以上的失地农民，实行养老保险，缴纳保费后定期领取养老金至终身；16 周岁以下的人员不在养老保险范围内，一次性发放征地安置补偿款。2009 年 11 月杭州市又作出新规定，自 2010 年起，60 周岁以上农民即使未缴纳过养老保险，也可享受每月 90 元补助。

从资金来源上看，各地社保基金的筹资办法大多采取"三个一点"，即"政府出一点、集体补一点、个人缴一点"的方式进行筹集。浙江省规定，政府出资部分不低于保障资金总额的 30%，从土地出让金收入中列支；集体承担部分不低于保障资金总额的 40%，从土地补偿费中列支；个人承担部分从征地安置补助费中抵缴。集体和个人缴纳的费用进入个人专户，个人账户的计账利率按一年期银行同期存款利率确定；政府的补助金进入社会统筹基金，实行个人专户与社会统筹相结合的制度。此外，还要求在土地出让金中提取建立被征地农民基本生活保障的风险准备金，以应对未来的支付风险。上述四部分资金，由当地国土资源部门负责在征地费用拨付过程中统一办理，及时足额转入当地财政部门开设的社保基金专户中，并抄送给承担该项工作的职能部门，以确保被征地农民基本生活保障费在规定时间内全额到位。被征地农民基本生活保障基金（含风险准备金）实行收支两条线和财政专户管理，单独建账，专款专用，不得转借、挪用或截留、挤占，同时还强调建立健全基金监督和管理机制，确保被征地农民基本生活保障基金安全运营和实现保值增值。

根据《浙江省人民政府关于加快建立被征地农民社会保障制度的通知》，实施被征地农民社会保障，一般可先实行基本生活保障方式；也可实行基本生活保障与社会保险相结合的办法；有条件的地方，还可将他们直接纳入城镇社保体系。在实践中，浙江省被征地农民基本

生活保障制度大致可分为四种类型：①

其一，基本生活保障型。采用基本生活保障型模式的地、市在浙江所占比例相对较高，其中以宁波、温州最为典型。此种类型是参照城镇最低生活保障制度设计的，它结合当地的经济发展状况和承受能力，一般设有多个档次，实行缴费水平与保障待遇挂钩、个人账户与统筹账户相结合的模式。资金来源于个人、集体和政府三个方面，其中，个人和集体缴纳的保障资金一律计入个人账户，而政府补贴部分进入统筹账户。这种保障制度采取个人账户优先使用的原则，不足部分从统筹账户和风险准备金（按照养老保障资金总额的一定比例建立，以应付未来的支付风险）中开支。保障对象去世后，其个人账户中的本息余额可由其法定继承人或指定受益人继承。个人账户的计账利率按一年期银行同期存款利率确定。例如，《宁波市被征地人员养老保障试行办法》规定，土地被征用60%以上的行政村的常住户口村民都可自愿参加社会养老保险。采用一次性缴费和到达退休年龄后按月享受养老保障待遇的办法，缴费标准和养老保障待遇标准分为三档，2003年确定的待遇标准为一档300元、二档250元、三档200元，个人享受待遇的档次必须与其缴费的档次相对应。

其二，基本养老保险型。此种类型主要是参照城镇职工基本养老保险办法设计的，更多地强调享受待遇与保障对象缴费时间和缴费指数挂钩，较多地体现了养老保障的权利与义务的对等关系，比较充分地体现了保险性。其具体做法包括：缴费满15年以上的，本人缴费工资平均指数低于0.6的，基本养老金低于公布养老金最低数额的，按最低数额领取；低于0.6的，其享受的养老金也同比例减少。缴费不满15年的，个人账户本息一次性发给本人，享受的养老金待遇因本人缴费年限、缴费工资平均指数不同而不同。这种制度的保障水平相对较高，目标是同城镇基本养老保险制度相衔接，因此在很长时间内仅有嘉兴市采取这种类型。2009年以后，杭州市也将此类保障列

---

① 杨翠迎：《被征地农民养老保障制度的分析与评价》，载《中国农村经济》2004年第5期。

入可选类型之一。

其三，双低保障型。杭州市和台州市采取这种类型，它主要考虑被征地农民的收入水平较低，同时，又要与城镇职工基本养老保险制度相衔接，因此，参照城镇职工低缴费、低享受的"双低"水平设计这种保障制度，实行基础养老金和个人账户养老金模式，资金来源同样是个人、集体和政府三个方面。如杭州市实施细则规定，缴费基数按照上年浙江省月平工资的100%确定，缴费比例为19%，一次性缴费15年，到达领取养老金年龄时，其养老金由基础养老金和个人账户养老金组成，基础养老金月标准为退休时上一年全省月平均工资的19%乘以缴费系数，个人账户养老金月标准为个人账户储蓄存款额的1/120，月享受最低养老金额为410元。

其四，基本生活保障与基本养老保险结合型。此种类型按照被征地农民的不同年龄段、失地程度及就业状况等，区别对待，不同的情况实行不同的制度类型。这种类型在浙江相对较少，目前仅有衢州采用。

（2）关于集体资产管理与保值增值新模式的探索

根据我国有关法律规定，农村地区的村庄集体资产一般包括：法律规定属于集体所有的土地、山林、水面等自然资源；集体所有的各种固定资产、流动资产、长期投资、无形资产和其他资产。因此，在撤村建居中土地征为国有的补偿资金，除按政策应补偿给个人的以外，一律归集体所有。① 撤村建居之后，村民们失去了原来发挥着生计保障功能的土地，他们的就业又往往面临极大的不确定性，因此，改制后的村集体资产收益就成为村民赖以生存的主要经济来源。如何公正合理地处置农村集体资产，并实现其保值增值，关系到撤村建居农民未来的生存和生活，从而进一步关系到社会的稳定。但是，如何处置这些集体资产，国家并没有统一规范的指导意见，全国各地的做法也不尽相同。在浙江，为了确保撤村建居后集体经济组织的正常运

---

① 参见杭州市《关于在市区开展撤村建居改革试点工作中有关集体资产处理的实施办法》。

行，地方政府几乎都将实行股份合作制改革作为完善集体经济的实现形式及分配方式、实现资产的保值增值有效途径，也都出台相应的措施。① 在实践中，这种农村集体资产的股份合作制改革主要表现为以下几个特点：②

一是保持集体资产的所有权和经营管理权不变。村经济合作社股份合作制改革后，村集体资产仍属原村经济合作社全体社员所有，由新成立的股份经济合作社依法行使对原村集体资产的所有权和经营管理权。在改革过程中，集体资产折股量化到户（人），所有权仍属村股份经济合作社集体所有；量化到户（人）的集体资产股权，只作为享受集体经济收益分配的依据，各股份经济合作社实行自负盈亏，独立承担民事责任。各地也都规定，股份经济合作社资产，不得以任何形式平调，不得为外单位和个人作经济担保，严禁非法侵占、私分。浙江的实践表明，股份经济合作社是市场经济条件下农村社区性集体经济的一种新的组织形式，既维护了其集体所有制的性质，又为其在新时期实现保值增值创造了更好的条件。

二是实行股份制和合作制并轨运行。村庄集体经济实现股份合作制改革后，按照股份制要求，制定《村股份经济合作社章程》，规范

---

① 浙江村经济合作社股份合作制改革大致经历了三个阶段：一是试点阶段。20世纪90年代初到中后期，杭州、宁波、绍兴等一些失地农村，在管理土地被征用后的集体资产时，积极吸收广东乡村集体企业的改制经验，着手尝试农村集体经济组织股份合作制改革。二是引导阶段。从20世纪90年代末到2005年，一些地方围绕明晰产权、股权设置、折股量化、收益分配等内容进行了大胆创新，并根据国家有关法律法规结合本地实际及时制定了相应的政策措施，拓展集体资产保值增值新机制，创新农村集体所有制经济的有效实现形式，有力地推进了农村城市化和农民市民化。三是推进阶段。为了进一步规范和推广股份合作制改革，2005年浙江省委办公厅、省政府办公厅和浙江省农业厅先后出台了《关于全省农村经济合作社股份合作制改革的意见》和《浙江省村级股份经济合作社示范章程》，对改革的指导思想、基本原则、改革重点、操作规范等做了明确要求，这意味着股份合作制改革在浙江省已经进入推进和加快发展的新阶段。

② 主要参照的文件有：杭州市《关于撤村建居后原村集体经济组织股份合作制改革的实施意见》《农村经济合作社股份合作制改革实施意见（试行）》，台州市《关于撤村建居工作中集体经济组织实行股份制改革实施办法（试行）》，嘉兴市《关于推进农村社区股份制改革的实施意见》，绍兴市《关于推进农村社区股份合作制改革的意见》等。

村股份经济合作社的管理和运作。《章程》一般包括总则、股东、组织机构、资产和经营管理、财务管理、收益分配及附则等内容，明确股东（代表）大会、董事会和监事会的产生办法及其职责，明确议事规则及有关制度。《章程》经股东（代表）大会讨论通过。村股份经济合作社的重大投资决策、经营方针、年度计划及执行情况，须经股东（代表）大会讨论决定，按照合作制原则，每个股东（代表）享受平等权利，实行"一人一票"表决。

三是实行"人口股"和"农龄股"兼用的折股量化方法。原则上按在册社员人口和在经济组织内的"农龄"为计算依据，设立人口股（人口福利股）和农龄股（劳动贡献股）两种。人口股的享受对象为到撤销原行政村建制批准之日截止的在册人员；农龄股的享受对象为撤销原行政村建制批准日为止的在册人员，以及从本村第一轮土地承包责任制落实之日起到撤销原行政村建制批准日截止的曾经在册人员，以其在原经济合作社实际工作年限进行计算。对股份制改革前已"农转非"招工等离村人员，可按在本村的实际年限享受一定股份。对在校大中专学生、入伍战士、正在接受劳改劳教的人员以及归正人员等也应作相应考虑。折股量化的"人口股"和"农龄股"在总股权中的配置比例，可以因村制宜，合理确定。具体比例由社区成员民主讨论后，按2/3以上成员同意的方案确定。其他个别特殊情况，在尊重历史和现实、不违反国家法律和法规的前提下，经股东代表大会讨论决定，按合理性原则给予一次性经济补偿。各地还普遍规定，集体资产量化折股过程中，必须坚持男女平等原则，不得歧视女性等。

四是采取静态和动态两种不同股权管理模式。对多数土地被征用或者已撤村建居的村股份经济合作社，一般实行固化股权的静态管理模式，即股份量化对象和股权的确定不再随人口的变动而增减，即所谓"一次配股，终身受益"，"增人不增股、减人不减股"；对土地征用不多又未实行撤村建居的村股份经济合作社，一般实行动态管理模式，即股份享受对象和股权每年或每届调整一次。也有少数地方实行半动态管理的，即人口股随人口的增减而增减，农龄股固化处理，不增不减。实行动态管理和半动态管理的，一般随土地被基本征用或撤村建居而转为静态管理。此外，也有少数一些地方无论土地征用多少、撤村建居与否，都直接实行静态管理。

（3）关于有效发展壮大集体经济途径的探索

撤村建居自始就是地方政府推进的，农民和村集体更多地是被动的参与者，因此从公共政策的层面来说，政府必须对此过程负担其主要的甚至全部的风险后果。事实上的情况是，由于受财力以及其他一些因素的制约，浙江省各地方在实践中主要采取的办法几乎都是由政府、集体（村）、个人（村民）三方共同承担。例如，根据《浙江省人民政府关于加快建立被征地农民社会保障制度的通知》规定，社保基金的筹资办法就是采取前述"三个一点"的方式来筹集的。由此可见，在政策本身，还是希望集体经济组织传统的社会保障功能在撤村建居后不仅不要削弱反而应该更加突出。为了更好地发挥集体经济的社会保障功能，各城市又纷纷出台了鼓励和扶持集体经济组织发展壮大的若干政策，其中最有实际效果的是关于"撤村建居"后集体留用地的规定。例如，杭州市政府于 2001 年出台规定，为解决原村集体经济组织及其成员在撤村建居后的生产、生活问题，可在符合城市规划和土地利用规划确定的建设留用地范围内，留出可转为建设用地的农用地面积的 10%，作为社区、村镇建设和经济发展用地，也可以折抵符合规划但未办证的乡镇企业用地。浙江省政府在 2002 年也发出《浙江省人民政府关于加强和改进土地征用工作的通知》，积极提倡按一定比例留地安置被征地农民，要求各级规划部门搞好被征地农村留地的规划，划定的安置留地由农民自建自用的，按农村集体用地性质处置；土地所有权转为国有的，收益全额归集体经济组织所有，市、县政府给予免收出让收入和配套费用等扶持措施。

采用"集体留用地"办法是浙江省各地政府的一个普遍做法，对于壮大集体经济起到了重要作用。在留用地政策的指导下，许多撤村建居社区依托城市发展第二、第三产业，集体积累迅速，其资产总量较大，一般的都有数千万元资产，有的达上亿元，甚至十几亿元。据宁波市农业局对全市 27 个乡镇 652 个市郊农村（占全市总村数的

16%）的调查，2001 年 652 个近郊农村资产总量为 73.6 亿元，占全市农村集体资产总量的 57.9%；其中，历年土地征用补偿费 12 亿元，占 16.30%；经营性资产（多是留用地建厂房、商铺、写字楼等）553 亿元，占 75.14%。

（4）关于以住房安置和产权保护为核心的个人安置政策的探索

城郊失地农民的个人安置①，事关农转非居民的合法权益以及与市民的"同城待遇"问题，直接影响着撤村建居的顺利进行。目前，浙江各城市最受农民欢迎的安置方式就是由货币安置转向资产安置。它一般包括：

首先，妥善处理原有住房。一般来说，撤村建居后，原属村集体或村民经批准建造（合法建筑）的集体用房或私房，按有关政策规定，准予按城镇房屋产权关系进行登记，发放所有权证及办理变更手续；对尚需村庄改造以及混合建居的，可暂不办理房产、住宅变更手续，涉及房屋拆建，仍按照有关农村房屋拆迁的有关规定执行。

其次，鼓励农转非居民入住高层和小高层。为了能够将农转非居民纳入统一规划住房，政府通常的做法就是在政策上予以大力优惠。以杭州市为例，符合农转居多层公寓安置条件的农转非居民，凡入住高层或小高层住宅的，给予在原多层公寓安置指标基础上增加 10% 的面积指标。农转非居民可按建安价购买人均建筑面积 44 平方米的高层或小高层住宅，按成本价购买人均建筑面积 11 平方米的高层或小高层住宅；凡 2010 年之前，对农转非居民以建安价、成本价、综合价购买农转居多层公寓中高层或小高层住宅的，都给予一定额度的价格优惠，使高层和小高层住宅的价格与多层住宅价格接近或基本持平。各区建管中心组织实施农转居多层公寓中高层和小高层住宅时，给予入住者购买价格上的优惠和物业维修基金的差额部分，由各区在城中村改造资金专户内综合平衡；其他建设单位实施农转居多层公寓中高层和小高层住宅时，给予入住者购买价格上的优惠和物业维修基

---

① 个人安置一般包括户籍、就业、住宅和房产等方面，其中，住房安置及其产权问题是最核心的问题，所以，以下主要围绕这个问题进行讨论。

金的差额部分，由其自行平衡。

最后，允许房产上市流通交易。为保障农转非居民享受"同城同待遇"，地方政府通常也要求完善农转非居民住宅的上市交易办法。如，杭州市政府规定，根据市有关规定办理房屋所有权证的农转居多层、高层和小高层住宅，其所有人补缴土地出让金、原减免的市政配套费和相关税费后，按存量房交易的有关规定上市交易；农转居多层、高层和小高层住宅所有权人（卖方）缴纳的土地出让金，按房改房上市交易补缴的土地出让金标准乘以分摊的土地面积计算，不作年限修正。

此外，在实践中，一些地方政府还采取"房产换土地"的做法，将补偿与就业安置折并为一定资产（房产）。杭州的做法是保证一个三口之家拥有三套左右的安置房，一大（120平方米左右）两小（各60平方米左右），大的用于自住，小的则可出租。这种安置办法，可以在一定程度上有效缓解撤村建居过程中的紧张冲突，有利于农民市民化。

概而言之，浙江关于城郊农村撤村建居及农民市民化工作的全省性制度、政策与操作规范相对较少，而主要是依靠各城市政府及其相关工作部门出台地方性政策来加以推进的。上述撤村建居政策体系大致包括四方面内容，即社会管理政策、集体资产与土地处置政策、个人安置政策和个人市民待遇政策。[1] 就全国范围来看，浙江的这些做法或"浙江模式"具有两个明显特征：一是土地换福利；二是土地换资产。[2]

2. 撤村建居过程中产生的问题

应当看到，经过浙江省各级地方政府的精心设计和大力投入，撤村建居的确取得了相当明显的成效。一个直观的表现是，初步理顺了

---

① 撤村建居涉及很多具体问题，以杭州市为例，其后出台了70多个撤村建居文件，涉及的问题有：组织机构建设、规范和保障社区建设条件、村民"农转非"处理、集体土地处理、集体资产处理、农转居（多层）公寓建设和房产处理、社会保障和社会养老保险、社区就业、计划生育、市政设施建设及管理等。

② 关于"浙江模式"与其他地方实践的比较，详见本书第六章的讨论。

城郊结合地区的管理体制，盘活了城市土地资源，拓展了城市发展空间，促进了集体经济的健康发展，改善了农民收入结构。除此之外，撤村建居措施的一个内在价值在于，政府通过壮大集体经济力量等形式避免了城郊失地农民以个体劳动力面对市场的不利地位，有利于提高农民直面市场的能力。

但是，撤村建居工程在实现城郊农民市民化方面，仍然存在一定的问题，主要集中在下列两个方面。

（1）集体经济发展面临新的困境

合理处理集体资产，有效推进股份合作制改革是撤村建居工作全局的核心内容之一，也是考量整个工作成功与否的关键所在。但在实践过程中，这个方面的问题也表现得最多、最明显。

第一，集体经济股份制改革过程本身存在许多变数。在撤村建居过程中，浙江各地较为普遍的做法是对集体经济实行股份合作制改革，这种改革的初衷在于明晰产权，处理好国家、集体和个人三者之间的利益关系。但是在实践中出现的倾向却可能是：三者分配关系并没有完全理顺，而且还加重了集体经济的负担。

转制前的农村集体经济是一种农村社区型的农民合作经济组织，其基本职能是组织农民发展生产、增加农民收入和兴办农村社区公益事业等，这显然与一般工商企业有着本质上的区别，也因此得到国家的大力支持和保护，尤其是税收政策的保护。在此情况下，集体经济组织除缴纳农业税（20世纪90年代初期增加了农业特产税）外，其经营收入几乎不用缴纳其他税赋。但是，实行改革后，股份合作社的身份转变成了企业，因此不可能再享受政策支持，即必须按照工商企业的相关政策进行管理，经营收入要缴纳营业税、房产税、印花税、防洪费、教育费附加等，各种税费总额达到经营收入的20%以上，而居民个人还得按规定缴纳一定数额的个人收入调节税。另外，转制后的集体经济实体还要承担区公益事业建设和就业、低保等各种费用支出，仅基础设施维护、社会治安、教育文化事业投入等费用就会占去集体经济的很大一部分，甚至有的地方入不敷出。如此沉重的负担，令人产生疑问：股份合作制改革究竟是"减负"还是"加负"？谁又能保障股份合作社在面对市场风险搏击商海的过程中始终能够得到保值增值？一旦经营出现问题，集体经济何去何从，它所庇护的村民又该何去何从？

第二，集体经济组织与社区管理体制之间存在着矛盾。现有的撤村建居政策规定，撤村建居后要逐步实行社会化管理，构建新型社区。一方面，通过股份制改造，集体共有资产量化为股份，居民以股东身份，通过股东大会行使自己对集体资产的管理权、决策权，通过监事会行使监督权，改变原来村委会直接管理经济的状况。另一方面，原村集体拥有的公益设施应移交给居委会或社区管理，原村集体承担的社区基础设施建设以及市政、园林、环卫、社会治安等职能逐步转交给市政专业管理部门和街道办事处负责，纳入市政专业化和社会化管理的范围。① 但是在许多地方的实践中，由原村集体经济改造而来的股份经济合作社与撤村建居后新成立的居委会的职能不清，新的集体经济实体的管理者往往同时也是居委会的管理者，一班人马两块牌子，基本没有独立的居委会，"政经合一""政企合一""村居合一"的情况比较普遍。在此情形下，股份合作社作为新的集体经济实体，不仅要负责集体资产的经营运作与保值增值，还要担负各种政治和社会职能，如村民的就业、生活保障、社会福利、社区党的建设、精神文明建设、社会治安、计划生育、文化卫生，甚至市政、环卫等工作。这种不合理的社区管理模式势必会造成撤村建居后新产生的居委会在法律功能上的错位和权力结构上的冲突。

第三，集体经济发展并不总是与市民化进程相适应。为了保证撤村建居的顺利进行，地方政府往往通过壮大集体经济力量、加大物质补偿等方式在一定程度上改善村民的生活水平，从而换取他们的支持和配合。这些措施虽有利于消弭来自农民的阻力，但也让农民在享受到几近"不劳而获"的高福利的同时，在一定程度上消磨了劳动和

---

① 在法律意义上，村委会据以运行的《中华人民共和国村民委员会组织法》赋予村委会管理土地资产以及发展经济等职能，而居委会据以运行的《中华人民共和国居民委员会组织法》则规定居委会只具有社会事务管理职能，并没有管理经济的职能。

就业的意愿。这样的"幸福生活"在很大程度上阻碍了农民市民化进程的深化。一方面，就社区发展而言，它不利于农民社区向城市社区的转型。因为集体经济组织在强化村民对其依赖性的同时，也强化了集体经济组织自身封闭运作的趋势，其直接后果是，社区内外关系的严重失衡。另一方面，从村民个体而言，对集体经济分红和房屋出租收入的长期被动依赖，会削弱其就业竞争力，降低融入城市社会的能力——在一个职业的社会，良好的职业条件不仅能够赢得社会地位，获得社会权利，提高自我认同，而且在很大程度上会重建社会网络，提高社会资本存量——而这都是真正实现农民市民化所不可或缺的条件。

（2）村民权益未能得到有效保障

城郊农民市民化过程说到底实际上是村民获得与市民相应的身份和权益的过程，其实现程度直接关涉到市民化的得失成败，因此，地方政府对此都做了精心设计和安排。但即使如此，大规模的撤村建居工程在村民权益保护方面仍有颇多不尽如人意之处。

第一，撤村建居农民的市民待遇没有真正完整实现。

按照撤村建居的政策要求，失地农民应当纳入到城市公共服务体系中去，享受与城市居民相同的社会保障和福利待遇。但实际情况是，地方的财力往往无力支持这一大规模改制，导致社会保障经费短缺，社区公共事业亦不能按城市规划和城市管理标准执行。就社会保障而言，浙江地方采用较多的是基本生活保障型，将着眼点放在建立基本生活保障上，保障水平定位在最低生活保障与养老保险之间，在实际操作中则分档确定缴费标准和待遇标准。如金华市，个人缴费标准分别为每人 1.8 万元、1.5 万元、1.2 万元、0.8 万元、0.4 万元五档。这些参保了的撤村建居农民在男满 60 周岁、女满 55 周岁后，按个人缴费高低每月相应发给 220 元、180 元、140 元、105 元、80 元。本人未缴费的，按每月 50 元发给养老金。显然，这个标准无法与市民待遇相比，而且它主要承担的是养老保险的功能，医疗保险和失业保险则基本没有落实。在公共服务供给和市政配套方面，问题也同样明显：在很多时候，地方政府在老城区和开发区内的道路建设、水电管网、环卫保洁等方面都会有较大投入，但是在撤村建居区域内的治安保卫、垃圾处理、绿化以及其他基础设施，则主要依靠该社区自己（主要是依靠集体经济）出资解决。

第二，撤村建居农民的合法权益缺乏有效保护。主要表现在两个方面：

首先，我国现行的《宪法》《土地管理法》和《农村土地承包法》等明确规定："我国土地分属于全民所有制和劳动群众集体所有制"，"农村和城市郊区的土地，除由法律规定属于国家所有的以外，属于农民集体所有；宅基地和自留地、自留山，属于农民集体所有"，"农村集体经济组织成员有权依法承包由本集体经济组织发包的农村土地。任何组织和个人不得剥夺和非法限制农村集体经济组织成员承包土地的权利"。国家对土地所有权和经营权作出这样的法律规定，很明显是从我国城乡二元结构和实施政策不同等现实因素考虑，让农民、农村集体经济组织获得土地所有权、使用权，获得生产资料；通过自主经营、发展生产得到社会保障，从而确保广大农村社会的稳定。虽然也有规定"国家为公共利益的需要，可以依法对集体所有的土地实行征用"，但是并没有法律规定通过改变农民身份和农村集体经济组织的性质就可以改变土地所有权属。另外，根据立法精神，征地范围应该符合公益性原则，但在实践中，政府行为往往成为公益的代名词，似乎只要是经政府批准的征地项目就符合公益性原则。作为拥有土地财产权的农民，在征地和农地转用过程中，很少享有充分的知情权、发言权和参与权，农民的合法权益受到严重威胁。

其次，《农村土地承包法》规定："耕地的承包期为三十年"，"通过家庭承包取得的土地承包经营权可以依法采取转包、出租、互换、转让或者其他方式流转"。很显然，立法的目的在于通过鼓励农民对土地自主经营以及其他合法方式保障农民收入的稳定性。但是，土地征用后，其所有权发生了变化，这意味着农用地将随时可变为建设用地，30年不变的土地承包经营权也随时会丧失，长远的精细经营不得不被短期粗放经营所代替，农民的收入不再具有稳定性。值得注意的是，撤村建居后的居民和集体经济组织虽然依然享有对非农建设用地的使用权，但是，受制于城市土地管理政策和城市建设规划，其可使用的数量正日趋减少，可支配程度也大大降低。而与此同时，改制后的集体经济组织若要发展其他产业，壮大自身力量，却必须从二级市场上去获得土地，并缴纳各种土地税费，这无疑增加了投资成本，也因而影响到集体经济的经营收入。

可能主要由于上述问题的存在，当地方政府致力于推进撤村建居，并期望以此拓展城市发展空间、理顺城乡管理体制、实现农民市民化之时，一些调查却常常表明，农民的态度远非政府预料的那样乐观。在浙江，即便有上述政策设计和保障，以撤村建居推动城郊农民市民化的路径和进程仍然面临着一些较为严重的问题。浙江省人民政府研究室课题组在浙江的调查中即发现，农民"向市民转化的愿望不强烈，积极性也不高"，有很多过去进城落户已"农转非"的人员，为了获取征地补偿费、宅基地等利益，还想"非转农"，有的甚至还肯出钱再买回原来的农业户口。[1] 关于上海市土地征用的一项研究也同样表明，"当征地'农民'转变为'农转非'后，随着他们的市民化愿望和市民意识的日渐清晰、强烈，他们对自身的现状的不满亦会日渐增加"。[2] 这些情况说明，通过撤村建居推进城市化和城郊农民市民化的实践，其复杂程度远远超出了人们的政策预计，需要进行全面的检视和省思。

## 第二节　作为理论问题的城郊农民市民化

### 一　不同学科视野下的城郊农民市民化问题

城郊农民市民化的实践与问题，近年来也引起了学界的广泛关注。显然，农民市民化的内涵非常丰富，但总体而言，学界在农民市

---

[1]　浙江省人民政府研究室课题组：《城市化进程中失地农民市民化问题的调查与思考》，载《浙江社会科学》2003 年第 4 期。

[2]　陈映芳：《征地农民的市民化——上海市的调查》，载《华东师范大学学报》（哲学社会科学版）2003 年第 3 期。

民化的界定、意义等方面并没有原则性争议。已有的讨论一般将农民市民化视为"农民、城市农民工等在身份上获得作为城市居民相同的合法身份和社会权利的过程，如居留权、选举权、受教育权、劳动与社会保障权等"，[①] 同时也意味着农民在价值观以及生产生活方式等各方面向城市居民转变。有人称这"是一种职业的'农民'（farmer 或 cultivator）和作为一种社会身份的'农民'（peasant）在向市民（citizen）转变的进程中，发展出相应的能力，学习并获得市民的基本资格、适应城市并具备一个城市市民基本素质的过程"[②]。相对应地，学界对于如何判断当前农民市民化的情势及其所存在的问题却有着不同的判断，对于这些问题的解决途径也有较大分歧。这些争议与研究者的不同视角和学科背景有关，下面仅以经济学、心理学和社会学为例略述之。

1. 经济学视野中的城郊农民市民化问题

经济学者对这一问题的关注大多立足于城郊农民市民化的转移成本与收益的关系，认为农民在处理成本、报酬和风险时是进行理性计算的"经济人"。我国现阶段正处于加快推进城市化的过程中，农民在是否愿意迁居进城，是迁入大、中型城市，还是小城市、小城镇等选择上，也都表现出进行严格计算的"经济人"行为，即认为农民是富有理性并非常讲究实际的。[③] 因此，决定农民市民化的根本因素是"期望净收益"，即农民在"农民—准市民—市民"这三种身份之间作何选择，是农民根据自身条件和外部环境的变化，建立在预期收益与成本分析基础上的理性选择，其核心是期望净收益差异。[④] 基于这种"经济人"农民的基本判断，经济学者们认为一些城郊农民不

① 陈映芳：《征地农民的市民化——上海市的调查》，载《华东师范大学学报》（哲学社会科学版）2003 年第 3 期。

② 郑杭生：《农民市民化：当代中国社会学的重要研究主题》，载《甘肃社会科学》2005 年第 4 期。

③ 张忠法：《影响农民市民化的因素分析》，载《经济研究参考》2003 年第 5 期。

④ 我国农村劳动力转移与农民市民化研究课题组：《农民市民化的趋势与国内相关理论学派的主张》，载《经济研究参考》2003 年第 5 期。

愿"农转非"的主要原因，在于城郊土地正在升值而政府的征地补偿与安置费标准却明显偏低，地方政府没有正确估计到国家补贴与农民实际需要的差异。因此，政府应该改善保障办法，加强经济补偿，例如，采用上海市的以土地换小城镇社会保障模式，或整体上"把失地农民接纳为城市居民"。

2. 心理学视野中的城郊农民市民化问题

城郊农民市民化问题的心理学研究，侧重于农民向市民转变的心理变化过程研究及对农民市民观的考察。对农民市民化过程中农民的心理变化的研究主要包括农民的角色转换、角色认同及市民角色的再造等。[①] 例如，孙俐提出，农民市民化的过程实际上是农民市民角色的认同和创造的过程，一般要经历三个阶段：一是市民角色的认知阶段。市民角色的认知是指被征地农民对于与市民角色有关的权利和义务的认知和了解。当农民向市民转化的过程开始之前，他们必须完成"继续社会化"，即再次为获得市民角色而进行知识准备。二是市民角色移情阶段。市民角色的移情是指农民不仅在认知水平上而且在情绪水平上进入市民角色的能力，也就是农民完全认知和体验到市民角色。三是市民角色行为阶段。当被征地农民脱离了土地，逐渐融入了城市生活之时，角色行为也就随着其对市民角色的认知以及感情上的变化发生了相应的变化。[②] 该视角同样被用来解释我国当前农民市民化过程中的困难，如杨盛海、曹金波的研究认为，失地农民融入城市生活的困难在于角色心理转变方面的问题。一部分失地农民从农村走进城市社区以后，会对角色转换产生心理抵触情绪，融入社区困难。同时，他们乡土观念较强，怀旧心理严重，不能向前看，总觉得自己原来生活的地方比较好，因此主观上拒斥市民化。[③] 胡艳辉也指出，角色自律性迷失也是造成城市新居民不适应的原因之一。他调查了流

①　目前学术界对角色理论的运用主要侧重于心理或主观层面，这并不合适。事实上，角色理论本身也是有限的社会决定论，详见本书第三章第一节的讨论。

②　孙俐：《从社会角色转换看农民市民化》，载《江南论坛》2004 年第 4 期。

③　杨盛海、曹金波：《失地农民市民化的瓶颈及对策思路》，载《社会科学家》2005年第 2 期。

动人口和外来务工人员的犯罪记录，发现高达 88% 的违法犯罪人员在原籍的表现并不差，有些甚至属于尊老爱幼、乐于助人一类。因此，他认为一些农民在市民化角色转换过程中准备不足，一旦进入城市新环境，原有的道德行为发生失范（即自律性丧失），加之缺乏他律弥补，就易于发生越轨行为。①

应该说，从经济学和心理学角度对市民化研究，在一定方面解释了农民在市民化过程中的行动逻辑，但是，这类视角对农民市民化过程的社会复杂性的认识还显得相当不足。

3. 社会学视野中的城郊农民市民化问题

近年来，城郊农民市民化问题引起了社会学界的较多关注，所讨论的内容相当广泛，从经济利益到社会权益，从心理态度到生存状况，从社会条件到政策分析，均有所涉及，研究成果也堪称丰富。这表明，我国的社会学研究者们已经意识到，农民市民化的过程实际上是一个复杂的社会变迁过程，它既包含农民居住地点、居住方式、初级关系与次级关系重要性强弱的变迁，还标示着社会资源在各阶层的重新配置、社会认同的变化，乃至整个社会结构的变动与整合等。诚然，社会学的研究视角有助于避免城郊农民市民化的研究走向简单化和片面化的倾向，但目前关于这一问题的社会学研究同样面临很大困难：很多学者虽然已经开始从经验层面和直观政策关注农民如何向市民转化，② 但社会学界到目前为止仍然未能清晰地构建出相应的概念系统和理论方法来概括和整理现有的经验发现，故亟须改变以直观反映处理复杂社会问题的局面。此外，现有的社会学研究也尚未对城郊农民市民化的既有路径作出系统的反思。

本书试图从社会学视角出发，在经验研究基础上，期望获得两个

---

① 胡艳辉：《论城市化进程中农民工的"三德"教育》，载《湖南师范大学社会科学学报》2004 年第 4 期。

② 这类成果目前相对较多，如李培林对"羊城村"的研究，周大鸣对广州海珠区"南景村"进行的调查研究，折晓叶对高度工业化的"万丰村"就地市民化的调查研究，陆学艺等人对华北地区初步工业化村"行仁庄"的全面调查研究，郑杭生对定州的再调查研究，陈映芳课题组对上海失地农民的调查研究等。

方面的突破：一是试图运用道义经济学理论和角色理论分析市民化问题，以期理论上有所突破；二是系统反思城郊农民市民化路径，以期在政策方向上提出新的选择。

## 二　两个理论视角：安全经济学与角色理论

在关注城郊农民市民化问题的过程中我们发现，一方面，许多城郊农民拒斥市民化的原因在于对征地之后的生活感到"没把握"，缺乏安全感，这与斯科特关于东南亚农民的道义经济学的一些基本判断颇有暗合之处，于是本书用恰亚诺夫、舒尔茨的农民理论补正了斯科特的理论，提出了"城郊农民的安全经济学"的命题，用以解释"城郊农民为什么不肯当市民"的问题。另一方面，若我们将农民市民化的过程视为一个角色转换过程，我们可以发现，这一转换过程并不仅仅是主观心理调适的问题，而更多的是社会（其中主要是政府及其政策）对这一转换抱有何种态度以及为其提供了哪些条件的问题。本书运用的这两种理论和分析的这两类问题既相互区别，又相互联系：就问题而言，前者的勾勒侧重从农民的立场来探寻目前城郊农民市民化所存在的问题，后者的分析则着重强调政府对市民化问题的态度；就理论而言，"城郊农民的安全经济学"强调的是行为主体的主观态度，而角色理论则强调社会外部环境条件的重要性。

1. 城郊农民的安全经济学

许多研究表明，城郊农民经常显示出"不愿"当市民的倾向，亦即主观上排斥市民化。这究竟是出于什么因素的考量？这样的决定是理性选择的结果还是仅仅出于情绪上的抵触？在这方面，"城郊农民的安全经济学"可以提供一种有效解释。

（1）对农民的三种基本判断

20 世纪上半叶以来的农民研究发现，传统农民文化的保守性主要缘于农业技术的低下以及农民参与经济和国家文化的有限性，其代表人物是俄国的恰亚诺夫。他认为，19 世纪末至 20 世纪初的俄国农民并不是古典经济学上的理性经济人。俄国的农场经济不是资本主义雇佣劳动经济而是典型的小农经济——两者的基本区别在于，资本主义雇佣劳动经济只受资本占有的限制，而农民家庭经济虽然也要追逐收入收益最大化，但是其经济生产往往会受家庭规模限制，受到外部资本供应与外部就业机会两方面的限制，只能采取一种"劳动—消费"的均衡模式。① 在这种模式下，农民扩大收入的欲望除了受生产资料制约，还会受到家庭规模、劳动力数量与劳动辛苦程度、伦理、惯例等因素的影响。因此，在资本量难以改变的条件下，农民家庭往往利用其既有的生产粮食、家庭必需消费品的条件，通过增加劳动力数量与劳动强度，提高经济活动量与收入，而不惜降低单位劳动报酬和账面纯收入。这种谋生高于牟利的生产，虽然也是一种理性选择的结果，但其性质和目的显然不同于古典经济学意义上的理性经济人的计算。

如果说恰亚诺夫的理论呈现了在传统农业经济中农民的保守性，那么舒尔茨的理论则刻画了在市场经济和现代化农业中的农民精于算计的经济脸谱。在舒尔茨看来，传统农业不是一个文化概念，而是一个经济概念，它存在于各种类型社会，包括现代社会也不例外。因此，必须将现代社会中的传统农业改造为现代农业，使其成为经济增长的源泉。但是，面对这种改造，农民的态度究竟怎么样？舒尔茨认为，在传统农业中，由于生产要素和技术的长期不变、增加生产要素动力的严重不足以及生产要素的供需的长期均衡，导致农业经济长期处在经济均衡状态，但这不意味着其生产要素配置效率低下，也不意味着有阿瑟·刘易斯所言的隐蔽失业。相反，传统农业中的农民其实是善于斤斤计较的牟利者，他们有能力优化配置生产要素并对价格与供求关系作出迅速精密的反应，因为农民本来就是精明恰似资本家的理性牟利者，"一旦有了投资机会和有效的刺激，农民将会点石成金"②。传统农业之所以出现停滞，不是因为农民不会做企业家，而是因为资本收益率太低，即传统农业对原有生产要素增加投资的价格

---

① ［俄］恰亚诺夫：《农民经济组织》，萧正洪译，中央编译出版社 1996 年版，第99 页。

② ［美］西奥多·舒尔茨：《改造传统农业》，梁小民译，商务印书馆 1987 年版，第5 页。

太高、收益率太低，农民的储蓄与投资都缺乏足够的经济刺激。因此，当以经济刺激为基础的市场制度，包括廉价高效、有利可图的生产要素以及现代技术被引进之后，上述问题将会得到有效解决，改造传统农业也就成为可能。这一理论摆脱了恰亚诺夫的单一静态的分析视角，但由于舒尔茨的重点在于论述传统农业向现代农业转换的可能性，因此多多少少忽视了传统农民融入现代经济的实际困难以及农民面对这一困难的主观态度和复杂反应。

斯科特的"道义经济学"理论则以东南亚殖民地农民从自然经济被迫走向市场经济为背景，勾勒了农民在特定条件下追求安全生存的情形。斯科特认为，恶劣的生态环境和政治环境，使东南亚稻农家庭经常面临极其严重的生存危机，因此，他们对规避风险、安全生存的关心要远大于经济收入的关心。"农民家庭对于传统的新古典主义经济学的收益最大化，几乎没有进行计算的机会。典型的情况是，农民耕种者力图避免的是可能毁灭自己的歉收，并不想通过冒险而获得大成功、发横财。用决策语言来说，他的行为是不冒风险的；他要尽量缩小最大损失的主观概率。"这就是所谓"安全第一"原则。那么，农户怎么样才能实现安全？首先，要生产足够的大米，以养家糊口和满足外部人的不可减少的索取。其次，作出有利于生存下去的社会安排。因为，"互惠模式、强制性捐助、公用土地、分摊出工等等都有助于弥补家庭资源的欠缺；否则，这种资源欠缺就使他们跌入生存线之下"。① 在斯科特看来，"农民的道义经济学"实际上就是农民为了生存而采取的道德准则，在农民眼里，凡是不利于其生存的社会安排就是不道德的行为，他们就有理由对此作出反抗。道义经济学与伦理至上主义的根本区别在于，它本质上是一种生存学，是农民们为生存而作出的策略安排，目的在于确保家庭不要无助地跌入生存线之下，而不是因为农民有什么特别的天生的伦理偏好、道德良心。而它与资本主义企业主的利润最大化追求的区别，首先在于农民采取安全第一

---

① ［美］詹姆斯·斯科特：《农民的道义经济学：东南亚的反叛与生存》，程立显、刘建等译，译林出版社 2001 年版，第 7 页。

原则是被迫的，是由于他们大多数缺乏土地、资本和外部就业机会，只能挣扎谋生以求免于灭顶之灾，根本没有条件和机会做后者所做的事，而不是因为农民缺乏经营理性和追求最大的平均利润的动机或能力。应该说，"道义经济学"实际上在呼吁一种"安全经济"，即一种既能促进农民的物质增长，更能使农民感到公正、安全、稳定的社会安排。

（2）城郊农民拒斥市民化的安全经济学解释

以上三种理论描述了农民在不同社会结构和变化中的行为模式和策略选择。就本书所讨论的问题而言，我们可以说：农民面对市民化这样重大的经济、社会变动，显然是具有某种安全经济学计算的。在很多时候，城郊农民之所以对撤村建居过程中地方政府所投入的大量人力、物力和财力并不抱有良好预期，就是因为他们感到撤村建居过程中的各项安排在很多层面上并不符合道义经济或安全经济的原则。

第一，农民未能获得充分的安全感。

从一般预期上说，农民市民化的结果应该是农民获得新的身份和新的资本，居住环境和就业机会理应有所改善，他们的利益和安全感受也应有明显提高。但是实际的结果并不能令他们感到放心和满意。

首先，经济安全短缺。在撤村建居过程中，农民的经济安全短缺主要来自两个方面：一是对集体经济的发展未来不乐观。他们认为股份合作制改革未必能够提升集体经济，反而有可能增加其风险，甚至有人认为，集体一次性缴付农保等于把子孙的饭都吃了，今后家庭经济水平无法保障。二是居民的附着利益的降低。1997年以前，由于工人工资收入高于村民，且还有其他的企业和单位的附着福利，所以，很多人征地后乐于接受农转工（虽然未同时进行农转非），但是，随着城镇职工下岗和就业困难的出现和加剧，城镇户籍的附着利益在一些方面甚至低于农村户籍，这个时候选择拒绝市民化显然更符合"避免更糟"的原则。

其次，政治安全不足。农民政治安全不足主要表现为，一方面政府较少尊重农民在"当农民"与"当市民"之间的选择权；另一方面在利益公平补偿、获得市民待遇各个方面，不仅法定赋予农民的地位不足，也很少倾听进城农民的意见。结果，进城的农民以及将被安排进城的农民就常常处在既无传统的农民资格又无充分或平等的市民成员资格的状态，在涉及重大权益的环节（特别是征地、征地补偿、户籍及其户籍附着待遇政策的调整、住房等问题）上，几乎没有选择权，更遑论左右政府的决策了。①

最后，社会安全缺失。农民在被动成为居民时，其生存环境的变化类似于从古典社会学家所说的社区（community）转入社会（society），即由一个同质性的熟人共同体转向异质性的匿名的社区。这完全有可能使他们面临整体性的不安全：当城郊农民离开小型的、熟悉的社区经济，进入不很熟悉的、大型的城市经济时，他们原来所拥有的地方性知识、工作技能往往大部分变得毫无用处，他们可能从一个农业或兼业的专家立即变成了没有专长、无依无靠的失业劳动力。目前中国城市的工作、生活乃至生态环境，常常不能给整村迁移的农民提供足够的安全保障。农民将面临各种各样的经济不适应和不安全，首当其冲的是就业不安全，② 这不仅意味着他们失去收入的重要来源，而且直接导致其社会网络重建困难，不能真正融入城市。一方面，进城农民的社会网络断裂或重建困难，会直接导致有利的或积极的社会资本存量下降，他们的经济收入或收入预期也会随之下降；另一方面，有效的社会资本下降、缺乏，反过来增加进城农民对城市社会网络的疏离、疏远，造成因"再社会化"困难而感到某种社会不安全。

第二，农民并不满意撤村建居的社会安排。

----

① 按照瓦尔泽所言，市场并不解决"成员资格"问题本身。因此，在赋予进城的城郊农民以市民成员资格方面，国家与政府本来就负有首要、主要的责任。而且由于地方政府一般都宣称撤村建居工程的主要目的既是为了发展城市，也是为全面提高城郊农民的地位以加速解决城乡二元化问题，因此，地方政府不仅应该从一开始就配套设计和落实城郊进城农民的市民地位、同城待遇，同时还应该尊重城郊农民的选择权利（包括其作为公民的合法不服从的权利）。

② 主要原因是城郊农民（特别是三四十岁以上、作为各农户主要劳动力的户主）一旦作为居民谋求就业，其人力资本（不是指其天赋条件，而是指舒尔茨所说的后天经过投资而产生的人力资本）类型往往不适合大多数企业的要求，要么难以就业，要么就业而难以持续，要么只能在相应的低技术、低工资、劳动条件与劳动纪律都较差的企业就业。

公正、安全、稳定的社会安排，是农民评价是否安全的又一主要尺度。对于农民而言，土地不仅是最主要的生产资料，而且还承担他们的社会保障功能，村集体土地则是村级公共保障的重要基础。因此，征地问题、征地价格问题在撤村建居过程中被村民特别多地用于检验政府对村民是否持互惠态度、政府对村民是否公平等，而目前征地中交易价格存在着巨大的、显在的不合理，直接触发了农民的不满情绪。①

城郊农民之所以拒斥市民化，"不愿当市民"，不能被简单归结为农民的经济理性没有获得满足（征地补偿不足），而是目前地方政府发起的撤村建居、整体动迁、城中村改造等城市化工程，在很多方面的安排上与城郊农民的基于安全经济学而设置的标准尚存在较大差距。

2. 农民市民化的角色转变条件

城郊农民市民化不能简单理解为经济学上的非农化、地理学上的城市化以及人口学上的户籍变化，相反地，这是一项复杂的社会系统工程，既涉及农民获得新的社会地位与条件，也涉及农民对这种转变的认同。正如郑杭生教授所言，"农民的市民'化'有两项基本的内容：第一，农民群体实现从农民角色集向市民角色集的全面转型；第二，在实现角色转型的同时，通过外部'赋能'（empowerment）与自身增能，适应城市，成为合格的新市民。而从具体的个人层面来看，在这个过程中，农民将实现自身在生活方式、思维方式、生存方式和身份认同等方面的现代性转变"②。

用角色理论来观照城郊农民市民化问题，确是一项很好的提议，但在实践中，不少学者和政府官员并没有细致地考量农民社会地位和

---

① 国家和地方政府长期以来对农村投入很少，至少没有像城市市政建设投入那样向农民、农村提供公共物品与公共服务，农民在享用公共物品与服务方面长期没有获得国民待遇，社会保障程度很差，所以，从这个角度看，农民对撤村建居某些安排的不满和政府长期对待他们的态度有关。

② 郑杭生：《农民市民化：当代中国社会学的重要研究主题》，载《甘肃社会科学》2005年第4期。

物质条件的赋予方面的不足，而是片面地从文化和心理角度将问题简单归结为农民自身的保守，有些学者甚至轻率地用所谓角色理论加以错误的理解和片面的解释。我们认为，城郊农民市民化过程当然可以被理解为农民角色向市民角色转换的过程；但是，这一转换是否顺利，则关键取决于赋权、互动和认同三个环节的解决。①

（1）新市民权利的充分赋予是城郊农民市民化的基本前提

角色理论表明，社会位置和权利的赋予是角色扮演和转化的基本前提，没有什么角色可以脱离权利而单独存在。当前的城郊农民市民化进程主要来自政府的积极推进，理论上，农民本应该能更加便捷地得到政府的法规、政策的支持，获得充分的法定赋权，从而有组织地取得市民的身份和福利，而不必经过相对复杂、漫长的自发性法权发育过程。然而，实践中，地方政府推进城郊农民身份转换的主要动力源于城市扩张和工业发展对土地的大量需求，失地农民的利益保障并不在地方政府的主要目标体系之内，在很多时候，地方政府热衷于土地的获取，却没有权力、能力和兴趣去妥善解决新市民的集体和个人权项。这就导致了很多关涉新市民利益的工作未做到位，具体表现为：

第一，集体资产处置不到位。与一般征地不同，撤村建居涉及整村的农民宅基地和集体农地，以及基于集体土地利用而积累起来的巨额集体资产。同时，这里还面临着两种不同的情况：第一种情况是，政府给予的土地征用补偿费虽然较低，但是当一次性征用全部农地（一般都有上百亩甚至更多）时，村集体仍然会得到数千万元补偿费。按政府规定，除部分用于集体购买村民医疗保险、养老保险之外，其余部分以股份方式量化给村民，但是必须坚持集体经营的原则。这个办法被称为"以土地换资产模式"，是以一种新的形式实际

---

① 在社会学界，也有很多学者运用角色理论分析市民化问题，但他们往往将角色问题仅仅视为角色认同和思想观念等主观问题。这恰恰是对角色理论的一种误解，角色理论是一种"有节制的社会决定论"，它认为所谓主观认同或思想观念等，实际上很大程度是客观层面的问题。另外，角色理论的单纯主观化理解在实践中也危害甚大，很多政府官员容易以此为依据将市民化困难归咎于农民自身。

上延续了农地的集体所有制，这也是其优势所在。但问题在于，在市场中，集体经营往往有较大的风险，即使资金存入银行，也不能确保增值或保值；而如果实行完全市场化运作并允许村民自由处理股权的转让、退出等，那么本质上意味着集体土地最后被变相分配到户到人，亦即面临着合法性问题。第二种情况是，有部分村的大量农地已经在撤村建居前被分散分批征用，但是也存积了巨额集体资产且一般都与过去利用集体土地、兴办集体企业有关。因此，这些资产虽然在撤村建居前后一般也都实施了股份合作制改革，但实际上也面临类似困难——既不能确保增值也不能分解。

第二，住宅房产安排不到位。由土地性质转换困难所决定，撤村建居后的村民房屋（包括成片新建的安置房）性质被界定为"小产权房"，村民不能与老市民同房同价地拥有和转让自己的房屋。结果，城郊农民在重新安置住房方面，虽然可能享受政府各种优惠（面积、价格等），但是由于"小产权房"不能自由交易，村民并不拥有完整的市民房产权益。

第三，社会保障提供不到位。以上两个不到位势必导致新老市民不能做到"同城同待遇"，即无法落实统一的社会保障。由于存在着性质模糊、分解困难但又数额巨大的集体资产，地方政府对于转换身份后的城郊农民所需要的社区服务、公共设施、市政项目，常常采取政府与集体分摊，甚至完全由集体承担的办法，其结果是强化了新市民的"准农民"或"准市民"的社会地位和社会性质。正是由于这种情况，加上社区中的各项福利基本上是沿用过去主要依赖于集体经济的老办法，一些新市民才会感到，撤村建居只是变个形式、换个牌子，并未对其产生正面的影响。客观地说，不断强化的集体经济固然缓解了政府负担，但同时也塑造出一批既不同于传统农民，也不同于现代市民的"食租者"群体，并不见得有利于城郊农民真正转变为市民。

因此，若不能妥善解决城郊农民市民身份、市民权利赋予问题，所谓城郊农民迅速市民化的角色转型，只能是奢谈而已。

（2）新老市民良好的互动环境是城郊农民市民化的重要通道

　　不管是互动论所强调的"角色模仿"还是功能论所强调的"角色期待"，实际上都隐含了这样一个前提，即角色扮演须有一套规范系统，哪怕这种规范是潜在的——事实上，角色期待或角色模仿中的规范往往不具有实在确定性和严格的标准，它通常以习惯、风俗等的形式存在于人们日常交往中。具体到城郊农民市民化问题，市民角色本身没有确定的标准，更无法条分缕析地开列出行为规范清单。只有将农民置身于能够与市民接触、沟通和交流的环境中，农民才能理解和模仿作为一个角色的"市民"，因此，一个日常互动、友善交往的接触环境将是农民实现市民化角色转换的重要通道。就政府工作而言，目前的实践在这方面还存在一些问题，集中表现在以下两个方面：①

　　其一，撤村建居工程在推动城郊农民就业方面，还没有太好的措施和成效。按照默顿的"角色丛"（role set）② 理论，较为"体面"的城市职业岗位占据者通常意味着进入更为复杂的角色关系束。撤村建居后的城郊农民一般还难以像普通市民那样就业，而现有的短期技能培训根本无法改变他们在人才市场上的明显劣势，这就意味着，这些新市民在日常职业工作中难以进入各种市民角色关系束，也很少有机会学习、理解和扮演市民角色。

　　其二，撤村建居工程对城郊农民的社区安排办法常常不利于新老市民间形成日常的、频繁的互动。一般而言，对撤村建居的农民的社区安置办法可以有三：一是分散安置到各个社区，即所谓"货币安置"的办法，这有利于城郊农民分散融入老市民社区生活，但由于工作量大而复杂，且安置成本极高，现在基本已被弃用；二是采取"原拆原建、集中安置"的办法，但是由于拆迁地往往地价不菲甚至就在

---

　　① 值得注意的是，良好的互动环境只是给市民角色的模仿提供了一个通道或条件，其实，即使政府工作得当，预期的互动结果仍需经历相当长的时间和困难才能实现。

　　② 默顿提出：角色丛的意思是指那些由于处在某一特定社会地位的人们中间所形成的各种角色关系的整体。社会的某一个别地位所包含的不是一个角色而是一系列相互关联的角色，这使居于这个社会地位的人同其他各种不同的人联系起来。例如，一个经理，不仅与老板关联，还与秘书、业务员等各种下属关联等。

城市中心，所以大多数地方政府考虑地块的商用价值与农民安置成本，也较少采用这个办法；三是采取"整村迁居、集中安置"的办法，并且往往把新的社区往偏离主城区的方向安置，这种方法现在使用最多，通常农民的意见也较大，恰恰也是最不利于形成新老市民在社区内的日常互动的一种情形。[①]

（3）市民的角色认同是城郊农民市民化的内在保证

角色认同是角色扮演的基本条件和内在保证。[②] 不管角色理论如何强调客观外部环境的决定作用，但是，角色扮演仍然必须以角色认同为立足点，即扮演者必须把角色期待和社会权利内化为行动的逻辑起点。在此意义上言之，职业、身份和社区的改变只是市民化之形，建立新的角色认同才是市民化之质。但是，由于下述几方面因素的影响，农民对市民角色的认同度仍然是比较低的。

第一，新老角色本身的差别，导致市民角色认同的困难。城郊农民虽然紧贴城市，其或实际上已经处于城区之中，但是，农村社区、城市社区两种社区的组织基础、功能与形态根本上是不同的。目前大部分城郊农民社区还多少保留着农业生产功能，因而保持着经济生产与社区生活捆绑的关系，而且其中基本上仍以家庭而不是以劳动力个体为单位安排生产与工作。大部分撤村建居后的新社区并没有真正改变这个格局。这一因素经常导致城郊农民包括失地农民的常规工作样式、收入来源、生活风格、文化偏好都与一般城市社区居民有较明显

---

① 对撤村建居后的城郊农民是进行集中安置，或者分散安置，是一个复杂的选择。有研究者曾提出，应在现代城市中重点发展混合社区（异质社区）而不是均质社区（同质社区），其优点在于：中高收入群体可影响和改变低收入群体的行为模式，并使低收入居民得到更多的就业机会、生活环境和地区社会服务等。（参见于文波、王竹《混合社区适宜模式及实现途径研究》，载《规划师》2006年第6期）我们认为，这种观点从一定意义上也反映出角色理论中互动功能的实现。

② 有学者已经认识并详细分析了市民化过程中角色认同的重要性。如孙俐即明确指出，农民市民化的过程实际上就是农民市民角色的认同和创造的过程，需要经过市民角色的认知、市民角色移情和市民角色行为三个阶段。当被征地农民脱离了土地，逐渐融入了城市生活之时，角色行为也就随着其对市民角色的认知以及感情上的变化发生了相应的变化。参见孙俐《从社会角色转换看农民市民化》，载《江南论坛》2004年第4期。

的区别。跨越这两种不同生活样式及基于此上的角色，有许多意想不到的困难。

第二，被动的市民化过程，使得市民角色认同缺乏动力。借用斯科特的话说，撤村建居从很大程度上是政府为了实现清晰化和简单化的国家管理而采取的一种社会梳理方式，在这一过程中农民往往只能是被动的参与，即使在关涉自己的重大权益事项上也没有太多的话语权，基本上只能是"被市民化"。心理学研究一再表明，被动的行动过程是难以获得参与者内在的动力支持的。

第三，市民角色地位的下降，使得市民角色认同缺乏吸引力。最近十多年来，城市户籍的附加值显著降低，许多城郊村农民变得比较乐意做农民而不是做市民：保持前一种身份既可以直接享受城郊农地升值和城市扩张在生活和文化上带来的各种方便，又可以享受农民在建房、生育方面的政策优惠以及生活开支方面的相对低成本，过上习惯、安全而质量又明显提高的生活。要解决这个问题，必定需要着力改善新市民生活条件等，这也是促使农民脱离旧角色认同，提高新角色认同的重要途径。

总之，从角色理论的视角我们不难发现，顺利实现城郊农民市民化，既要有农民自身的主观条件，也要有外部的客观条件。

# 第二章 城郊农民市民化的主要障碍：安全经济学的解释

## 第一节 理论资源与主要假设

### 一 问题与文献评论

近年来，很多地方政府认定加快城市化是解决"三农"问题的基本方略之一，而征地、撤村建居、把农民整村迁居进城是扩展城市和实现农民市民化的起点或主要方式，城郊农民则是应该最先进城的那部分人。可是，城郊农民对此的反应却常常出乎地方政府预料。过半农户对政府的安排有较强烈的不满，[①] 至少城郊农民"'农转非'意愿不强"。[②] 有人因此把郊区农村称为"被动城市化地区"，或者断言城市化浪潮遭遇了"郊区陷阱"。[③]

研究者一般都同意，很多城郊农民不愿"农转非"表明在城郊农村城市化问题上，地方政府对农民需求的估计与农民实际需要有所不符。但是研究者们的解释却各不相同。有一类意见强调问题出在城郊土地正在升值而政府的征地补偿与安置费标准偏低，同时，农民就业不稳定，社会保障不健全，所以农民才会在征地、住房安置等环节上

---

① 参见陈映芳等《征地与郊区农村的城市化——上海市的调查》，文汇出版社 2003 年版，第 34—35、51—61 页。

② 杜洪梅：《城市化进程中城郊农民融入城市社会问题研究》，载《社会科学》2004 年第 7 期。

③ 孙东海：《谨防"郊区陷阱"——与黄向阳博士一席谈》，载《决策咨询》2001 年第 3 期。

想出各种办法与政府博弈，或者排拒进城。① 因此，政府应该改善保障办法，例如，采用上海市的以土地换小城镇社会保障模式②，或者整体上"把失地农民接纳为城市居民"。③ 这类意见实际上确认，农民总是愿意进城的，城郊农民也一样；出现农民与政府博弈，是因为农民追求经济利益最大化。因此，只要地方政府朝着照顾农民利益的方向把政策改好，失地农民问题就能解决。④ 这一类意见直观地突出了城郊农民行动中的经济收益动机，希望推动政府在经济补偿方面作出适当调整。但是，它显然不太注意城郊农民"不愿当市民"的行为是否包含了其他社会考虑，也未深究农民究竟有什么需求结构，所以既有简单认定农民目标就是挣钱之嫌，又未注意到土地对于农民的社会保障功能，也忽略了一些田野调查发现，比如，有些城郊农民的土地早已被全部征用或预征，他们与政府博弈什么？有些地方政府已经努力用市民化方式处理城郊失地农民问题并给予了相当可观的补偿，为什么城郊农民仍有诸多不乐意？

陈映芳小组的批评属于典型的第二类意见。他们提出：正如当年国家出于发展目标而选择并维持城乡二元体制，目前由政府主导的城市化也是在发展主义框架内展开的，农民利益仍然容易被忽视；地方政府对城市化的具体理解与政策设计则很窄，偏重人口迁移，而未注意到城市化同时还涉及人口与生态、社会结构、生活结构、社会意识等方面的变迁，所以没有充分顾及农民的利益和需要，未从农民市民化角度设计政策；在实际操作上，具有强制性的行政征地被当成加快城市化的常规途径，农民权益无从得到保障，而被征地地区的城市

---

① 比较有代表性的讨论可参见孔祥智、王志强《我国城镇化进程中失地农民的补偿》，载《经济理论与经济管理》2004 年第 5 期；卢海元《土地换保障：妥善安置失地农民的基本设想》，载《中国农村观察》2003 年第 6 期。

② 常进雄：《城市化进程中失地农民合理利益保障研究》，载《中国软科学》2004 年第 3 期。

③ 徐元明：《失地农民市民化的障碍与对策》，载《现代经济探讨》2004 年第 11 期。

④ 参见高勇《城市化进程中失地农民问题探讨》，载《经济学家》2004 年第 1 期；赵锡斌、温兴琦、龙长会《城市化进程中失地农民利益保障问题研究》，载《中国软科学》2004 年第 8 期。

化、被征地人员的市民化等都没有被纳入城市化的指标中，也未予以充分的政策考量。该小组的研究希望说明农民的现状与诉求，希望在这个基础上去考虑政策调整与制度创新；调查涉及征地操作过程、征地劳动力就业空间、征地农民的应对行动、家庭形态与村落共同体的变化、身份转变与生存权保障等。此论有一定的社会学想象力，并具体提出了失地农民"向上流动""征地农民市民化"等重要命题，不再把问题限于征地补偿层面。同时，它还试图面向农民实态，多少暗示着农民、城郊农民可能有一套我们尚不很清楚的需求系统与权衡方式。然而，该研究对上述命题的社会学含义的认识似不很充分，前述判断也更多地还是一种研究意图而不是成型的理论。研究者既想批评把征地问题主要"设置为经济补偿的问题、生产关系调整的问题"，又想说明即使这样也要弄清"现行的政策到底是否适应社会各系统的变化状况和被征地人员的实际需要"[1]，在核心问题、适用概念上比较犹豫。因此，虽然在形式上试图从征地调查材料中提升出社会学论题，但是完成度不够；在基本判定上还是同意只要市民化条件好，农民便愿意进城，而市民化条件又被主要理解为经济条件，所以还很难摆脱前述"经济补偿"论的讨论框架，多少低估了农民转入城市的困难程度以及农民对问题的感受性。[2]

这两类研究还在客观上提示了一个问题：关于城郊农民及其市民

---

① 陈映芳等：《征地与郊区农村的城市化——上海市的调查》，文汇出版社 2003 年版，前言。

② 有批评曾经指出，在城市化问题上充满了政府、学界各种"为民做主"的声音，然而，没有任何文献与资料能反映我国农民对于城市化的期望与要求（赵新平、周一星：《改革以来中国城市化道路及城市化理论研究述评》，载《中国社会科学》2002 年第 2 期）。现在不能说"没有任何文献"，但是研究农民关于城市化的态度的文献仍然稀缺。此外，地方政府对问题的判断其实与上述研究者的判断没有真正矛盾。近几年来，地方政府不断调整、补充、改善解决失地农民的办法，这些办法大体包括：调整承包地安置、留地安置、建标准住房、允许每户获多套公寓、村级经济合作社安置、货币安置、用地企业录用安置、基本生活保障、对失地农民进行劳动技能培训、实行土地租赁使农民长期受益，等等。显然，这些办法的基本着眼点及其暗含的关于农民的需求的判断，与上述几类意见是一样或一致的。

化问题的研究特别需要在社会学的概念化与知识说明方面作出努力，否则将停于所谓"显性功能分析"层面且易于沉浸在朴素的道德批评之中，① 很难避免用直观反应处理复杂社会问题。

本章拟整理和修正恰亚诺夫、斯科特的理论，提出一个有关农民行动的安全考虑的分析框架，然后选择浙江省台州市近年来撤村建居的情况作案例分析，印证和说明城郊农民的排拒主要基于其安全选择。我们期待着用这项工作去说明农民的安全选择，一方面补充农民行动理论，另一方面则据以评论地方政府目前的城市化政策，以便说明地方政府目前除了应该考虑城郊农民的经济利益补偿，更应该充分考虑其安全需求，缓解其安全短缺问题。

## 二　理论资源：恰亚诺夫、舒尔茨与斯科特

在我们看来，陈映芳小组最有价值的发现和意见，是所谓"在农民获得'非农业'的户口以后，他们依然很难实现预期的向上流动"。② 它至少包含了以下一些判断：（1）农民有自觉"预期"；（2）它并不一定只是经济收入；（3）所以，可以进一步疑问：农民的全部目标偏好仅仅是经济收入吗？或者说，农民究竟是不是古典经济学意义上的理性选择者？这些问题依其性质可以被归入社会行动理论的研究范围，在习惯上则更多地被归入农民学或农民经济学，以及"农民文化"或农民集体意识的研究范围。③ 从后一类研究中，我们至少能找到三种有代表性的理论。

首先，20世纪上半叶已有不少农学家注意到农民传统文化的保守特征及其一般基础——并非因为农民天生保守，而是一方面由于农业技术水平低下、农民居住方式稳定；另一方面则是由于对农民的法

---

① ［美］罗伯特·金·默顿：《论理论社会学》，何凡兴等译，华夏出版社1990年版，第160—163页。

② 陈映芳等：《征地与郊区农村的城市化——上海市的调查》，文汇出版社2003年版，第7页。

③ Shanin, T. (ed.), *Peasant and Peasant Societies: Selected Readings* (2nd. ed.), New York: Basic Blackwell Ltd., 1987, p. 259.

律与经济压迫阻碍了农民对经济和国家文化的参与。[1] 恰亚诺夫特别
具备这种细致区别问题的眼光。他研究了 19 世纪末至 20 世纪初俄国
农民的情况，强调他们不是古典经济学所谓的理性"经济人"。他据
此提出，资本主义农业与市场需求相联系，其单位规模则受资本量、
土地面积决定；俄国农民的农场经济却是自然经济而不是雇佣劳动经
济，虽然任何经营组织都追逐收入的最大化，但是农民家庭经济生产
会受家庭规模等限制，其基本动力是满足家庭成员的消费需求，实际
上采取一种"劳动—消费均衡"模式，而不像资本主义企业主那
样——无度追求利润之欲只受到资本占有量的限制。[2] 这些观点现在
易被判为简单化，[3] 至少被认为不是完全适于分析其他类型的农民家
庭经济生产，例如，家庭消费品生产与商品生产相混合的农民经济。[4]
不过，农民在使用家庭劳动力生产自用消费品方面，通过社区内互助
网络实现互助方面有特别的优势，这是事实。[5] 而恰亚诺夫的最大贡
献正在于，他从静态分析而不是从历史范畴上，说明在纯粹自然经济
结构中，农民扩大收入的欲望除了受生产资料制约，还会受家庭规
模、劳动力数量与劳动辛苦程度、伦理、惯例的影响。因此，在资本
量不变的条件下，农民家庭往往利用其生产粮食、家庭必需消费品的
条件，通过增加劳动力数量与劳动强度，显著提高经济活动量与收

---

① Dobrowolski, K., "Peasant Traditional Culture", in: Shanin, T. (ed.), *Peasant and Peasant Societies: Selected Readings* (2nd. ed.), New York: Basic Blackwell Ltd., 1987, p. 264.

② 参见［俄］恰亚诺夫《农民经济组织》，萧正洪译，中央编译出版社 1996 年版，第 8—15、28—29、60、99—100、187 页。

③ 参见徐浩《农民经济的历史变迁——中英乡村社会区域发展比较》，社会科学文献出版社 2002 年版，第 10 页；以及 Kerblay, K., Peasant Traditional Culture, in: Shanin, T. (ed.), *Peasant and Peasant Societies: Selected Readings* (2nd. ed.), New York: Basic Blackwell Ltd., 1987, p. 183.

④ Hunt, Diana M., "Chayanov's Model of Peasant Household Resource Allocation and its Relevance to Mbere Division, Eastern Kenya", *Journal of Development Studies*, 25 (1), Oct. 1978.

⑤ Deere, C. D. & A. de Janvry, "Demographic and Social Differentiation Among Northern Peruvian Peasants", *The Journal of Peasant Studies*, 1981 (8).

入，而不惜降低单位劳动报酬和账面纯收入。在此意义上说，俄国农民旨在谋生而不是纯粹牟利，会考虑经济收入但至少不是古典经济学所谓的"经济人"，虽然俄国农民这种选择在恰亚诺夫看来显然也是理性的。

恰亚诺夫知道，农民、农场一旦进入货币经济和商品生产领域就会成为另一种样子，[①] 不过那不是他的主题。所以，他也不讨论传统农民能不能凭着农民理性而转入现代农业经济，会不会从传统谋生者变为企业主。而 20 世纪 60 年代舒尔茨的新古典经济学的农业经济研究却为此提供了一个答案：农民本质上是理性牟利者，因此完全可以接受对传统农业的改造。他断言，现代农业也是经济增长的源泉；发展中国家的传统农业虽然不能对经济增长作贡献，但是传统农民完全能够转入现代化农业和现代经济，传统农业经过改造也会成为经济增长的源泉。他论证说，传统农业固然处在一种特殊的长期的经济均衡状态——生产要素和技术长期不变、人们没有增加生产要素的动力和动机、生产要素的供需也长期均衡；但是，这不意味着其生产要素配置效率低下，也不意味着有阿瑟·刘易斯所言的"隐蔽失业"。相反，传统农业中的农民其实是善于斤斤计较的牟利者，有能力优化配置生产要素并对价格与供求关系作出迅速且精密的反应。传统农业之所以出现停滞，不是因为农民不会做企业家，而是因为资本收益率太低，即传统农业对原有生产要素增加投资的价格太高、收益率太低，农民的储蓄与投资都缺乏足够的经济刺激。这个问题只能运用一系列以经济刺激为基础的市场制度，同时引入廉价高效、有利可图的生产要素特别是现代技术加以解决。而且由于人力资本在资本构成中的重要性，由于技术说到底关乎人的素质，农民经济持续增长的关键也就变成主要向农民进行特殊的人力资本投资（其中教育是首选），使他们获得新技能新知识。作为经济学家，舒尔茨强调以上分析并非文化研究，因为传统农业存在于各种类型社会，与以血缘关系为基础的氏

---

① ［俄］恰亚诺夫：《农民经济组织》，萧正洪译，中央编译出版社 1996 年版，第 105—106 页。

族社会没有固定联系，所以传统农业是一个经济概念，宜从经济上，而不宜或者不需要从氏族社会的文化特征、制度结构差别、农民特殊品德上去分析传统农业的特质和传统农业的停滞问题。[1] 但是，舒尔茨的上述立论、论证还是立基于提出对于农民及其动机、需求、行动类型的理解，即农民与农业不仅完全可以成为市场经济的构成，而且农民本来就是精明恰似资本家的理性牟利者，"一旦有了投资机会和有效的刺激，农民将会点石成金"[2]。

恰亚诺夫的理论长于解释农民停留在传统农业经济中的现象，而舒尔茨的理论更好地解释了农民经济为什么能在市场经济中存活、转化。但是，舒尔茨的经济学分析却相对忽略了社会学与社会史研究者所关注的传统农民转向现代经济方面的困难，以及农民对此所作出的复杂的甚至是混乱或保守的反应。[3] 在这方面，斯科特关于东南亚殖民地时代被从自然经济拖向市场与资本主义的农民与农民经济的研究，提供了一套关于农民复杂反应方式的解释：农民在特定条件下出

---

① ［美］西奥多·W. 舒尔茨：《改造传统农业》，梁小民译，商务印书馆1987年版，第20—23页。

② 同上书，第5页。

③ 参见孟德拉斯《农民的终结》，李培林译，中国社会科学出版社2005年版，第20、34—46、158—163页。经济学家也能提出相应理论解释，但这些解释主要关注的是农村剩余劳动力转移问题。而且，自列文斯坦（E. G. Ravenstein）在19世纪末提出劳动力转移的"推—拉"理论，刘易斯（W. A. Lewis）在20世纪50年代提出二元经济结构模型，60年代费景汉（John C. Fei）和拉尼斯（Gustav Ranis）对该理论作出补充，一直到70年代钱纳里（H. B. Chenery）和塞尔昆（M. Syrquin）提出多国模型，经济学家们一直更习惯于用成本收益分析方法讨论劳动力转移的动因。其共同之处恰如林毅夫所自谓："经济学研究方法的特征在于它的研究以'人的行为是理性的'为其最基本前提。理性的定义则为'一个决策者在面临几个可供他选择的方案时，会选择一个能令他的效用得到最大满足的方案'。"（林毅夫：《制度、技术与中国农业发展》，上海三联书店2005年版，第2页）在这种视野中，农民的理性与市民的理性的异同问题不受重视。舒尔茨的理论也是基于同样的立场。但是，人口迁移、劳动力转移动因分析，并不适合局限于一般性的收益成本分析框架，显然需要采取更大的社会学视野。在这类经济学研究中，较有意思的可能是斯塔克（O. Stark）在20世纪80年代末使用的"相对贫困"说。他在解释劳动力的国际转移问题时提出农村劳动力转移不仅取决于预期收入之差，还取决于他在本地及接收地所感受的相对贫困。这个假说的最大价值，恰好在于它容纳了社会学的某种眼光。采取这类眼光，可能可以更好地面对中国农村人口迁移问题。

于生存理性而会要求安全第一。斯科特指出，亚洲稻农家庭在偏好等级中并不把平均收入最大化排在第一位，而是把生存作为目的，把规避风险、安全生存作为关键，即生存安全比高平均收入更优先。不过，他说这种偏好是环境使然。亚洲稻农家庭的生态环境、政治环境，使农民经常面临极其严重的生存危机尤其是粮食危机，而周期性的食物危机则影响亚洲稻农的价值观与习惯。由于粮食不足，农民家庭一方面要全力生产大米，以养家糊口、交换日用品和"满足外部人的不可减少的索取"；另一方面则要尽可能作出有利于生存下去的社会安排。被称为平均主义的一些东西，以及"互惠模式、强制性捐助、公用土地、分摊出工等都有助于弥补家庭资源的欠缺；否则，这种资源欠缺就使他们跌入生存线之下"。这就产生了"农民的道义经济学"：触犯上述各种有利于生存的社会安排，就意味着触犯农民生存底线，会被农民视为不道德。而"外部人"对农产品的盘剥并非一概不被接受，但是索要如果超过农民养家糊口的底线及其标准，对农民就是难以忍受的不公正。前者会受到农民的排斥，后者则会招致农民不顾一切的激烈反抗。他本人因此把这种生存伦理置于分析农民的政治活动、起义反叛的中心。①

另外，斯科特说农民恐惧食物短缺而产生生存伦理，等于承认"庄稼歉收的农民并非胡乱地作出反应"，② 也就是说承认亚洲稻农的生存伦理是对生存环境的自觉的理性的适应。因此，所谓"道义经济学"与伦理至上主义的根本区别在于，它本质上是一种生存经济学，是农民们为生存所做的社会安排，目的是帮助家庭不要无助地跌入生存线之下，而不是因为农民有什么特别的天生的伦理偏好、道德良心。而它与资本主义企业主的利益最大化追求的区别，首先在于农民采取安全第一原则是被迫的，是由于大多数农民缺乏土地、资本和外部就业机会，只能挣扎谋生以求免于灭顶之灾，根本没有条件和机会

---

① ［美］詹姆斯·C. 斯科特：《农民的道义经济学：东南亚的反叛与生存》，程立显、刘建等译，译林出版社 2001 年版，第 1、3—4、7、13 页。

② 同上书，第 214 页。

做后者所做的事，而不是因为农民缺乏经营理性和追求最大的平均利润的能力。用斯科特的话说："农民家庭对于传统的新古典主义经济学的收益最大化，几乎没有进行计算的机会。典型的情况是，农民耕种者力图避免的是可能毁灭自己的歉收，并不想通过冒险而获得大成功、发横财。用决策语言来说，他的行为是不冒风险的；他要尽量缩小最大损失的主观概率。"这就是所谓的"安全第一"原则。①

斯科特之论固然受到普波金的质疑，② 但也获得不少支持（例如，Netting，1993；San，in Shanin，1987）。③ 在笔者看来，至少斯科特从农民这一边出发作理论解释的策略是明智的。他所谓农民生活在生存线附近，需要安全第一，农民的各种安排都是为此作出的，也是一个关于农民行动及其效度的不错的解释。他回答了两个问题：首先，关键问题似乎并不是农民作不作理性选择，而是所谓理性选择并不仅仅指向经济收入最大化，经济安全可能也是理性选择的选项；其次，农民生活当然并不仅仅是经济生活，因此经济之外的安全，诸如社会安全、政治安全等，也在生活考虑之内，特别是当这些安排关乎生存保障的底限时。就本书所要讨论的问题而言，在以上三种理论资源中，斯科特的理论显然更适合被用来解释农民对于城市化的矛盾态度。当然，要引入道义经济学关于农民的安全需求说来说明本书要解释的问题，起码还有两个问题有待解决：其一，斯科特已经发现安全第一原则体现在农民秩序的诸多技术、社会和道德的安排中，尤其是在社会分层、乡村互惠、租佃和税收等四个重大领域内。④ 不过，相对而言，他更为注意安全第一原则的广为存在，而不大注意农民的这一类安排的需求结构。其二，斯科特所述的具体历史内容并不适合直

---

① ［美］詹姆斯·C. 斯科特：《农民的道义经济学：东南亚的反叛与生存》，程立昱、刘建等译，译林出版社 2001 年版，第 5—6、31 页。

② Popkin, Samuel L. , *The Rational Peasant*, Berkeley, CA: University of California Press, 1979.

③ See: Netting, R. , *Smallholders*, *Householders*: *Farm Families and the Ecology of Intensive*, *Sustainable Agriculture*, CA: Stanford University Press, 1993.

④ ［美］詹姆斯·C. 斯科特：《农民的道义经济学：东南亚的反叛与生存》，程立昱、刘建等译，译林出版社 2001 年版，第 44—71 页。

接解释中国目前的农民问题背景——至少农民问题正在成为中国市场经济的组成部分，并且不像当年东南亚农民那样完全受着资本主义殖民过程的"拖"或强制。①

### 三　"城郊农民的安全经济学"——理论假说与一般性解释

基于上述分析，我们主张以恰亚诺夫、舒尔茨之论补正斯科特，并综合提出以下关于"城郊农民的安全经济学"的假说：

1. 农民是有理性或有生存理性的；农民的生存理性不仅指按家庭条件去追求经济收入最大化，还指按家庭条件去要求生存与发展的安全性，表现为平衡收入最大化与生存安全化这两种需求。

2. 农民关于安全的绝对标准是可以养家糊口、生存下去；相对标准则是改变生产、变动生活时不降低既有生活水平和安全感。②

---

①　有趣的是，以上三种理论资源并非绝对不相容。至少，这三种理论都倾向于把农民看成某种理性选择者（至少在目标选择方面）。所以，恰亚诺夫说农民不做纯粹牟利的企业主是理性的；舒尔茨说农民在经济上、哪怕在传统农业中都是极有理性——虽然两人都没有像孟德拉斯那样明确地区分"传统的理性"与"经济的理性"（孟德拉斯：《农民的终结》，李培林译，中国社会科学出版社 2005 年版，第 142—143 页）。斯科特显然与恰亚诺夫相当一致（詹姆斯·C. 斯科特：《农民的道义经济学：东南亚的反叛与生存》，程立显、刘建等译，译林出版社 2001 年版，第 16 页），只是他更强调农民在生存选择上的理性，并且表明农民所持道义尺度也是出于生存理性，努力说明农民一旦奉行安全第一原则，就会在社会生活、政治行动、伦理法则各个方面做出相应安排，这些安排与农民家庭的谋生经济是一致的、整合性的。因此，严格来说，他是把恰亚诺夫的发现与解释，拓展到了亚洲稻农经济类型并成功解释了亚洲稻农的政治、社会行为选择。另外，道义学、经济人的概念同样都指明或默认农民动机中的安全维度：一指在经济生活内控制增长与维持之间的风险度，避免把经济变成纯粹不可控的冒险型牟利。所以，舒尔茨也承认"从事传统农业的农民接受一种新生产要素的速度取决于适当扣除了风险和不确定性之后的利润，在这方面，传统农业中农民的反应和现代农业中农民所表现出来的反应相类似"（西奥多·W. 舒尔茨：《改造传统农业》，梁小民译，商务印书馆 1987 年版，第 26 页）。二指在经济生活与其他社会生活的比重上，控制平衡，避免失衡并引起生活失控。所以，所谓农民"道义"，在生存理性的意义上也可以被理解为有"安全"的生活。

②　所谓安全，一般当指外部无威胁、内心无恐惧的状态；1994 年联合国开发计划署之《人类发展报告》曾提出人类安全包括两方面的基本内容：一是免于诸如饥饿、疾病和压迫等长期性威胁；二是在家庭、工作或社区等日常生活中免于突如其来的伤害、骚扰。（United Nations, *Human Development*, New York: Oxford University Press, 1994, p. 2）

3. 农民的具体选择办法是：（1）在资本数量或外部就业机会与条件充分的情况下，会如舒尔茨所分析的那样，接受扩大投资或接受外部就业；（2）如果资本数量与外部就业机会都缺乏，会倾向于恰亚诺夫所述的消费生产均衡模式，并有可能排斥不利于生活与消费均衡的选择；（3）在扩大投资、外部就业都有可能但不够确定的情况下，则采取斯科特所述的佃农的四条公正标准进行判断，即一是不降低生活水平（使之面临风险的安排会被认为是剥削性制度）；二是避免更糟；三是要求互惠与平等交换（对仅有利于交易对方的不平等交换会感到不公正，产生道德义愤）；四是要求公正的价格与合理性。①（4）农民会接受在此四个界限以上的、被认为是公正的变化，甚至因此被引向现代市场经济；而低于此限、被认为严重不公正的变化，通常会被农民认为不安全而遭到农民排拒。

4. 某些特别的历史背景、问题背景会影响特定区域、特定时期的农民关于公正的判断。以中国目前情况言，半个多世纪以来中国农村独特的社会主义进程以及独特的社会主义传统，使某些东西已成为中国农民特别敏感的问题。特别是长期以来的城乡二元化社会结构、城乡居民户籍身份制度、城乡不同的人口生育制度，以及农村土地随着土改运动、集体化运动以及推行联产承包制等而不断改变性质和经营办法等，显然直接影响了农民对政府的农村政策调整的态度与判断。就内容而言，一方面，由于国家和地方政府长期以来对农村投入很少，至少没有像市政投入那样向农民、农村提供公共物品与公共服务，农民在享用公共物品与服务方面长期没有获得国民待遇，社会保障程度很差，结果在这方面对国家和地方政府的期望反而不高，通常也不对地方政府拖延提高或解决农民社会保障问题施加激烈的压力。但是另一方面，由于农民长期被迫以土地、多生育人口作为养老和自

---

① 按照布劳和涂尔干的观点，"在实际的交换费用之外存在着'社会公正准则'"，"两者之间的差距成为人们借以评价一种关系公正与否的标准。交换中高于公正价值的剩余额，促进人们作出交换合理的反应；而亏空额则激进人们的被剥削感"（詹姆斯·C. 斯科特：《农民的道义经济学：东南亚的反叛与生存》，程立昱、刘建等译，译林出版社 2001 年版，第 206—213 页）。

我保障的基础，结果土地性质与土地分配、计生政策等，也就成为农民生活中最重要的内容，国家与集体在这些环节上的任何损害、减少农民已经获得的权益的安排，都会被农民视为损害其安全进而极其敏感和反感。就方式而言，长期以来政府习惯于运用国家权力高效地动员和组织农村和农民，甚至运用这种方式推行村民自治制度，农民在接受政府的制度安排方面总体上是温和的，不构成对抗。① 这种政治文化作为惯性力量，还会继续减轻农民对于地方政府的各种农村政策安排的排拒。但是，在实行村民自治多年以后，很多地方，尤其是风气相对开化地区的农民，已经开始使用村民自治的规则看待村庄治理问题，甚至开始以此衡量地方政府对农村、农民问题的处理是否越界。这种情况会激发农民的维权意识，或对地方政府的越权行为产生不满，从本章后面的讨论中也可以看出农民的政治权利意识与政治安全意识的上升。这个背景总的来说会使农民特别注意在政府与农民的关系领域集中运用安全经济学的标准来考虑问题。

使用以上假说可以对城郊农民不欢迎撤村建居的问题作出以下一般性解释：

第一，撤村建居在理论上被设想为一个农民可以获得新的身份、新的居住环境、新的就业机会的过程，甚至还会在其中获得若干新资本，因此本不应该被农民视为一种降低收益机会、降低安全系数的转变。但是，目前的撤村建居、整体动迁、农转非基本上是政府工程，进程较快较粗。很多农民因为被动卷入而缺乏适应时间，更主要的是，农民原来的安全条件很容易受到破坏，而满足其安全需要的替代方式却不易建立。城郊农民在这个进程中远未获得新古典主义经济学所假想的计算收入最大化的机会与条件，还经常处在安全短缺状态。

第二，由于安全短缺问题突出，农民反而转向寻求低度安全，希望保持既有的、比较稳定的生活方式、生活网络、生活感觉；也就是说，农民虽然可能向往城市生活、市民型安全，可是一旦感到不适合

----

① 毛丹：《乡村组织化与乡村民主——浙江尖山下村观察》，载《中国社会科学季刊》1998 年春季卷。

做市民，通常会更多地要求保持原有的村民生活和安全。目前，城郊农民对于撤村建居、农转非等城市化举措的排拒，主要基于农民面对安全短缺而产生的不安全感。

第三，政府主导型的城市化进程，通常意味着政府并非完全，甚至并非主要依靠市场机制去搬迁农民，而是经常，甚至主要依靠行政力量来实现。以往，在政府、农民、市民三方互动关系中，农民原本是最被动的一方，因此会对政府工程失去积极性。[①] 现在政府主导的撤村建居至少不是农民完全自愿的、可进可退的，这种情况通常同样会增加农民的不安全感与排拒程度。

## 第二节　城郊农民的安全选择：台州市案例

以上的讨论表明，城郊农民不愿做市民，不能被简单归为经济利益补偿不足，也不是因为市民化的个别条件不够好，而是因为从城郊农民的安全经济学尺度看，目前地方政府发起的撤村建居、整体动迁、城中村改造等城市化工程，在很多方面与农民的安全经济学标准有矛盾。下面我们以浙江省台州市撤村建居和城郊农民市民化的情况为案例，具体观察和评价城郊农民在政府主导型城市化工程中遇到的安全短缺问题，以及他们站在安全经济学立场上表达的态度。

### 一　台州市城郊农民市民化的背景

台州市地处浙江省东南，10 余年来由于城市扩容，原来的远郊村变成城郊村，近郊村成为城中村。至 2002 年 10 月，市辖三区内已有半数以上共 115 个行政村是城中村，农民总数达 13.4 万人。市委、市政府提出：失地农民数量急剧增加，引发一系列社会经济矛盾；"城中村""城郊村"普遍存在着基础设施薄弱、村内建设混乱、环境卫生恶劣、社会治安复杂、集体经济管理体制落后、干群关系紧张

---

① 参见林毅夫《制度、技术与中国农业发展》，上海三联书店 2005 年版，第 1—29 页。

等一系列问题，影响城市整体功能的发挥，成为城市化进程的瓶颈，必须通过撤村建居彻底解决问题。与此同时，该市已经具备城中村改革的思想基础、群众基础、经济基础和组织基础，故决定在台州市下辖三区和市县城区开展"撤村建居"工作。市委、市政府强调，这"是积极推进城市化，提前基本实现现代化的重要内容，势在必行。做好这项工作，有利于理顺城市管理体制，促进城市资源合理配置，发挥城市的集聚和带动功能；有利于打破城乡二元结构，加快农村向城镇转变、农民向居民转变；有利于维护集体经济和村民的合法权益，确保社会经济的持续协调发展"。市委有关领导还要求把撤村建居"作为统筹城乡经济社会发展，基本构建大城市框架和经济社会发展系统平台的一项重要的基础性工作来抓"。

　　台州市还根据黄岩区于 1986 年对城区 11 个村、椒江区于 1991 年对海门村①的撤村建居的经验，以及本省杭州市和宁波市、广东省珠海市的相关方案，确定撤村建居工程的主要内容，包括：撤销行政村建制，建立社区居委会，理顺城市管理体制；将农民就地转为居民，建立社会养老保险制度，解决居民的后顾之忧；实行村集体经济组织股份改革，将资产折股量化到户（个人），使农民成为股民；实施旧村改造，建设文化社区；等等。考虑到工作难度，市委、市政府一方面组建专门机构，成立了撤村建居工作指导小组及办公室，责成区、街道、村各级也建立领导小组，并规定市委各部委、市政府各局办都明确分工、分管领导及联系人。另一方面，规定本市所辖三区的撤村建居工作分批、分阶段、分层次进行，在资格方面作了明确规定，② 明确工作重点依次为解决村集体资产的摸底与股份制改造、农转非、社保、就业等。此外，市委、市政府还特别强调撤村建居工作

---

　　① 遵从社会学研究的惯例，本书对所调查的社区、组织机构和受访者个人均使用了化名，特此说明。

　　② 市委规定"符合下列条件之一的应撤村建居：1. 因土地征用等原因被一次性整体搬迁的行政村；2. 现有的集体耕地人均不足 0.1 亩（以常住农业人口计算）或耕地总量不足 20 亩的行政村；3. 虽然土地人均超过 0.1 亩或总量超过 20 亩，但因建设需要土地即将被征用或主动提出要求建立社区居委会的行政村"。

要合法、合程序，要求根据《中华人民共和国民法通则》《中华人民共和国土地管理法》等法律法规来制定政策，并按照《中华人民共和国村民委员会组织法》《浙江省实施〈中华人民共和国村民委员会组织法〉办法》和《中华人民共和国城市居民委员会组织法》等法律法规的有关规定进行操作。以上工作部署的形式是严密的，不过，由于各村集体资产的摸底、股份制改造、社保等各项工作环节的难度都大，村民的积极性不高，工作细则不易制定，各区的撤村建居不但没出现冒进，反而很缓慢。2004 年 1 月，该市曾确认三区符合条件的村共有 99 个，至 2004 年 10 月三区列入试点的村共 10 个，正式开展试点工作的仅 8 个，其中还有一些村被认为是中途停滞的。台州市相关工作部门认为，造成这一现象的主要原因有三：一是区和街道，特别是一些村的干部思想顾虑重；二是实际操作有难度（有些历史遗留的财务问题难解决，20 多类人员的类别和政策难界定，各村情况不一而难以统一政策）；三是政府部门工作还不到位。这一类总结材料多少表明，台州市这一轮撤村建居试点跟其他地方相似，也招致农民的一些不满与抵触，这实际上是试点工作推进较缓的主要原因。

那么，台州市撤村建居试点村农民的主要不满意究竟是什么？这些不满是否基于其安全性需求及判断？

## 二　台州市的三类案例

### 1. 案例类型一：西峰村

西峰村地处台州市城区椒江区，2004 年 9 月根据街道安排组建撤村建居工作组，第一步工作即村级集体经济社区股份制改革。当时村集体净资产账面额（未评估）2700 万元，可分配收入 350 万元，耕地 84 亩，人口 890 人。该村的工作进度不快，至今尚未完成股份制改革、农转非，政府方面认为问题主要有两个：一是建房问题。该村已有 10 年未批村民宅基地，原建房规划点被市政公共建设项目征用，目前无合适土地提供给村民，而村民符合建房申请条件的有 250 多户，村民因此多有不满，且担心撤村建居后更无机会建房。二是留地开发问题。2001 年因台州市老年公园建设征用村留用地，椒江区政府同意补偿该村某地块的土地，由西峰村按规划要求立项报批、开发，土地出让金的椒江区政府所得部分返还该村。但是后来该村向台州市建设规划部门申报留地建设项目时，发现该地块已经批给港务部门作为石化作业区建设项目用地，这一问题无法解决，村民有意见。

在西峰村的村干部和村民们看来，问题还不只这些。

一是在市民化待遇方面明显不公平，特别是土地征用费太低。从20世纪七八十年代开始，市、区共征走村里土地 494 亩，共付给该村 100 多万元，平均每亩价格只有 2000 多元。而 2005 年村留地如作商用开发，每亩市价为 414 万元。村民认为差价太大，政府应作补偿。此外，按国家规定的征地比例，该村应得村留地 60 亩，远未达到，也使村收入大幅受损。

二是村集体经济前景堪忧。村民多年未建房，现在只有少部分家庭住房条件尚可，很多人还住在"大寨屋"①里，村民普遍认为，这类社区空间狭窄，卫生条件也无法改善，消防车都开不进去，房子不值钱。所以，这里的大部分村民不能像其他城中村居民那样依靠出租房获得收入，对村集体依赖性强。村里曾将征地后村留资金共 100 多万元集中起来，加上征地后未安置人员的补偿费（每人平均不到5000 元），用于集体办厂，最后亏损了数百万元。此后，村里主要靠出租村集体房屋，2004 年收不抵支；2005 年获得租费 406 万元，用于发放村民养老金 380 万元，其他用于村干部工资、村民旅游、误工补贴等，也仅余几万元。同年，为配合撤村建居，村里统一办理农保，村集体共欠付 1000 多万元，2007 年开始，如不能付清则必须每年支付利息 20 多万元。村集体负担沉重，但是支出仍趋上涨，而有些村民代表还提出，如果变成居民，要像城里人一样加工资。村干部和村民担心这样下去生活会没有保障，有些村民觉得村里"已经把子孙后代的饭都吃掉了"。村干部向政府反复反映情况后，区、镇两级政府已经同意将 7 亩地拨还给村里作村留地，用于房地产开发。但由

————————

① 当地在 1976 年"农业学大寨"运动中在农村提倡兴建的一种排房，每户一间两层，用以代替老式的茅草屋。

于当地房地产业目前进入低谷，地块本身条件也欠佳，目前总价卖不到 1000 万元，还是无法还清农保费。

三是政府一些重要政策不落实。首先，粮食返销不落实。当年政府征地时规定，村民可按国家商品粮价格购粮，籼米价每斤 1 角 3 分 6 厘。但是 1994 年国家放开粮价后，再无国家返销粮供应，村民每年要为此多支出 100 多万元。其次，征地后安置人员太少，村里被安置人员仅 470 人，平均不足 1 亩 1 人（按规定应为 1 亩 2 人）。最后，1997 年时台州市农转非的指标费为 2 万元，村里征地安置人员的指标收归政府买卖。村里 470 人虽然落实工作，但都没有农转非，户口仍留在村里未转。这些人后来娶妻生子，嫁入人口、新增人口也都落户在该村。到现在，村里的土地大部分征走，人口不但不减，反而增加 500 多人，明显加重了村集体经济负担。

四是有些新办法引起新问题。西峰村已经列入撤村建居试点，按原来规定要一律实行农转非，但国家有关部门最近又提出农户原则上可自愿选择户籍。村干部认为如果本村实行或仿效此办法，多数人都愿意回去做农民，特别是原来 470 个到单位做工的人，现在大部分都已经下岗，有些人每月只拿二三百元，所以肯定会要求转回来做农民，村里根本无法安排。

西峰村的案例表明：（1）地方政府的撤村建居虽然事先有研究有设计，细致程度也远远超过了其他一些政府工程。但是，地方政府的估计与村民看问题的方法、尺度与结论，仍有很大距离。可能与此相关，面对严重牵扯农民利益、安全需求的问题，地方政府一开始依据的法律法规显得特别粗放，几乎没有一项可以被用来细致处理村民关心的重大问题，尤其是无法处理村民提出的土地征用补偿方面的一些合理要求。这些问题客观上把村民置于利益受损、经济不安全、公平感受挫的气氛和环境之中，并且激发村民在安全经济学上的警觉度。（2）村民站在安全经济学的立场上并不一般反对农转非、农转工。1997 年以前很多人在征地后乐于接受农转工（虽然未同时进行农转非），因为当时工人工资收入高于村民，且还有企业或单位提供的其他附着福利。现在村民转而排拒农转非，恰是因为原有企业人员大量下岗、就业困难，城市户籍的附着利益也已经被村民认为低于农村户籍。在这个态度转变过程中，村民们的取舍尺度其实是前后一致的，即首先是要在经济上不降低水平，至少能够"避免更糟"。同理，村民们虽然认为村集体经济前景不清，但是对股份合作制改革却不看好，也是因为村民认为这一改革不见得会提升村集体经济，反而有可能增加其风险。有些村民抱怨村集体一次性缴付农保等于"把子孙的饭都吃了"，大抵也是因为担心今后家庭经济水平无保障，或认为这个办法比现行的村福利分配办法更不好。由于这些工作都被政府安排为撤村建居工程的重要阶段或重要组成内容，因此，村民对这些问题的担心和不满，也就自然被转为对整个撤村建居工程的不满。（3）村民还同时使用平等互惠、价格公平这两种安全经济学尺度，考核交易是否可以接受，考核外部力量对待他们生活变动的安排是否可以接受。由于土地不仅是农民的主要生产资料，而且还承担农民社会保障的功能，村集体土地则是村级公共保障的重要基础，因此征地问题、征地价格问题在撤村建居过程中被村民特别多地用于检验政府对村民是否持互惠态度、政府对村民是否公平。目前的征地过程中，交易价格存在着巨大的、显在的不合理，直接触发了村民的不认可态度。这种气氛有时还进一步扭曲政府某些积极措施的本意。在本案例中，区、镇政府返还 7 亩地，本是为了补偿村民损失特别是解决该村农保资金缺口，可是在该村特定背景下，有些村民反而认为这不过是多年来村里为政府作牺牲而得到的唯一一点补偿——这个补偿甚至刺激村民去倒轧账，计算过去其他被征地的价格差，结果，不公平感、无权利感反倒更加强烈。（4）在大多数涉及村民切身的、重大的利益问题上，村民认为自己很少或没有力量能够左右其事。特别是在征地补偿问题上，由于村民不能享受早年被征土地的升值部分，而政府虽然上调了征地补偿费（平均每亩上调 5000 元），但调价后仍然很低，一类地最高补偿安置标准也仅为每亩 8 万元，除小部分特殊区块最低标准每亩只有 3 万元。村民为此提出了一些进一步合理调整的意见（或主张配合政府办理撤村建居手续但缓征土地，或提出宅基地建设指标未用的应予以置换），但这些意见通常并不能被地方政府采纳，有些在现有法律法规框架中也无法被采用。村民没有与地方政府谈判的资格与能力，明显有权利失落感或某种政治欠安全感。

2. 案例类型二：三义村与惠街村

三义村在 1997 年由街道发动村民农转非、买居民户口，每个指标为 3500 元，由街道和村里补贴，年纪大的还可打折。全村 90% 以上的人口 350 多户都买了居民户口，还有 20 多户称缺钱而未参加。农转非者第一年领到了居民油票，但是以后就没什么居民待遇了。现在，村（居）民们觉得撤村建居与城中村改造工程有三个特别大的问题：其一，该村女子农转非后出嫁，按村规民约应将本人户口迁到嫁入地，但实际上非嫁农者却迁不进农村。在当地很多地方，如果以农村户籍迁入，可以在迁入村申请一间"通天房"① 宅基地，造好可卖数十万元。因此，非嫁农者的经济损失极大，很多人要求放弃当年买户口的钱，但要非转农，以便让户口随嫁而迁。该村的人大代表多次向区人大反映，一直没有解决。结果，村里凡是农转非的女性（以及户口跟母亲的孩子），出嫁后户口都挂在村里，村里人口规模失衡，村干部十分担忧。这些妇女提出要求：既然不让迁出，就应该让她们在村里分立新户头、批宅基地、造房子，不能公婆那边、父母这边两头都不享受村民待遇。其二，计划生育政策规定农民可以生两个孩子，居民只能生一胎。村民，尤其是非嫁农又不迁户口者，遂提出政府要么归还买户口的钱，要么允许多生一个孩子。其三，村里的两种居民户籍，增加了建房问题上的纠纷。1997 年未参加农转非的村民提出，凡转成居民户口者就是市民，未转的才是村民，村里的土地依法只属于村民而不是居民，居民再像村民那样享受农民土地政策是不合法的。双方争议难决，最后村干部只好以民主治村、少数服从多数为由劝阻这部分村民。由于以上一些情况，三义村村民对于撤村建居批评甚多。

惠街村，属地镇是全国首批 25 个小城镇试点镇之一。在小城镇

_____

① 当地农民造新房普遍采取在 60 平方米左右的地基上造两层至五层，上着天、下着地，当地俗称通天房。

改革试点中，村里超过 80%的农户都买了居民户口。与三义村的情况相似，一方面，按当地风俗，凡妇女嫁出村后就不能再享受村里的集体福利待遇。所以，该村集体每年向村民发放的粮食补贴（每年每人360 元），已嫁出村者不得享受。其结果是，嫁出村而户口迁不成的农转非妇女，觉得在两边村里都得不到村集体福利，非常不公平。另一方面，计划生育工作在各级岗位考评中被置于"一票否决"的重要地位，如果不合格，村里所有考评成绩、先进奖励都将被取消，因此村集体对计生工作非常重视。该村现在不仅要负责村里 200 多名妇女的计生管理，按规定还要管理已嫁出村但户口还迁不出去的育龄妇女，工作极度困难，村干部与村民对此都有抱怨。

与第一类案例（西峰村）相比，本类案例提供的最重要信息是：（1）在撤村建居过程中，除了普遍存在的较严重的征地问题或征地补偿问题外，村民的根本不满还在于他们认为户籍上的福利附着量已经在总体上发生了城乡倒转，当地城市普通居民的户籍优势还不如村民；其中计生、造房等则被视为村民独享福利。村民为此觉得撤村建居已经过了受村民欢迎的时候，如果再拆村建居，只能降低或取消村民的特有福利。（2）村民觉得，在现行体制和撤村建居进程中产生的不公平问题，有些是完全可以解决的。特别是给予原来由农转非而嫁农的妇女重新转农迁户，在村民看来并不是政府难以面对的问题，而且这种情况在整个台州市已经有 4000 余例，数量不少而理应重视；之所以未解决，完全是因为村民与政府在权利与谈判上地位不对等。这种情况难以服人。

3. 案例类型三：丹枫村与兴宁经联社

丹枫村在台州市椒江老城区，在册人口 1202 人，其中农嫁居 164人。2004 年，村集体总资产 9400 万元，全年可分配收入 326 万元，村民人均纯收入 7005 元，未被征用土地 290 亩。该村的撤村建居工作被认为进展较快，2003 年 4 月，街道抽调人员组成工作组进驻该村开展工作，2004 年 10 月已经完成村民社保、村集体经济股份制改革等工作。但是，该村仍然因此面临一些大问题，村民也有严重批评。政府方面在 2004 年曾对该村撤村建居工作作出小结，认为该村的撤村建居工作进展较快，但仍然存在着一些村民关心的"历史遗留问题"，主要是建房问题与村蔬菜基地的利用或补偿问题，如果解决，就能比较顺利地实行撤村建居。所谓建房问题，是指该村预留的100亩建房用地因规划转为工业用地，村民宅基地有8年未批，而符合条件又未建房的村民已经达300多户，近400套。村里提出用预留土地置换合适地块解决建房问题，也未得到政府同意。所谓村蔬菜基地问题，是指该村有300亩蔬菜基地受化工厂污染，被禁止种植，影响村民、村集体的经济收入，该村要求政府尽早开发利用这些土地，或者给予村里补偿，也尚未得到解决。该村支书（兼丹枫实业总公司董事长）证实上述两个问题存在，他同时还表示妇女农转非后嫁到外村不能迁户口以及由此产生一系列纠纷，在该村同样也是突出问题，这些人因为户口问题不能申请造房，一进一出会损失几十万元。此外，政府在用地规划上变来变去，对村民的不利影响太大。

兴宁经联社位于台州市黄岩区城区，有12个村民小组，483户，在册社员1467人，尚余耕地26.5亩。全社有集体资产2327万元，其中固定资产1946万元。2002年社员人均收入6300元，2001—2004年，年均集体经济收入340万元。该村2003年年底开始撤村建居的动员、预备工作。近一年后，黄岩区"撤村建居办"小结该村工作，认为该社撤建工作进展之所以由快到慢，主要是以下七个方面的原因造成：一是家底越摸越复杂，社里领导班子的态度也由积极要求变成消极对待；二是养老保险困难，该社累计被征用土地900亩，实得补偿款900多万元，集体仅留160多万元，难以按规定支付在册人员的养老保险金；三是如果实行集体资产股份制改革，社员在新制下的分配办法与原来分配方式之间有矛盾；四是土地征用后应招工者的工作难以落实，产生很多空挂名额；五是作为社集体资产之一的城南大厦的产权登记未能落实；六是区政府同意调剂6亩地给该社作集体留用地的承诺未兑现；七是该社原建房用地因规划原因改变用途，村民建房用地未落实。

在这一类案例中，丹枫村的情况说明，政府早期判断撤村建居的首要矛盾在于村集体资产核定和分配，认为只要合理核算原村集体资产、实行股份制并把股权落实到人（户），撤村建居的基本障碍就可以消除，村民将因为脱离对集体资产"人人有份而人人无份"的局面，得到实利而不至于反对撤村建居。实际工作展开后，具体工作部门渐渐注意到而且承认，"建房""土地""就业"等问题，都是村民关注的、直接影响其今后生活的关键性问题，能否得到妥善解决，也将直接左右村民对于撤村建居的态度。兴宁经联社的撤村建居启动时间迟于丹枫村，地方政府的认识能力较以前有提高，对问题的认识更为切实和全面，但是总体上仍未充分注意村民变居民后面临的经济不安全以及其他的生活不安全问题。在兴宁经联社的各项问题中，第二项问题表面上只是社员的社保费数额巨大，社集体难以承担，实际上还产生了另一个问题，就是社集体投保将使社集体经济陷于困境，同时也直接、严重地降低了社员目前的经济、生活保障。第三项问题之所以让一些社员不满，看似因为部分社员的已有收益因股份制改造而直接受损，但是还可能因为将来股份制企业运作前景不明朗，让社员感到风险有增无减。第四项问题，径直说就是社员在城区中找不到合适的事做，普遍面临就业难，在高收入的企事业单位就业则难上加难——这不妨称之为就业不安全。第五、第六、第七项，其内容直接关系社集体与社员的重大利益，却均未得到解决。而且，这还在村民中造成一种不良感受：凡政府要求村社做的事，村社不能不做；而村社要求政府按责应做的事，政府可以缓兑现甚至不兑现。村社缺乏应有的权力与地位，社员感到不满是难免的。然而，政府部门显然对这些现象理解不深，因此，虽然也提出要创造有利条件解决村社遇到的实际问题，但是主要应对办法仍然不外乎做细致思想工作，根据实际尽快出台改制方案等，前一个办法显得空泛，后一条措施则表明政府部门还没有意识到：大部分撤村建居村的村民目前的主要关心可能不在于如何使经济收益最大化，而是如何维持已有的生活安全水准。

### 三　台州市撤村建居的一些新情况

还有一些情况未列入上述三类案例作重点陈述，但是在各试点村中都存在：第一，就业不安全问题在各撤村建居社区壮劳动力中特别

突出。用某位街道分管农业副书记的话说，各村 20 世纪 60—70 年代
出生者普遍素质不行，找不到工作；80 年代后出生者在城区找工作
好一些，但他们一般不是各户户主。① 第二，各村的社保落实难度大，
而且如果按低限投保，对村民的吸引力可能不够。如果像丹枫村那样
选择较高标准——以省职工平均工资 100% 为基数，补缴 15 年，由村
集体负担并统一办理手续（295 位已到社保退休年龄者领到每人每月
546 元社保退休金）——又不具备普遍可行性。如果地方政府采用返
还各村若干土地作村留地的办法，帮助各村解决农保或社保资金缺
口，又牵扯出其他复杂的法律与政策问题。第三，与撤村建居相关的
城中村改造，需要大量资金。特别是，如果把台州市各区、市的城中
村的"排排房""通天房"基本都拆除，可能会使村民不胜其负并且
直接加剧村民对经济前景的不确定感、不安全感。第四，街道干部、
村干部强调，试点村以及其他失地程度较高村的村民中，年纪大一点
的大多无所事事，而很多年轻人则不想做事，主要靠出租房收入生
活。从社会学的角度看，这种社会生活态度属于既不发展社会网络，
也不发展社区网络。第五，试点村村民对于改制后的"股份公司"
的规章不熟悉，既不能帮助这类公司规避市场风险，也不清楚市场破
产机制是什么。这种需要预先阐明、让人正视的破产风险，没有被预
先阐明或强调，部分村民和村干部对此甚是担忧。第六，与市民混居
可能面临的文化歧视，还未被试点村的大多数村民正面意识到，但是
根据一些更大城市的前鉴，作为城市的新居民，他们今后也会不同程
度地遭遇这一问题。

　　在我们看来，上述这些问题在多大程度上需要一个中长期的社会过

---

① 该市民政局 2003 年题为《城乡体制改革中有关撤村建居的内容》的调研报告中也
称："城市快速包围农村，土地被大量征用，这种'压迫式'的城市化速度之快很难使农民
短时期内都能找到新的职业，农民劳动力转移不充分的问题相当严重。而近年来，我市对
被征用土地人员主要采取的企业招工和一次性发放安置补助费这两种安置形式（另辅之以
村留地安置方式）逐步暴露出一些不完善的问题。如农民劳动素质相对较低，容易被淘汰；
企业经营不善破产后，农民重又一无所有；实施一次性补助费，在政府支付额、村集体分
配等方面各地均存在很大差别，而村集体、村民如何用好补助款更是一个大问题。"

程、市场过程去解决、缓解或转移，在多大程度上可以由政府政策予以当下解决或缓解，是需要认真研究的。2003 年，台州市负责撤村建居工作的市委领导在工作汇报会上指出，本市撤村建居工作要切实解决好五大现实问题，即失地农民的社会保障，妥善处置集体资产，村民的住宅，集体建设用地，农村政务、财务两公开。其言亦恳切，其意亦正确，但还是显得未反思政府推动的方式本身会造成哪些缺陷，也不曾感到撤村建居首先应该符合农民安全经济学标准。2006 年台州市某县在撤销了 63 个村、居，组建了 27 个社区后，甚至把"注重政府推动"作为首要的工作经验。有一些官员开始意识到，农民对撤村建居不积极、有怨言，是因为农民身份附着利益已经超过市民身份附着利益，在这种情况下进行农转非对农民意味着某些损失。例如，市民政局在讨论农民不愿转户口、出现城中村的原因时就认为，近年来"城镇居民享有的种种特权逐步消失，农民进城的门槛一再降低，而农民却依然享有城镇居民无法享受的生育制度、宅基地审批等制度，于是形成新的城乡反落差，使得已进城的农民不愿放弃农民身份"。这种认识比较贴近农民的感受与选择标准，可惜这些部门也并不细致考虑撤村建居工作如何在不损及村民利益与安全的前提下进行。

## 第三节　走向"安全"的城郊农民市民化

### 一　"不安全"的城郊农民市民化

浙江各地的城中村、城郊村的撤村建居工作尚远未完成。地方政府当然有能力完成整体动迁，但是另一方面的问题也很明显：由于农民动迁并不等于市民地位的获得、工作能力与条件方面的适应，城郊农民更多地还是愿意留在城郊，或保持农民身份，其衡量尺度则是农民安全经济学。

在这种情况下，地方政府如果简单动用政府权威、行政力量实施动迁和改造，就算动迁完成，农民（尤其三四十岁以上者）多半还是不能很好转入市民角色、实现市民化。作为案例，台州市城中村与城郊村农民的担忧所能直接呈现的只是若干村庄的问题，然而"社会学的想象力"不允许我们把它当成个别农民的局部环境、个人性格与能力的问题，当成某些农民的病态心理，而是要把似乎是城中村、城郊村农民的个人困扰问题与社会变迁、制度冲突等问题联系起来看，把它当成一个典型的"社会结构中的公众论题"。① 以此视野看，目前城市的生态、工作、生活环境，总体上还不能给撤村建居的农民提供足够的安全，甚至还会使农民面临安全整体性降低的威胁。在此意义上说，城中村、城郊村的农民不愿、至少不很愿意做市民，不仅呈现了农民的安全经济学通则，而且呈现了社会结构的一般性问题，特别是：

首先，地方政府认为城郊农民进城有利且会欢迎，其潜在判断是把农民视为现实的牟利者。较之简单判定农民为保守传统者，这个判定要切实一些，但是另一方面却也低估了城郊农民的安全短缺状态和安全需求，高估了地方政府处理复杂社会问题的能力。城郊农民遽尔被政府安排进城做市民，相当于让城郊农民突然由一些古典社会学家所说的社区（community）转入社会（society），由一个同质性的熟人社区转向一个异质性的匿名的社会，② 完全有可能面临整体性的不安

---

① ［美］C. 赖特·米尔斯：《社会学的想像力》，陈强、张永强译，三联书店 2001 年版，第 7—9 页。

② 米尔斯曾注意到经典社会学家们关于农村社区与城市社会的一系列区分，都是围绕着这个历史性转移的现象（C. 赖特·米尔斯：《社会学的想像力》，陈强、张永强译，三联书店 2001 年版，第 164 页）。但是，按纽比与巴特尔的更细致的分析，滕尼斯的"'社区'和'社会'的原始类型学原来只适用于表达人类群体关系，没有任何特定的地理参照"；到了索罗金、齐默尔曼的《城乡社会学原理》（1929）则被具体用来说明城、乡特征，他们建立了"城乡连续体"模型，去反映、解释城市和农村社会的本质及其关系。然而，从刘易斯开始，"一系列社区研究分析都对作为解释体系的城乡连续体的效用提出了质疑"，特别是波尔强调社区与社会两种类型的关系并不是只有唯一的一种连续性，城市对农村的冲突与压力反而是基本问题。（霍华德·纽比、弗雷德里克·巴特尔：《批判的农村社会学导论》，载苏国勋、刘小枫主编《社会理论的知识学建构》，华东师范大学出版社 2005 年版）换言之，波尔之论不仅一举破坏了索罗金和齐默尔曼的概念体系的权威性，而且表明了城、乡社会之间由于社会基础、社会性质不同而产生的相互冲突，远远比城、乡各自受"地理环境强制性限制的社会联系"特征要来得重要——后者可以通过农村居住者迁入城市环境加以解决，而前一类不同则不是简单搬迁农村居民就可以消除的。

全。因为它意味着城郊农民离开小型的、熟悉的社区经济，进入不很熟悉的、大型的城市经济，[①] 农民原来的地方性知识、技能往往大部分变得没有用处，农民可能立即就从一个农业或兼业的专家变成没有专长、无依无靠的失业劳动力。[②] 目前中国城市的生态、工作、生活环境，常常不能给整村迁移的农民提供足够的安全环境。农民将面临各种各样的经济不适应和不安全，首当其冲的是就业不安全。主要原因是城郊农民（特别是三四十岁以上，作为各农户主要劳动力的户主）一旦作为居民谋求就业，其人力资本（不是指其天赋条件，而是指舒尔茨所说的后天经过投资而产生的人力资本）类型往往不适合大多数企业的要求，要么难以就业，要么就业而难以持续，要么只能在相应的低技术、低工资、劳动条件与劳动纪律都较差的企业就业。陈映芳小组在上海的研究曾发现"大多数农民在征地前后并未实现职业地位的上升流动"，他们认为原因在于"城镇户口的附着待遇减少"，"政府与征地单位的缺位与失职"，"个体的因素"。所谓"个体的因素"——主要指被征地农民的文化程度低、年龄比较大，然而这个因素未必真是"个体"的。城郊农民谋求就业者的大龄、低学历、专业化程度低、工作可被替代性强等问题，说到底是人力资本类型与城市企业的要求不契合。而且城郊农民的人力资本，就其受教育的程度与类型、职业获取能力而言，以及就城郊农民进入城市企事业单位所需训练与现实中可能得到的教育与训练的巨大差距而言，根本不是目前政府提出的对农民的初级、短期职业训练所能解决的——这些训练主要还是着眼于各种初级技能训练，或更多地适应劳动密集型企业的用工需要。[③] 很显然，城郊失地农民不能或没有能力进入城市的大

---

① Shaffer, Ron, Steve Deller & Dave Marcouiller, *Community Economics* (2nd ed.), Iowa: Blackwell Publishing, 2004.

② ［美］詹姆斯·C. 斯科特：《国家的视角：那些试图改善人类状况的项目是如何失败的》，王晓毅译，社会科学文献出版社 2004 年版，第 341 页。

③ 经济学家把 19 世纪初反对"机器吃人"的英格兰织袜工人称为"勒德分子"（Luddite），技术进步会导致工人就业水平下降的观点，则被称为"勒德谬误"（Luddite Fallacy）。但是，一些经济学家在批驳这种谬误时，很容易低估劳动者从旧技术领域向新技术领域转移的困难，他们很容易陷入困境（威廉·伊斯特利：《在增长的迷雾中求索：经济学

多数企事业单位，就意味着城郊农民并未真正获得市民的生产能力和就业资格。这是城郊农民的生产安全需求被激发，并且产生生产与就业不安全感的基本背景。

其次，城郊农民被动进城后在就业环节上不能很好融入城市，直接导致其社会网络重建困难（虽然还有别的原因）。文化难以适应，交往关系不顺畅，进一步产生两方面影响。一方面，进城农民的社会网络断裂或重建困难，会直接导致有利的或积极的社会资本存量下降，他们的经济收入或收入预期会随之下降。一些社会史专家虽然证明移民农民、进城农民会经历一个保持传统社区生活与改变自己以适应市场的矛盾，这种矛盾甚至导致家庭内部冲突，但它又使个人有了增加收入和获得新的发展的可能，而且农民们最终会适应城市生活或变成独特的城里人，尤其是这些家庭的青年人①。但是，这毕竟不是一个短时期可解决的问题，而且目前在撤村建居中进城的农民也不只是青年人，首当其冲遇到困难的恰恰是作为各户主要劳动力的、土地第二轮承包时的承包户户主，年龄多在三四十岁以上。他们要在城市中谋求经济发展，除了需要恰当的人力资本，也需要相当的社会资本，包括市场渠道与社会关系网络等。问题恰恰是这个群体一旦被要求越出或离开原来的社区，其原有社会资本会大面积失效，而新的对

---

（接上页）家在欠发达国家的探险与失败》，姜世明译，中信出版社 2005 年版，第 51、134 页）。一些研究者虽然提出"确立'就业优先'的政策目标（卢海元：《土地换保障：妥善安置失地农民的基本设想》，载《中国农村观察》2003 年第 6 期），但是显然低估这个困难。有些研究者泛泛要求重视失地农民再就业，甚至提出大力发展街道服务业、城郊劳动密集型企业等（张媛媛、贺利军：《城市化过程中对失地农民就业问题的再思考》，载《社会科学家》2004 年第 2 期），这恐怕既不合时，也低估了根本不同的两种就业情境。陈映芳小组也提到：上海市关于征地劳动力安置有多种办法，但是大多数征地劳动力实际上只能进镇办企业或自谋职业，真正能进入城市社会的工作领域的，几乎可以忽略不计。（陈映芳等：《征地与郊区农村的城市化——上海市的调查》，文汇出版社 2003 年版，第 40—41、105—112 页）

① ［美］W. I. 托马斯、F. 兹纳涅茨基：《身处欧美的波兰农民》，张友云译，译林出版社 2000 年版，第 23—24、43、75—78、117—132 页。

别人构成社会资本的东西对他们可能是完全无效的。① 另一方面，有效的社会资本下降、缺乏，倒过来增加进城农民对城市社会网络的疏离、疏远，② 陷入与农民工"再社会化"困难类似的窘境③，而感到某种社会不安全。结果，进城农民往往不积极发展社会网络，倒回去强化小规模、非正式的个人协作网，而这类协作网又往往不能很好解决进城农民的社会安全需要。④

---

① 一些相关研究已经表明：城郊农民（作为主要劳动力的户主）进城后不仅显得年龄大、学历低、没专业（即人力资本差），而且通常会立刻发现自己还没有"关系""后台""市面不灵"，即社会资源少、社会资本差、信息获取能力弱（李培林：《流动农民工的社会网络与社会地位》，载《社会学研究》1996年第4期；周晓虹：《流动与城市体验对中国农民现代性的影响》，载《社会学研究》1998年第5期）。客观来说，这是进城农民面临的一种经济不安全与社会不安全。赵延东、风笑天对武汉的调查也表明，由于劳动力市场不成熟，社会资本在很大程度上成为市场的替代品；下岗职工的社会关系网络对其能否再获得工作有显著影响（赵延东、风笑天：《社会资本、人力资本与下岗职工的再就业》，载《学术季刊》2000年第2期）。与这种情况相比，进城的城郊农民的问题首先是原来的、大体上属于同质社区成员组成的社区网络大幅度失效，同时又无法与新的、异质性城市社会成员建立有效的社会网格，或者成员间的关系强度不高，然后才是勉强建立的社会网络的成员地位普遍较低，结果进城农民从社会网络、社会资本中获得收益的可能性很小，以至于在这个城市化或市场化的过程中会感到变穷了，并且一般还得跟同样穷的人来往，进城后还得被迫认同自己仍然是一种乡下人。

② 格拉诺沃特、林南曾强调人们的社会网络与其拥有的社会资源之间具有密切关联性。这个关系倒回来说也成立。按林南的分析，个人拥有的社会资源的数量、质量如何，取决于三个要素：个体的社会网络的异质性，网络成员的社会地位，个体与网络成员的关系强度（参见林南《社会资本——关于社会结构与行动的理论》，张磊译，上海人民出版社2005年版；赵延东《"社会资本"理论述评》，载《国外社会科学》1998年第3期）。

③ 关于农民工市民化或"再社会化"困难的讨论，可参见朱力《论农民工阶层的城市适应》，载《江海学刊》2002年第6期；田凯《关于城市农民工城市适应性的调查与思考》，载《社会科学研究》1995年第5期；汪立华《城市性与农民工的城市适应》，载《社会科学研究》2003年第5期；王春光《新生代农村流动人口的社会认同及城乡融合关系》，载《社会学研究》2001年第3期。

④ 一些东欧、中欧前社会主义国家市场化的研究者发现，市场化进程在农村社区会产生复杂的影响。除了在计划经济与市场经济混杂时期会产生新的不平等、阶层化（I. Szelenyi & E. Kostello, "Outline of an Institutionalist Theory of Inequality: The Case of Socialist and Post Communist Eastern Europe", in *The New Institutionalism in Sociology*, ed. by M. C. Brinton & V. Nee, New York: Russell Sage Foundation, 1998），使农村居民产生心理痛苦，为了生存而去发展非正式的社会网络以及适应性的家庭经营策略（See: D. L. Brown &

　　此外，在被动进城的过程中，农民在政治权力上显得很弱势。农民变成市民，借用瓦尔泽的说法，意味着农民应该获得新的市民"成员资格"[①]，以及作为市民成员资格所意味的福利、安全。诚如瓦尔泽所言，市场并不解决成员资格问题本身。因此，在赋予进城的城郊农民以市民成员资格方面，国家与政府本来就负有首要、主要的责任。而且由于地方政府一般都宣称撤村建居工程的主要目的既是为了发展城市，也是为全面提高城郊农民的地位以加速解决城乡二元化问题，因此，地方政府不仅应该从一开始就配套设计和落实城郊进城农民的市民地位、同城待遇等政策，同时还应该尊重城郊农民的选择权利（包括其作为公民的合法不服从的权利）。但是，目前地方政府在撤村建居工程中，一方面较少尊重农民在做农民与做市民之间的选择

---

　　（接上页）L. Kulcsar, "Rural Families and Rural Development in Central and Eastern Europe", *Eastern European Countryside*, 2000（6）; D. L. Brown & L. Kulcsar, "Household Economic Behavior in Post-Socialism Hungary", *Rural Sociology*, 2001（66））。市场化还可能引起农村社区关系更复杂的变化，原因是农村居民通常比城市居民更加依赖社区内的互助网络（C. S. Fischer, *To Dwell Among Friends: Personal Networks in Town and City*, Chicago: University of Chicago Press, 1982），对所在社区作为一个居住地也有更强烈的归属感（W. J. Goudy, "Community Attachment in Rural Region", *Rural Sociology* 1990（55）; G. L. Theodory, "Examining the Effects of Community Satisfaction and Attachment on Individual Well-Being", *Rural Sociology*, 2001（66）），在这种情况下，一旦市场化引发不平等与层化、贫困与混乱，家庭就将面临矛盾的选择：一个选择是发展社区内的非正式社会互助网络，去应对混乱的经济以及社会保障系统的缺失，个人与家庭因此都更加依赖邻居互助，结果就更加紧固了社区纽带，而疏离了社会网络。另一个替代选择是发展更密集的社会性网络，农村居民个人与家庭都将更少联系对他们达到市场目标没有直接帮助的人，结果是更少卷入所居住的社区（David J. O'Brien, Stephen K. Wegren & Valeri V. Patsiorkovsky, "Marketization and Community in Post-Soviet Russian Villages". *Rural Sociology*, 2005（70））。这些研究表明市场化并非总是简单驱动农民满意地卷入非社区、非个人协作性的交换网络，也不能简单地增强他们做市民的能力；即使农民与家庭愿意发展非社区、非个人化的社会网络，他们也未必能够满意地达致目标。所以，常常出现一种典型的情况是：许多农村居民的受教育程度、技术水平都比城市居民低，面对引入市场化改革、失去大型集体农庄的工作、失去国家农业津贴时，会遇到更严重的障碍，对市场改革的不满程度也比城市居民更高。另外，农民在后社会主义国家中又有一些市民所没有的优势，他们有能力使用家庭劳动力生产自己的消费品，并且通过互助网络互相帮助。结果，很多地方的农民常常作出疏远社会网络的选择。

　　① Michael Walzer, *Spheres of Justice*, New York: Basic Press, 1983.

权,另一方面在利益公平补偿、获得市民待遇各个方面,不仅法定赋予农民的地位不足,而且很少听取进城农民的意见。其结果往往是,进城的农民以及将被安排进城的农民就常常处在既无传统的农民资格、又无充分或平等的市民成员资格的状态,在涉及重大权益的环节(特别是征地、征地补偿、户籍及其户籍附着待遇政策的调整、住房等问题)上,几乎没有左右权、选择权。① 这种情况客观上构成了被撤村建居的农民的权利减弱或政治欠安全的背景。

从就业不安全到政治欠安全,意味着城郊农民在撤村建居过程中所面临的不安全问题具有某种整体性,意味着许多城郊农民不愿做市民并非是农民的个体性的、个别性的困窘,多半是社会结构方面问题使然,而且其严重程度超出了城郊农民关于安全选择的限度。如前文所述,这种情况一般会促使城郊农民加强使用其安全经济学标准,并且可能作出不欢迎撤村建居的选择。地方政府如果在撤村建居时不从解决或明显缓解这些结构性问题做起,那么要让城郊农民获得安全感而热烈欢迎整村搬迁,几乎是不可能的。城郊农民虽然不一定说"结构"之类的社会学术语,但是由于这些问题与他们的生活联系紧密,他们完全可以感受到这类术语所能表达的问题,并且按照其安全经济学的标准决定对撤村建居工程采取什么态度。

## 二　安全经济学视角下的城郊农民市民化政策导向

鉴于地方政府还会继续主导城郊农民市民化进程,基于上述关于城郊农民的安全经济学的讨论和基本判断,我们可以对通过撤村建居推进城郊农民市民化的政策得出如下评论。

---

① 农民经常在客观上无法享受市民成员资格的权利,当然不能达成市民资格的自我认同。此外,成员资格是自我认同的结果,更是他人承认的结果。(Charles Taylor, *Multiculturalism and "The Politics of Recognition"*, Princeton: Princeton University Press, 1992)进城农民要取得市民成员资格取决于国家法定(目前不足),也取决于社会交往中获得市民的平等的承认。目前,撤村建居的农民与市民交往的能力不足,常常还得不到市民的平等的承认。没有平等的承认、国家法定条款的承认不足,以及新市民自我认同不足,这三者之间形成了某种"负"循环。

第一，农民总是有条件地接受变革。城郊农民可能会使用经济理性追求收入最大化或较高的平均收入，因而可能接受城市化进程；但是发挥经济理性需要先解决一般前提条件，包括经济学家们所强调的资本数量、外部就业机会，另外，发挥经济理性还需要满足其安全需求。

第二，地方政府对于"三农"问题常常持一种自相矛盾的态度。一方面，长期以来或受发展主义标准影响，或直接受 GDP 至上的政绩标准牵引，常常轻易牺牲农村与农民利益；另一方面又日益滋长一种心思，企图动用政府力量一下子解决积累起来的"三农"问题。这种政治文化实际上自"大跃进"开始，从未在地方政府的层面上被认真清除。只要社会对政府的节制力较差，只要国家竞争加剧，尽快建设强大国家的需要容易得到多数国民的认同，只要后发展国家加速社会成长，特别是解决"三农"之类的问题需要国家力量的大力推动，这类大跃进思维和各种变相大跃进行动就有了滋生的温床。目前，有一些地方政府发动的撤村建居、加快城市化的工程，由于无视农民安全需求，高估政府能力，正在显示出新大跃进的政治文化特征。

第三，近几十年来的城市化一般理论、中国小城镇道路讨论，忽视了对农业经济、农民行动、农村前景的更细致研究，也忽视了目前的城市社会对于被卷入城市化进程的农民的可能威胁。实际上是在舒尔茨所谓"工业原教旨主义"下，一则忽视农业经济的增长力；二则忽视城郊农民的经济理性（可能选择不进城）；三则忽视农民安全需求；四则忽视地方政府目标与农民选择之间可能存在的不一致。它实际上给予"新大跃进"政治文化倾向以某种理论支持，或变成了它的弱组成部分。

第四，现在该正视地方政府的城市化目标与农民需求之间的矛盾并予以解决了。用斯科特的话说，现代国家总是倾向于重新安排人口，让社会更加清晰，以便更容易行使古典的国家职能——征税、征兵和政治控制、国家安全，以及改善社会生活，满足对表面清晰、表面秩序的美学偏好或崇拜，等等。清晰性和简单化是国家机器的中心问题。国家为此实施各种大型社会工程项目，包括对农村生活和生产作"驯化的尝试"。可是由于以下四个因素的致命结合,这种"人工设计社会秩序的帝国主义"往往带来巨大灾难。这四个因素是:国家的历史比社会要短,对社会很多关键方面所知甚少,却简单化地重塑社会,而且其兴趣只在很少几个目标上;强烈信奉极端化的现代化意识形态;采取独裁专权;软弱的公民社会缺少抵制这类计划的能力。① 就本书研究的问题而言,撤村建居、加快推进城市化,也可以说是地方政府追求社会"清晰性"的人口再安排行动;当然,行动前提是地方政府认为这个工程是农民所需要和欢迎的。所以,它还不是国家纯粹为自己作打算的、反农民的行动,问题更多的是一些地方政府未很好理解农民需求。但是这种不理解还是造成很奇怪的结果:地方政府按照科学规划进行的城市化,其实不一定是科学的,他们实际上注重和得到的是斯科特所谓符合其美学的、关于现代农村与城市化的"视觉编码"。② 于是,地方政府与很多农民在解决"三农"问题的共同目标下,各自跑向不同方向:地方政府要的是整齐划一、千篇一律,而农民要的是生存安全和相对自由;前者要的是按计划或规划重塑居住结构与生活方式,后者欢迎的却是依据具体的地方条件作出灵活调整;此外,农民欢迎地方政府官员通情达理地与自己协商,而各层办事人员实际上更习惯对上级负责。这些问题很尖锐,甚至无法通过地方政府调整政策加以调和。但是从政治经济学角度看,农民不隐藏自己的偏好,对政府及其政策选择而言毕竟不是坏事。③ 地方政府倒应该警惕自己对农民的不理解,应该清楚地认识到:如果不把满足农民安全需求作为城市化政策的基本维度,自以为对农民有利的东西完全可能被农民视为剥夺。

---

① [美]詹姆斯·C. 斯科特:《国家的视角:那些试图改善人类状况的项目是如何失败的》,王晓毅译,社会科学文献出版社 2004 年版,第 2—7、22—23、243—244、254、290、299 页。

② [美]詹姆斯·C. 斯科特:《国家的视角:那些试图改善人类状况的项目是如何失败的》,王晓毅译,社会科学文献出版社 2004 年版,第 343 页。

③ [美]第默尔·库兰:《偏好伪装的社会后果》,丁振寰、欧阳武译,长春出版社 2005 年版。

# 第三章　城郊农民市民化诸条件：
## 角色理论的视角

诚如本书第一章所论及，用角色理论分析农民市民化问题特别是城郊农民市民化问题，是一个很好的提议。至少，角色理论在直觉上是一个很吸引人的分析工具，它可能有助于解释许多城郊失地农民由撤村建居等政策性力量而转变职业、身份之后仍然不能很好扮演市民的问题，而且还为这种解释提示了一个相对规整的社会学形式化视角。但是，纵观既有的研究，我们发现这个提议包含的问题或陷阱恰恰也是最大的。例如，文军虽然提出"'市民化'概念主要是指社会成员角色的转型"，但是对角色和角色转变并无严格界定，只是一般性强调："农民市民化是一项复杂的社会系统工程，它不仅仅是农民社会身份和职业身份的一种转变（非农化），也不仅仅是农民居住空间的地域转移（城市化），而是一系列角色意识、思想观念、社会权利、行为模式和生产生活方式的变迁，是农民角色群体向市民角色群体的整体转型过程（市民化）。"[1] 这样使用角色视角分析农民市民化问题，可能只是一个灵机一动的提法，表述亦显似是而非。此论甚至具有一种危险性，即有可能含混地把角色问题引向角色认同、思想观念等主观性问题（角色认同其实也并非只是主观性问题）。[2] 一些学

---

① 文军：《农民市民化：从农民到市民的角色转型》，载《华东师范大学学报》（哲学社会科学版）2004 年第 3 期。

② 谢建社提出："完全意义上的农民市民化应该包括以下六个含义：一是人口城镇化，二是职业非农化，三是居住城镇化，四是观念市民化，五是生活消费方式城市化，六是行动参与社区化。城市化进程加快的主要原因是人口城市化和土地城市化。"（谢建社：《农民工分层：中国城市化思考》，载南开大学社会工作与社会政策系编《农村劳动力转移的社会政策学术研讨会论文集（2006）》）王道勇则提出：一般而言，市民化是指农民尤其是在城里做工的农民适应城市并具备城市市民基本素质的过程。（王道勇：《农民市民化：传统超越与社会资本转型》，载《甘肃社会科学》2005 年第 4 期）这些分类、讨论无关角色理解，但是也表明研究者们目前显然较多地从主观、观念方面理解市民化。

者和地方官员显然也很愿意按这个逻辑方向，去强调许多已经撤村建居的农民不能扮演好市民角色，主要问题不在社会地位与物质条件方面（因为身份、住地、工作都已经转变了），而是在于农民的行为与心理、文化没有相应转变，甚至不肯变。但是，这显然不是对农民市民化问题的恰当解释；甚至，这与角色理论的基本立场也不一致，后者在基本倾向上是一种有节制的社会决定论，认为角色扮演是一种受规则控制的行为，角色转变并非只是，甚至并非主要是行为个体的意识与认同问题。

本章欲阐明，角色视角固然可以被用来分析城郊农民市民化问题，但是它所能发挥的重要提示却是：社会身份完整、角色期待明确、互动环境良好，以及新旧角色间的转换通道顺畅、新角色固化健全等，都是顺利实现城郊农民市民化的前提或条件；目前城郊农民市民化的主要障碍并不是农民对新角色认同困难、担当能力低下，而是农民受到了赋权不足与身份缺损、新老市民互动不良、农民认同条件这三方面的限制；这些问题亦对现行的直接影响城郊农民市民化的政府政策提出了考验。

## 第一节　角色"理论"：效度与限度

首先要承认，尽管角色在所有的社会学教科书里似乎都是清楚的概念（诸如角色是与社会结构中给定的地位相联系的一套行为期待等），但它一直是大多数社会学者并不苛严对待却又频繁使用的术语。一方面，角色概念在 20 世纪 50 年代就成为英语学术界的一个有效载体，把三个核心社会科学——人类学、社会学、心理学——整合到一个原则上，即研究人类行为，[①] 并且被大量运用于心理学、社会学的临床治疗心理紧张、个人困窘。另一方面，论述角色的文献虽多，但角色仍然难以称得上"理论"，其比喻、隐喻多于定义，外延不清

---

① Bruce J. Biddle, *Role Theory*: *Expectations*, *Identities*, *and Behaviors*, New York: Academic Press, 1979, p. 11.

晰，术语不完整，应用强于知识体系，因此需要在知识领域确定、专用词汇与语言的整理、通用的知识陈述上作巨大努力。[1] 近 30 年来，关于角色的次级概念、理论虽有诸多新论著，但是情况并未真正改观。[2] 这表明角色理论长期以来带有模糊性，因此，角色或角色转变的视角也许可以被用来观察、解释城郊农民市民化问题，提供有效的社会学知识以及政策应用支持，但是运用者有必要首先检点角色理论的立场、效度与限度。本书认为，角色理论发生与演变过程中出现的以下一些重要问题值得注意。

## 一　角色理论的基本立场：行为的有节制的社会决定论

一些社会学家乐于像戈夫曼那样使用"戏剧类比"（theatrical analogy）说明角色理论或观察的基本观点，即一个演员在舞台上刻画人物时，其表演是由剧本、导演指示、其他演员的表演、观众的反应，以及演出者的才干所共同决定的。[3] 演员对角色的诠释有所不同，但是不管谁演，只要演同一个角色，演员们的表演都很相似。由此角度看，人们在社会中的行为也并非是随意的，而是与人们的社会位置、身份有关，其行为是在扮演一种社会角色，既由社会对这个身份、位置提出的规范和要求所决定，同时也由其他人的角色扮演所决定，由人们对扮演者的观察与互动所决定，还由扮演者的独特能力和个性所决定。社会"剧本"也如戏剧脚本那样发生约束，只是经常允许有更多的选项、"导演"经常由上司、父母、老师或者教练代表；"观众"则由那些观察角色扮演的人组成；而社会角色的扮演者的表现如何，与他对"角色"的熟悉程度、个性与个人历程，还有

---

① Bruce J. Biddle & Edwin J. Thomas, *Role Theory*: *Concepts and Research*, New York: John Wiley & Sons Inc. 1966, pp. 9-14.

② Karen D. Lynch, "Modeling Role Enactment: Linking Role Theory and Social Cognition.", *Journal of the Theory of Social Behavior*, 2007, 37（4）.

③ 参见 ［美］欧文·戈夫曼《日常生活中的自我呈现》，冯钢译，北京大学出版社 2004 年版，第一章。

其他人对“脚本”的多样化定义有关。① 在本质上，角色扮演是社会规定、其他人的行为，以及个人扮演变化的结果，并且是以这些因素创造的框架去衡量角色扮演的程度。

拟剧论用舞台比喻生活，显得形象化有余而严谨性不足，但是大致表明了角色理论的基本假设：人的绝大多数行为不是任意的，而是可以依据其社会身份和地位而预期的。它主要由三个部分组成：模式化的社会行为（role），社会成员的身份或位置（social position），行为的预期（expectation）及呈现（presentation）。模式化的社会行为被定义成“为达致某种功能而组织起来的一套特殊规范”，② 或是一套“可理解的行为和态度的模式”，③ 以及由此而形成的一套应对社会环境的策略，或被视为“社会系统中与一定社会地位相联系的规范预期的行为”。④ 期待被认为是角色的首要因素，这种期待在实践中习得，即人们通过实践逐渐清楚自己所背负的期待，它主要表现为规范（norms）、信仰（beliefs）和偏好（preferences）等。⑤

一般而言，人们虽然经常在不同意义上使用“角色”概念，但是共同的特征是关注人的模式化行为，并强调人的大部分行为不是任意的，而是受亲临的社会环境所控制的。因而，角色理论总体上是一种有节制的社会决定论。

---

① Bruce J. Biddle & Edwin J. Thomas, *Role Theory: Concepts and Research*, New York: John Wiley & Sons Inc. 1966, p. 4.

② F. L. Bates & C. C. Harvey, *The Structure of Social Systems*, New York: Wiley Press, 1975, p. 106.

③ Ralph H. Turner, “Strategy for Developing an Integrated Role Theory”, *Humboldt Journal of Social Relation*, 1979 (7).

④ Vernon L. Allen & van de Vliert (ed.), *Role Transitions: Explorations and Explanations*, New York: Plenum Press, 1984, p. 3.

⑤ Bruce J. Biddle, “Recent Developments in Role Theory”, *Annual Reviews of Sociology*, 1986 (12).

## 二 角色理论的基本分析工具：社会身份、规范或期待、互动与认同

角色理论大致经历三个发展与分化的阶段，不仅贯穿了（有节制）的社会决定论，还形成了一些基本分析工具。

### 1. 角色理论的形成期

通常认为 20 世纪 30 年代，[①] 米德（G. H. Mead）、莫利诺（J. L. Moreno）、林顿（R. Linton）构筑了角色理论的框架和术语。[②] 1934 年，米德的遗著《心灵、自我与社会》，以及他的其他未出版作品及学生课堂笔记，站在明确的社会心理学立场——个体心理对社会群体的依赖，从两个方面提出了与角色理论直接相关的论述。他的"复杂社会行为的产生与功能"和"在不断变化的社会组织中的秩序保持问题"等命题，涉及灵活的社会控制问题；而在研究互动、自我与社会化的过程中，他反复使用了角色借用（role taking）概念，提出人们是在日常生活互动中学会理解社会，角色扮演始于对他人角色的模仿（taking the role of other's），通过模仿他人角色，他人和社会进入个体并使个体能够指导自己，这种交流对于合作活动是必不可少的。[③] 因此，角色是一种个体间自然而然发生的、谈判式的理解，即具有主观理解和偏好的个体，在彼此的日常互动中试图协调自己行为，渐至于一齐定义制度所赋予角色的东西。米德由此确立了互动论在角色理论上的基本立场——一种有节制的外部（直接社会环境）决定论，即在总体上强调个人的能力和能动性，并不受社会刻板控制，

---

① 从 1861 年至 1930 年，欧美有 40 多位有影响的社会哲学家和早期行为科学家表达过被称为"角色观察"并具有社会决定论倾向的观点，他们是角色理论的"先驱"。彼多曾列出详表说明。（Bruce J. Biddle & Edwin J. Thomas, *Role Theory: Concepts and Research*, New York: John Wiley & Sons Inc. 1966, p. 5）

② 1934 年，早已在德国成名的莫利诺在美国出版了《谁将幸存?》，他在心理戏剧和社会戏剧中首先使用角色扮演（role playing），并且激发了一连串后来被称为社会人际的专门化研究。他的许多学生成了杰出的行为科学家。

③ ［美］乔治·H. 米德：《心灵、自我与社会》，赵月瑟译，上海译文出版社 1992 年版，第 135—145、223—224、316—318 页。

因此倾向于把角色看成流动的，但是多少承认个人行为受外部控制。

　　人类学家林顿则在 1936 年对身份（位置）和角色作了经典区分：身份（status）又指人们可以拥有的权利与义务的合集，而角色表示身份的动态面貌。人们被社会指派一个身份并占据它，它与其他身份相关联；当他使组成身份的权利与义务生效时，他是在扮演一个角色。角色与身份是可相对分离的，但区分两者仅仅是出于学术兴趣。不存在没有身份的角色，或没有角色的身份。而在身份范畴上使用角色术语具有双重意义，即个体有一系列的角色，得自于他参与的各种模式；个体同时又作为一个角色，是这些角色的总和。[①] 换句话说，林顿把角色看成是这样一种假设：每个人占据某个社会位置时，社会对其行为（该做什么、怎么做）抱有一整套期待，要求他按这种期待行为。角色扮演则被理解为权利义务与身份相一致的结果。这一界定几乎影响到后来所有的角色定义，它还被功能主义者用于解释稳定社会结构的形成，即关于为什么人们行为不同而凝结在一起产生一个稳定社会，或者说为什么有组织的人类活动——按一致、有序、可预见的方式——多于任意的，以至于可以趋向一个稳定社会秩序，帕森斯起初的回答——社会化把人们纳入共同文化——笼统而不充分。[②] 林顿则暗示了一种新的分析可能性：角色构成个人行为与社会结构的一种联结，即存在着一个与给定社会地位或身份相适应的行为网络；每个人大体上会扮演角色，社会就整合起来。由此，功能论的社会秩序的分析可以转变为：社会制度是"由一群相互关联的角色模式所组成的"，社会体系最主要的分析目标是"角色的如何分化与角色的如何整合，如何成为一个功能体系"；[③] 各人扮演各自的社会角色、形成互补就意味着稳定的社会秩序。

　　然而，米德确立的互动论世界观和角色观点，在强调互动的单位永远是个人而不是角色时，给出了另一种提示：林顿的定义从一开始

---

① R. Linton, *The Study of Man*, New York: Appleton-Century, 1936, pp. 113–114.

② Richard A. Hilbert, "Toward an Improved Understanding of 'Role'", *Theory and Society*, 1981, Vol. 10 (2).

③ T. Parsons, *The Social System*, New York: Free Press, 1951, pp. 27–28, 114.

就是过于简单化的角色模型。具体言之，其一，在功能主义的角色模式下，应该能详尽而清晰地列出，所谓社会期望有哪些规则，可以被据以规定和准确地预期可观察的行为。实际上这却不可能；其二，角色扮演远不是被动服从与给定身份相关联的规定，角色应被视为参与者在社会互动中的创造。后来特纳使用角色构造（role-making）概念表示行动者在进行社会互动过程中主动创造他或她的角色，认为角色是通过互动过程中与其他角色参与者的持续的试验，再试验而完成的。行动者根据他人的行为、根据他人对处于某个社会地位的人所抱的期待，做出推断，相应行动，从而即时地创造出角色。① 特纳形成对功能论者的静态角色原型的动态化、基础性改造，却面临两个问题：其一，他已经注意到了正式的、组织化规定的角色，但是基于对互动的强调和试图避免回到林顿或功能论的角色概念，他对于正式角色的刚性规定限制角色自由创造的现象显得为难。② 他的努力只能算是对功能主义角色的社会身份、社会规定论的部分超越，而且还不能很好面对各种正式组织在社会生活中的"殖民化"现象。其二，角色制造概念实际上预设了一个角色符合与否的正式标准，以便使经验行为可以被比较和确认。特纳也需要面对行为间的连贯性，它最终组成角色而不管角色是人们在互动过程中创造出来的还是谈判出来的。于是，互动论只能与功能论者共同面对角色行为模式的一个确定要素：正式的角色规定的可能性。因为没有规范、准则和标准据以判断人们制造的角色的适当性，角色制造的所有条件都得撤销，行动者的行为也就变得任意，特纳只能对功能论者的受规则控制的行为模式做出关键性让步——承认

---

① Ralph H. Turner，"Role-Taking：Process versus Conformity"，in Arnold M. Rose（ed.），*Human Behavior and Social Processes：an Interactionist Approach*，Boston：Houghton Mifflin，1962.

② 结果，特纳一方面说林顿模式的经验事实是错误的，因为人们并不严格遵从规则。另一方面，他又发现并承认社会规则有可能被严格遵从。所以，特纳把许多争论放在作为经验事实的角色制造与作为理论可能性的角色符合之间的假定对比上，角色制造的意思即源自这个对比。他试图表明，假如自由的角色制造可以被限制，假如角色边界能变得严格，那么林顿原来表述中的对于行动模式的绝对约束就被概略描述了。（Richard A. Hilbert，"Toward an Improved Understanding of 'Role'"，*Theory and Society*，1981，Vol. 10（2））

规范是可潜在地被辨认，并且存在着通行规范（general norm）。①

所以，赫伯特断言由林顿提示的功能论与米德确立的互动论这两个竞争性的角色范畴，在至关紧要处是相似的：其一，除了共同承认行为受社会环境控制、受过去和现在社会因素的影响外，多少都承认角色理论作为对人类行为的解释，依赖于正式的角色规定的可能性，争议主要集中在规范的形态和获知方式。其二，都要假设有一个有思想又有社会意识的行为者，而争议主要发生在对认知与认同的解释方式上。结果是，林顿的概念虽然备受争议，但是现在大多数教科书仍强调角色是社会期待社会身份占有者遵守的行为模式，社会身份、社会期待或规范大体上仍然被视为角色扮演的条件。

2. 第二次世界大战以后至 20 世纪八九十年代的角色理论

社会心理学、社会学、人类学研究以及工业界、教育界、社会工作领域中出现大量与角色相关实验研究和拓展的角色术语，诸如"角色表演"（role playing）、"性角色"，以及角色扮演、互动、观念、行为、中断、关联、丛、网络、冲突、紧张、矛盾决定、距离、互惠、补充等。同时，研究者们不只是盯住单一的社会位置，而是更多使用地位丛、地位系统、关系性位置、焦点与相反的位置、位置间与位置内角色冲突等。角色成为行为科学的通用性词汇；角色的次级概念、理论都有诸多论著。彼多曾概括说，这些研究分组为以下五大流派：②

（1）功能主义的角色理论——20 世纪 50 年代初在帕森斯手中成型，③ 70 年代贝茨和哈维再次做出代表性、综合性的研究。④ 它通常聚焦于一个稳定社会系统中社会位置占据者的模式化行为。"角色"

---

① Richard A. Hilbert, "Toward an Improved Understanding of 'Role'", *Theory and Society*, 1981, Vol. 10（2）.

② Bruce J. Biddle, "Recent Developments in Role Theory", *Annual Reviews of Sociology*, 1986（12）.

③ T. Parsons & E. A. Shils, *Toward a General Theory of Action*, Cambridge, Mass：Harvard Univ. Press, 1951.

④ F. L. Bates & C. C. Harvey, *The Structure of Social Systems*, New York：Wiley Press, 1975.

被视为可分享的、标准化的期待。社会系统中的行动者被假定为受这些规范教育，从而得以在他们自己的行为中顺从规范，同时认可其他人顺从适合的规范。功能主义角色理论对于社会系统稳定的原因以及社会一致性的实现等问题具有解释力，它受到的主要批评包括：许多角色并不与社会位置相伴生，或者不与一定的功能相联系；社会结构远不是稳定的；在社会系统中未必总有共享的规范，也不一定能形成一致性；角色可能反映"标准化预期"，也可能反映别的认知。

（2）符号互动论者的角色理论——一贯强调个体行动者的角色、社会互动中的角色演变，以及社会行动者通过各种认知概念理解自己以及他人的行为，即虽然也假设存在着与社会地位相关的可分享的规范，但是认为这些规范只是提供一套宽泛的要求以便于确认角色细节，使实际的角色可能被预期去反映规范、态度、情景化要求、协商，以及被行动者理解的渐进的情景化定义。这一研究有利于理解日常互动中的角色，并且充满了对角色间关系、角色借用、感情、压力和自我概念的洞察力。它受到的主要批评有：定义模糊而不适用，几乎不正式关注行动者对他人的期望以及结构对期望和角色的强制，等等。

（3）结构的角色理论——有些人类学家和社会结构论者发展了关于结构化角色关系的数学表达、公理理论。这类研究几乎不关心关于行为的规范或其他期待，而是聚焦于"社会结构"，把它视为人们的稳定的组织丛（称作"社会位置"或"身份"），它分享相同的、模式化的行为（"角色"）。这类讨论涉及社会网络、血缘、角色丛、交换关系、社会制度形式的比较，以及经济行为分析，其论辩更愿意用数学符号表达。它理论明了、逻辑清楚，但数学表达方式似乎严重限制了其影响力。

（4）组织角色理论——集中于正式组织角色并构建了一种聚焦于预先计划、目标导向，以及等级制的社会制度的角色理论。它特别集中地解释了正式组织角色对于引起的个体紧张，影响行为者的环境应对策略选择的变量等。组织角色理论在商学院、工业心理学界和社会学界都有可观的影响，受到的批评主要是：假设有局限，排除了角色演变研究或非规范期待所产生的角色；暗示组织是理性的、稳定的整体，组织内的所有冲突只是角色冲突，一旦角色冲突被解决，组织参与者必定是快乐和高效的，这些结论是可疑的。

（5）认知的角色理论——大部分与认知社会心理学有关，聚焦于角色期待与行为间的关系，研究引起期待的社会条件，测量期待的技术，以及期待对于社会行为的影响等。很多研究者还关注一个人接受他人期待的方式，以及那些理解对于行为的作用。其中还包含有几个次领域。彼多本人则在整合性研究与开拓方面有诸多贡献。例如，他提出角色期待至少可以同时显现为三种思维方式：规范、偏好以及信任。这些期待模式是通过某种不同的经验而习得的。在特定情形中，每个模式可以（或不可以）与他人共享，每种模式都会影响行为，都关系到角色的产生。此类见解被批评为过于依赖当代美国文化，未探究对印象的情景限制，而且往往忽略人类互动的动力与变化特点。

可见，以上分流分化虽然繁复，但是角色理论各个分支总体上仍然属于社会决定论；在角色认知、认同研究中大量的个体心理因素被注意和强调，但是仍然立足于社会心理学的基本立场，即承认个体受社会群体的规制。同时，社会身份、期待与规范、互动与认同等，仍然是角色理论使用的基本分析工具或视角。

3. 20 世纪 90 年代以降角色理论的重要变化

除了大量的应用研究、临床治疗继续使用角色理论或视角，角色转变、组织角色成为近一段时期来较突出的角色研究领域。研究者们强调个人经常处在日常互动性社会和组织社会这两种类型之中，并且较为关注社会组织对于个人以及群体的强烈的角色化力量，注意到所谓的社会化和再社会化经常是通过组织中的角色化来实现的。这类研究除了延展组织角色理解的视角，还注意引入原来关注个体的认知角色理论，试图把它与组织中的角色转变结合起来。其基本依据是：其一，工业社会的一大趋势是以组织为基础的角色越来越繁复，并且制度化。私人生活领域被组织所"殖民化"，即家庭事务被组织化、社会化，从而创造了很多角色；① 个人为满足需要和期望，必须进入组织，或多或少担当组织中的角色。组织对其成员影响巨大，角色则是被制度化的，个人或自我的概念也完全不同于 20 世纪之前。② 由于个人的经验被组织结构所约束和过滤，在很多情况下，成员的自我意识大量得自于他所担当的角色。另外，组织中的角色占有者在某种程度上是可以被替换的甚至是可互换的，但角色一直存在。这也强化了组织及其结构的弹性，但是潜在抑制了个体表达（后者鼓励人际交往与人际关系）。其二，影响人们与组织的关系的第二个趋势是角色变化速度在加快。由经济全球化及竞争压力等因素推动，关于稳定工作与事业的传统假设不断被阶段性变化所打断、废弃，代之而来的是以阶段性稳定为标识的不稳定的工作与事业。个体经常处在"成为"（becoming）什么的状态中，在各种角色及其所附属的认同与关系之中或之间流动。这种趋势不但压迫性地改变了传统角色理论讨论的角色与角色、角色与自我、角色与社会的关系，例如默顿讨论的角色丛与角色紧张，③ 而且加剧了角色与角色、角色与自我、角色与社会的紧张。④

# 第二节　角色理论与城郊农民市民化

## 一　理论与问题的相关性

根据以上检视，我们首先必须承认，角色理论作为分析视角是有

①　G. Ritzer, *The McDonaldization of Society*：*an Investigation into the Changing Character of Contemporary Social Life*（rev. ed.），Thousand Oaks, CA：Pine Forge Press, 1996.

②　K. Oatley, "Role Transitions and the Emotional Structure of Everyday Life." in S. Fisher & C. L. Cooper（eds.），*On the Move*：*the Psychology of Change and Transition*，Chichester England：Wiley, 1990.

③　R. K. Merton, "The Role-Set：Problems in Sociological Theory"，*British Journal of Sociology*，8（2），Jun., 1957.

④　Blake E. Ashforth, *Role Transitions in Organizational Life*：*An Identity-Based Perspective*，Mahwah：Lawrence Erlbaum Associates Inc., 2000, pp. 1-3.

限度的：一方面，角色理论分歧严重（在功能主义与互动论之间尤甚）。当然，没有任何流派认为角色承担者能够任意行动，也不认为角色问题主要是承担者的主观抉择问题。如果说角色理论还有什么传统或主流可言，那么大概就是它主张行为的（有节制的）社会决定论。另一方面，诚如彼多所言："角色理论看上去像大海一样宽阔，又像泥坑般浅显，能够用来粗浅分析任何个人和社会制度"，角色理论中那些薄弱的共识大致可以归纳为：（1）人们的行为往往是被类型化的，同时又具有情形化的特点；（2）角色常常与一群共享认同的人相关；（3）人们常常意识到角色在某种程度上由他们的意识所决定（通过期待）；（4）角色可以持续存在，是由于行为后果（功能），并且由于人们常常嵌入更大社会系统；（5）人们必须被教予角色，即必须被社会化。① 在笔者看来，这些共识对于解释和解决具体社会问题并不能提供很大、很直接的帮助。

但是，从积极的意义看，我们认为角色视角与城郊农民市民化问题至少有如下相关性：

首先，农民与市民在中国目前仍是两种很不相同的社会角色。就社会地位和身份而言，30 年的改革开放并未从根本上改变中国的城乡社会二元结构，城市居民依据其户籍身份，享有农民所没有的相对清晰而充分的财产权（包括房地产增值收益）、受教育权（特别是义务教育阶段在居住地所在学区的入学权）、社会福利权（养老、失业、医疗以及其他市政服务），以及更多的城市工作机会。跟市民拥有这种社会地位和权利相应，一般城市尤其是发达城市大抵通过制定市民守则、媒体宣传或者民间不成文共识，也希望市民有相应的有益于城市社会生活有序、文明的行为表现。例如，在各式各样的市民守则中，礼貌卫生、遵守城市规则（如交通规则）、重视教育和知识、有较高的工作素养、实行计划生育等，大体上被视为市民区别于农民

---

① Bruce J. Biddle, *Role Theory*: *Expectations*, *Identities*, *and Behaviors*, New York：Academic Press, 1979, p. 8.

的一般行为特征。① 就此而言，从农民到市民，无论是就社会身份还是就一般行为期待而言，都是相当跨度的角色转移，或者说是一种宏观角色转变，困难与复杂度远甚于日常生活中常见的微观角色转移或角色轮替。②

其次，角色视角可以用于观察城郊农民群体。角色理论从一开始就主要关注人们的与给定社会位置相关的复杂行为方式，既研究特定个体，也研究特定集合体。③ 这种集合体在狭义上可以指现代社会的各种正式组织，在广义上也包括被社会制度所划分的群体、阶层。

---

① 例如，《杭州市市民守则》（1990 年制定）：1. 热爱祖国，热爱家乡。2. 礼貌待人，助人为乐。3. 敬老爱幼，邻里和睦。4. 尊师重教，崇尚科学。5. 移风易俗，计划生育。6. 讲究卫生，举止文明。7. 植树绿化，美化环境。8. 遵纪守法，见义勇为。9. 自尊自爱，不损国格。10. 艰苦奋斗，建设杭州。《宁波市市民文明守则》（甬政告〔1992〕3号）：一、热爱祖国，热爱家乡。二、遵纪守法，维护公德。三、讲究卫生，美化环境。四、诚实守信，优质服务。五、关心集体，爱护公物。六、尊师重教，勤奋学习。七、相信科学，移风易俗。八、尊老爱幼，邻里和睦。九、语言文明，礼貌待人。十、艰苦奋斗，建设宁波。《嘉兴市创建全国文明城市领导小组办公室文件·创建全国文明城市宣传口号》（嘉创建办〔2008〕1号）：1. 20 字公民基本道德规范："爱国守法、明理诚信、团结友善、勤俭自强、敬业奉献"。2. 创建文明城市，构建和谐社会。3. 做文明嘉兴人，创全国文明城。4. 文明城市大家创，文明成果惠大家。5. 说文明话，行文明路，办文明事，做文明人！6. 人人都是嘉兴形象，个个来做文明市民。7. 文明出行，幸福相伴。8. 扫除脏、乱、差，留下真、善、美！9. 做文明嘉兴市民，展南湖儿女风采。10. 让城市多一份文明，让人民多一份满意。11. 讲文明礼貌，树禾城新风，做文明市民。12. 文明结邻里，互敬伴如亲。13. 文明与时代同步，礼貌和幸福相伴。14. 教育贵在坚持，素质贵在养成，文明贵在行动。15. 道德凝聚力量，文明传播希望。

② 宏观角色转变（macro role transition）指在连续持有的角色间的心理、（如果相关，则）身体的移动。最常见的宏观的转移是进入或重新进入一个组织、机构内转移、组织间转移、职业间转移，以及退出一个组织。经常，一个简单变化会涉及多种转移。宏观的角色转变通常包括了社会工作组织范围内罕见的，或多或少是永久性的变化。微观的角色转变（micro role transition）被视为在同时持有的角色间的心理、身体（如果相关）的移动——人称角色交替（或轮流 role alternations），例如，一个人在家庭和工作角色间轮流。它通常包括在社会范围内或社会范围间的经常性的、重复发生的移动。参见 Blake E. Ashforth, *Role Transitions in Organizational Life*: *An Identity-Based Perspective*, Mahwah: Lawrence Erlbaum Associates Inc., 2000, p. 7.

③ Bruce J. Biddle & Edwin J. Thomas, *Role Theory*: *Concepts and Research*, New York: John Wiley & Sons Inc. 1966, p. 5.

中国农民群体多年来一直在国家制度性的二元社会体制中被编排身份性质；城郊农民市民化也主要是通过地方政府有组织的撤村建居、土地征用而实施，即城郊农民被地方政府的行政工程当作群体来推向市民化，客观上已经被动地作为（社区）组织成员、（新市民）群体来行动。因此，城郊农民的市民化问题首先就应被当成群体性问题来看待，并且可以被纳入角色与角色转变的视角进行观察分析。

再次，从角色视角观察城郊农民市民化问题，显然不能孤立地考察农民的行为是否符合市民标准，更不能想当然地把城郊农民市民化的主要障碍归诸农民对市民角色的认同困难。角色视角坚持人在社会环境里不是完全自由行动的，其行为具有某种外部规定性，所以无法设想从角色视角讨论农民市民化问题，却有意无意把农民市民化的障碍主要归于农民保守、认同新角色的主观能力差。城郊农民在社会地位和身份方面得到的赋权是否充分、他们与市民的互动环境是否良好、农民在角色认同方面的倾向性，是需要同时被运用的视角，即就社会有效资源的分配情况及其对行动者的外在约束而言，应重视研究城郊农民作为行动者的"社会位置"。就行动者的直接体验而言，应重视研究城郊农民作为行动者是否处在有利的互动环境与过程之中，同时也要重视研究其性情、文化倾向对于认同与担当市民角色的作用——由于农民市民化是一个群体性问题，这种研究的重点显然需放在农民"文化"倾向方面。

最后，城郊农民市民化业已被人们直观地理解为角色转变问题。角色转变理论对于微观转变、宏观转变的区分和其他一些知识，可能有助于观察农民市民化问题，有助于重新估计城郊农民角色转变的内容、性质与难度。①

————————

① 此外，功能主义的角色理论关于社会身份、社会关系对于人们行为的外在强制性的观点，经受了冲击而仍然成立，角色目前仍然是关于社会的各部分如何联系起来的有效分析工具之一。就这个视角看，市民化是否为城郊农民与现代社会、城市生活更好联系起来的单一途径，也可能是一个需要重新考察的问题。

## 二　角色理论对城郊农民市民化的一般性解释

基于前述相关性判断，我们认为可以对城郊农民市民化问题提出如下一般性理解：

其一，城郊农民认同与扮演市民角色的社会前提，是与其新角色相关联的社会位置得到充分的赋权，即获得市民的一般身份、一般权利与义务。目前的首要问题可能是，被转成市民的城郊农民群体主要基于地方政府主持和推动的撤村建居、成片征用土地，在理论上说更能迅速得到政府的法规、政策的支持，获得充分的法定赋权，有组织地取得市民的身份和福利，而不必经过相对复杂、漫长的社会或民间赋权。然而在实践上，近年来地方政府转换城郊农民身份的首要动机是积极扩张与建设城市，而不是加强对城郊农民群体的适时保护，或者说，城郊农民市民化工程还不是地方政府解决城郊农民应享权益的独立考虑项目，而是首先被视为扩大城市所要解决的附属问题。这个立足点时常微妙地干扰地方政府对转换城郊农民群体身份的难度估计，甚至促使地方政府规避落实农民市民化所需解决的法规、政策的矛盾。城郊农民作为新市民的这样一些重要权益未能解决，显然导致"新市民"的社会地位与身份缺损。结果，政府和社会对"新市民"的所谓角色期待实际上发出了矛盾信号，而城郊农民对于新市民的角色认同则不能不面临某种紊乱。

其二，农民角色市民化的一个特征是它属于角色宏观转换，因此实现城郊农民市民化特别需要有一个新市民与老市民互动的良好环境与机制。互动论与功能论的角色理论的争议实际上已经提示，最好有一个关于市民角色的共识与有效的成文规定，以便呈现关于市民角色的标准化期待。但如前文所述，目前各地城市并不真正存在关于市民角色的成文规定、连贯标准，什么是市民行为主要还是习惯性的感觉与判定，类似于布迪厄表述的"惯习"。这种情况一方面意味着关于农民市民化的期待，主要是通过日常俗成规范的形式来表达的，在日常互动过程中被表达和被捕捉，因此农民市民化格外需要一个良好的日常互动环境，以便于新市民具体捕捉角色期待的有效表达、借用与认同市民角色，等等。另一方面，它意味着城郊农民的角色转变本质上处于一个相对的弱环境，①所谓"市民"客观上既缺乏明晰标准的、有技术支持的规范行为，也缺乏明晰的规范的思想感情样式，因而缺乏规范控制的力量，城郊农民在进入市民新角色并关注其内容方面本来就面临特别的困难，需要经历比较长的时间。目前，各地的城郊农民市民化工程大多发动较为仓促，在营造新老市民日常互动环境方面的政策显得粗放，这可能是城郊农民市民化的成效不尽如人意的重要原因。而城郊农民市民化较为平顺的一些地方，则往往基于这方面问题解决得较为妥善或本身就不成问题。

其三，无论是对个体还是群体，宏观转移一般都较微观转移更为困难。而城郊农民要跨越农民与市民两种宏观角色的边界，的确还有一些农民特有的认同困难，甚至可以在社会认同理论的视角上把城郊农民对市民角色的认同归于弱认同类型。比较大的影响因素包括：（1）城郊农民虽然紧贴城市，甚或实际上已经处于城区之中，但是，农村社区、城市社区两种社区的组织基础、功能与形态根本上是不同的。目前大部分城郊农民社区要么还保留部分农业生产功能，要么保持着经济与社区捆绑关系，要么基本上仍以家庭而不是以劳动力个体为单位安排生产与工作。大部分撤村建居后的新社区常常没有真正改变这个格局。这些因素经常导致城郊农民包括失地农民的常规工作样式、收入来源、生活风格、文化偏好都与一般城市社区居民有较明显

---

① 艾西福斯认为，强环境会清楚指示什么行为是对的不是错的，对于情境行为有具潜在的规范力量。（参见 Blake E. Ashforth, *Role Transitions in Organizational Life: An Identity-Based Perspective*, Mahwah: Lawrence Erlbaum Associates Inc., 2000, p. 153）米歇尔则提出，强环境存在于：（a）每个人都用同样方式解释的情形；（b）每个人对于什么行为适当都有同样的理解；（c）每个人都能做出这些行为；（d）这些行为受到支持。简言之，关于对的与错的行为有强烈的一致。反过来，弱情形则是难以组织的，较不明确的，从而它显得不清楚或者可能被多样化解释。在这种情况下，对如何组织适当的行为就可能不会一致。（参见 W. Mischel, "The Interaction of Person and Situation". in D. Magnusson & N. S. Ender (eds.), *Personality at the Crossroads: Current Issues in Interactional Psychology*, Hillsdale, NJ: Lawrence Erlbaum Associates, 1977）

的区别。跨越这两种不同生活样式及基于此上的角色，有许多意想不到的困难。（2）通常认为早期社会化对个人的角色认同有持久性影响。① 农民在已有的社会化过程中大体会形成安全经济学的计算和选择习惯，在农民安全经济学的感知框架中，城郊农民通过撤村建居等渠道转变为市民，显然面临着经济、社会、政治诸多方面的相对不安全。② 因此，对于需要退出的农民角色的安全认同，通常强于对需要进入的市民新角色的安全认同。（3）政府推动城郊农民市民化的工作与政策范式首先、主要着眼于城郊农民的旧角色脱离，比较忽视其市民新角色的进入，以及两者之间的过渡行进桥梁（movement bridge）。③ 于是，农民需要脱离的认同环境是强环境，需要进入新角色的环境可能是弱环境；需要脱离的旧角色认同是强认同，需要固化的新角色认同反而是弱认同。

下文将结合我们在杭州市调研中发现的若干案例来具体观察和印证上述问题。

## 第三节　杭州的若干案例与讨论

浙江是我国经济较发达、城市化提速最快的地区之一，2008 年年底全省共有社区（含居委会）2871 个，行政村 30032 个。撤村建居、整建制的农转非是浙江省近年来加快城郊农民市民化的最直接的办法（广义上，统筹城乡、推进农村社会保障和医疗保障也是平缓的办法，但目前保障水平还不高）。饶是如此，浙江也尚未在省级层面上统一推进城郊农民撤村建居，也暂无统计资料和情况汇总；有关工作主要由经济较发达、城市化推进较快的两个副省级城市（杭州、宁波）以及其他几个城市各自推进。其中，作为浙江的省会城市，杭州

---

① Blake E. Ashforth, *Role Transitions in Organizational Life: An Identity-Based Perspective*, Mahwah: Lawrence Erlbaum Associates Inc., 2000, p. 172.

② 详见本书第二章的相关讨论。

③ Blake E. Ashforth, *Role Transitions in Organizational Life: An Identity-Based Perspective*, Mahwah: Lawrence Erlbaum Associates Inc., 2000, pp. 12-13.

是省内最先成批量推进撤村建居的地区。1998 年，杭州在 100 多个村实施撤村建居第一批改革试点，将市区建成区内的行政村和城郊人均耕地 0.1 亩以下或全村耕地总面积 20 亩以下的行政村建制撤销，居住集中的村成建制建立居民区，居住区分散的划入就近居民区。城郊人均耕地面积 0.1 亩以上的行政村提出要求，经区人民政府批准，也可列入撤村建居的范围。上述耕地面积，不含向其他村承包经营和依法转让取得使用权的耕地面积。截至 2007 年，杭州主城区累计命名 3 批共计 171 个撤村建居村，其中 107 个村集体经济完成股份制改革；农转居多层公寓（含滨江区）累计立项 1930 万平方米，开工 793 万平方米，竣工 463 万平方米；近 13 万名村民完成了"农转非"审批；15 万名失地农民纳入"双低"养老保险或职工基本养老保险。此外，杭州的萧山、余杭两个新区也完成撤村建居 138 个村，有 17 万多名农民"农转非"。

按杭州市政府文件的表述，撤村建居工作涉及 10 个比较重要的全局性问题，包括组织机构建设、规范和保障社区建设条件、村民"农转非"处理、集体土地处理、集体资产处理、农转居（多层）公寓建设和房产处理、社会保障和社会养老保险、社区就业、计划生育、市政设施建设及管理等。针对这些问题，杭州市先后出台了 70 多个撤村建居文件，形成了一套涵盖控制性详细规划、征地补偿、失地农民"即征即保"、村级集体资产量化、股份制改革、社区建设、农居多层公寓建设管理、集体经济发展留用地等多个方面的工作机制和政策体系。

2008 年，杭州市有关部门认为：市区通过"撤镇建街""撤村建居"，已初步理顺了城郊结合地区的管理体制，有效盘活了城市土地资源，拓展了城市发展空间，促进了集体经济的健康发展，农民收入结构也因此发生重大变化。按课题组观察，政府在这些方面的工作量与成效，的确都很可观。但是，整个撤村建居工程在实现"农转非"农民的市民化方面，成效显然还不够均衡，尚不能令人满意。2007 年《上海 21 世纪财经日报》等有影响力的媒体曾就杭州市转塘镇几个村的不少村民"农转非"后无所事事、沉湎于赌博甚至吸毒的问题，作过专题报道和分析。虽然此类情况可能属于特例，但是一些"农转非"村民在城市寻找和适应新工作的机会和能力差，三四十岁以上的农民的日常行为与市民有较大不同，农民对新的生活变化的满意度还不够高等问题，有相当的普遍性，并且很值得观察和分析。

## 一　关于新市民的身份与权益

### 1. 案例描述：青舫村与嘉良村

青舫位于杭州城东，原属下城区石桥镇，辖区面积 2.2 平方公里，由四个自然村组成。1999 年 6 月撤村建居时，该村共有 770 户，总人口数为 2602 人（其中农业人口为 1198 人），在杭州属中等规模村。截至 2008 年年底，社区常住户数为 800 多户，下辖人口 28500 多人，其中包括本社区户籍人数 3500 人左右，外来流动人口 25000 多人。社区除有外来企业 100 多家，还有原村办大型企业 4 家，1995 年转制成为股份公司，股份量化给村民，1999 年以后规定可以传代，居民持有股金 1.17 亿元，每人最多可拥有 80 股。

在调研中我们发现，该村具有以下一些明显的特征：（1）居民收入较高。2000 年村民人均纯收入已达到 9700 元（主要是工资），股份分红每人每年最多者可得 5600 元，另有人均房租收入 9700 元，2008 年户均房租收入 5 万—6 万元。村民大多不去企业上班，而是从事个体职业或闲居在家。（2）由社区提供基本保障和福利。2000 年社区投入 170 多万元购买养老保险，2002 年覆盖 18 周岁以上居民；普通居民医药费按保额报销，老人报销 70%，困难家庭报销 80%；老年人自 2002 年起每月发生活费 150 元，2006 年提高到 180 元，退休老人、过去是小队长以上村干部等另有每月 250—400 元补助；老年人每年组织体检一次、外出旅游一次，费用由社区承担，等等。（3）除了社区福利，社区居委会的主要工作、社区内部公共设施（如水电、管道、河道治理、道路等）、工作人员工资也由社区自行承担，住房建设受到限制但是又未纳入城市建设统一规划。一些应该归属市政负责的街区道路也基本上要由社区建修。例如，撤村建居以来，社区内的水、电网已划归城区，电网改造费用本应由市政府和电力局各出一半，结果政府却未能出资，最后由经济合作社负担，为每户出资 2000 多元（路灯由电力部门免费安装）。社区每年投入 300 万元整修河、道。[①] 2004 年，石桥镇撤销后，青舫村并入属地街道，政府开始接管超过 3.5 米宽的道路，但社区内支小路仍由本社区出资建修。社区最初几年投入了 1000 万元左右，慢慢下降到五六百万元，近几年每年投入 100 多万元进行日常维护。社区的环境保洁费用也较大，政府贴补了 30 万元，另凭暂住证补助每人每年 10 元，补贴每年更换的几百只垃圾桶的一半费用，社区一方则每年还须支出 170 多万元保洁费。（4）经济合作社的运行，以及社区与经合社关系成为维系社区运转费用的关键。[②] 为解决这个问题，2007 年换届时由经合社的董事长兼任青舫社区居委会党总支书记，社区经费经过预算、审议和决议，经由董事会、监事会议决后支出。2008 年社区各种预算为 700 万元，经向经合社申请，每月拨款。2008 年经合社收入约 3200 万元，收支基本平衡。（5）在访谈中，社区居委会与一般居民反映

---

① 某次整修河道，协商由镇政府、干休所、社区三家均摊费用，最后则是干休所出资 2 万元，社区出了 10 万元，而镇政府则更改了整修方案，规避了出资。青舫有一级、二级及各支小路 100 余条，按有关规定，超过 3.5 米宽的道路都由市政部门负责。社区内有王马路连接绍兴路和东新路，多年失修。2001 年设在此路上的临时菜场搬迁后，居委会又打报告又多次派人联系，但是市政部门不肯出资，居民们认为可能有两个原因：一是区里觉得青舫村经济比较好，不拨款也会有办法的；二是路边的一片旧厂区已经被房产公司收购用于开发住宅小区，区里拖一拖，可以等到小区开发时再修。

② 笔者曾询问前任居委党总支书记 S：撤村建居后社区的主要工作困难有哪些？S 认为，第一，是社区与原村经济合作组织分离，资产支配权不在社区，又没有四五年的过渡期先把社区公共设施基本搞好，结果一个（经济组织）有钱没地方用，对社区公共建设没有责任，认为是政府的事，企业只要照章纳税就好了。一个（社区）没钱的有责任改造社区。而政府又不给钱。局面就变成"政府没钱不管，企业没有责任不管，叫我管，我拿什么东西来管？"要么把这个问题解决，要么撤村建居后的社区不要跟周边社区切分开来不一样（即跟其他城市社区同等待遇）；两条都靠不上，体制上还没有搞好，实际上政府无意当中增加了社区的负担。第二，是群众观念跟不上时代，村干部落后 5 年，普通村民落后 10 年。当然，S 也表示社区这样管理虽然最后还是向经济合作社要钱，但好就好在撤村建居是成建制的，是青舫村换了一块牌子，受益的都是青舫村的老百姓。所以，经济合作社拿出钱来是心甘情愿的，居民也认为是天经地义的。但是，一有变化（按：指社区居民发生流动或经合社的股份发生变化，以及经合社管理层不再是以前的村班子同事），经合社就再不会拿出一分钱来。

的问题比较集中，主要包括：第一，居民房仍属于小产权房，只能出租和转让，不能上市交易，而且居民当初造房时楼层大体上都超过申请批复的层次，将来拆迁补偿时还会出现很大问题。第二，就业困难。在失去土地、没有农活之后，全社区有五六百人闲居在家，其中包括不少年轻人。不愿做辛苦的行业、缺乏工作技能以及金融危机等都是影响因素。杭州市政府实施"4050 工程"（为女性 40 岁以上、男性 50 岁以上的就业困难者量身定制就业岗位）后，社区解决了105 人次的工作岗位，但是该工程规定的年龄段较窄，不能大面积解决居民就业问题。第三，社区管理复杂。青舫村作为原城郊结合部，有大量社会层次较低的外来流动人口，社区内治安问题突出。为此，青舫社区招聘了 60 名本社区户籍者担任保安，仍难以解决各种社区治安问题。第四，居委会负担过重，巨量的政府部门的工作转嫁到居委会。第五，很多村民对撤村建居颇有微词，有的提出再把牌子翻成村委会，理由是：福利反正是由村级集体企业负担，翻牌不影响生活，反而有计划生育上的优惠政策、有田地；撤村建居好像是政府把村里田地贱卖了；此外撤村建居的政策有变化，周边其他较晚撤村建居的一些村分红多了数万元。

　　嘉良村地处杭州城西，辖区面积 0.73 平方公里，2008 年有 456户，常住人口 1982 人，暂住人口 8000 余人。20 世纪 80 年代起，杭州市把向西发展作为城区拓展重点。90 年代以后，城西成为杭州新的住宅、商业区，嘉良村也因此成为城中村。1993 年，该村成立股份经济合作社；1999 年，土地被大规模征用，仅留 14 亩集体用地；2002 年 6 月，嘉良村撤村建居，成立嘉良社区，村民也相应转为居民。杭州市委市政府 2001 年颁布了《关于扩大撤村（乡镇）建居（街道）改革试点推行农转居多层公寓建设的意见》，对撤村建居片区的新居建设做出了规定；但是，嘉良村早在 90 年代末已经建成南北两处、连片的别墅型村民用房，所以，撤村建居后每户仍保持标准的 3.5 层住房，面积 340 平方米，通常一楼租作小店铺，二层出租，三层自住，每户一般每年可收租金 5 万元以上。1993 年来，集体每年可用资金约 3000 万元，集体分红每户每年 1.7 万—2 万元。2002

年以来，由合作社缴纳村民的养老保险和医疗保险，50 岁以上女性、60 岁以上男性每月可得补贴 300 元，每 3 年有一次免费旅游机会。据观察，以下问题在嘉良村显得较为突出：（1）撤村建居前，村民在集体经济中获益较大。村民失地后，征地补偿的大笔资金与留用地等资源都转移到村集体掌握，村民在经济上更习惯于依赖集体经济提供收入和福利保障，相当部分 30 岁以上村民的就业积极性不高。由于集体经济对村民生活影响较大，村民非常关注集体资产的产权制度，不少村民对集体经济的运转与监管表示不满意。而且股权分配究竟按户分配还是按人口分配，也颇难选择。①（2）集体经济组织与社区管理之间体制不顺。市政府虽然有政策要求撤村建居后要逐步实行社会化管理，构建新型社区。原村集体拥有的公益、公共设施应移交给居委会或社区管理，原村集体承担的社区基础设施建设以及市政、园林、环卫、社会治安等职能逐步转交给市政专业管理部门和街道办事处负责，纳入市政专业化和社会化管理的范围。但是，村集体经济实体与村或居委会的职能分不太清，在经济上仍然需要由村集体提供社区大部分经费。2007 年社区换届选举后，村集体经济负责人不担任居委会领导，但是村集体经济组织内保留了村管理委员会，按规定只是协助社区居委会搞好社区计划生育、社区建设，但是实际上仍然负责该村的社会管理，并提供大部分建设经费。新调来的社区主任不是本村人，村内居民的接受认可度也不太高。（3）公共供给方面同城待遇不落实。该村列入杭州市 A 类地段，市政府在周边道路、水电管网方面的配套与投入都比较好。但是，村内的治安保卫、垃圾处理、绿化以及其他基础设施，主要依靠该村自己出资解决。所以，村民认

---

　　①　前者方便但显得不公平，按后一方式处理，又面临人口增减问题，特别是对外嫁女、娶进村的媳妇是否应享股份，村民意见不一致。1993 年第一届股东大会规定按户分配，每户可购买一万股，配一万股。有些村民认为人口少的家庭吃亏太大，提出按劳动力贡献分配。1996 年调整会在户股基础上增设人股，凡满 16 周岁以上劳动力每人可购 1000 股人股，配 1000 股。2003 年前，该村按农村习惯，外嫁女不算本村人，不能购买集体股份，也不能享受红利和其他福利。2003 年调整合作社股份制度时，改为撤村建居时家中仍有农业户口的，不论男女都持有股份并享受红利。但是此次调整后，较早离开该村的退休人员以及外来媳妇的持股与分红问题仍然无法解决。

为撤村建居后与其他老居民区的待遇仍然不同，一方面觉得在同城政策上受到歧视，另一方面则觉得村内各方面的实质性变化不大，一般40岁以上居民也不知不觉按原来的村民习惯处事，包括仍然用村干部、大队长称呼社区干部。（4）存在的其他一些问题，包括：第一，不同时期土地被征用的家庭觉得不平衡。在20世纪80年代，城镇户口附加值高，政府征地一般给予农民农转非并安置劳动力进单位工作，村民对这种安置一般都欢迎。至90年代中后期，政府征地采取货币安置，人数达到100多人，安置费不高而且到位很迟，接受安置的村民当时还觉得可以接受，但是比较1999年后的安置待遇，觉得吃亏太大。第二，住房权益问题。2002年该村成片改造后、每幢花费40万元的别墅型住房，也是"小产权房"，不能在市场上交易；此外，由于该村列入市政府A类改造区段，近期又面临再次搬迁，村民对政府的规划意见较大，并且对于将来的再安置是否会降低现在的收入心存疑虑。第三，劳动力就业困难。该村目前有300多位30—50岁的居民尚未就业，一般工作不屑去做，对好的工作岗位又无竞争力。（5）村民对撤村建居的态度有层化特征。通常60岁以上的村民，觉得生活有翻天覆地的变化，很满意现在的生活，只是怕政府再让他们搬迁。50多岁的村民，收入较稳定，最担心的是改变现状。30—50岁的村民分为两类，一类有自己的事业、工作，较为忙碌，希望多挣钱，对村与居、自己是村民还是市民都无强烈区分感；另一类找不到合适工作，对现在生活有各式抱怨。20—30岁的村民，比较认同居民身份，或者忙于学业，或者忙于工作，并且希望今后的生活与工作越来越好。20岁以下者基本上没有村民的概念，把自己视为地道的市民。

2. 案例讨论

杭州市有相当多的撤村建居社区，经济状况好过以往被称为城市"社会经济塌陷带"或"城市中的农村社区"① 的"城中村"，村民

---

① 蓝宇蕴：《城中村空间改造的思考》，载《中共福建省委党校学报》2008年第12期。

有了市民户口、村民收入、社区福利甚至好于一般老市民，但是村民却有城市二类社区和半市民半农民的感受。笔者认为，这主要基于这些村民作为新市民的一些最重要的权益受损或不落实，市民身份残缺。在上述两个案例中，特别突出和典型的是在撤村建居过程中产生三个"半到位"：

其一，由土地性质转换不全而延伸的集体资产处理半到位。与一般征地不同，撤村建居涉及整村的农民宅基地和上百亩集体农地，或基于集体土地利用而积累起来的巨额集体资产，并且面临两种情况。第一种是政府给予农民的土地征用补偿费虽然较低，但是一次性征用上百亩农地后，村集体仍然会得到数千万元补偿费。按政府规定，除部分用于集体购买村民医疗保险、养老保险之外，其余用股份方式量化给村民，但是要保持集体经营。这个办法被称为"以土地换资产模式"，好处在于实际上变相延续了农地集体所有制，但尴尬在于：在市场中，集体经营有较大风险，即使资金存入银行，实际上也不能确保增值或保值。如果实行完全市场化经营，并允许村民自由处理股权的转让、退出等，那么本质上意味着集体土地最后被变相分配到户到人，会面临合法性问题。第二种情况是，有部分村的大量农地已经在撤村建居前被分散分批征用，但是也存积了巨额集体资产且一般都与过去利用集体土地、兴办集体企业有关。因此，这些资产虽然在撤村建居前后一般都实施了股份制，但实际上也面临类似困难，即既不能确保增值也不能分解。

其二，由土地性质转换困难所决定，撤村建居后的村民房屋（包括成片新建的安置房）性质被规定为"小产权"房，村民不能与老市民同房同价地拥有和出售自己的房屋。结果，城郊农民在重新安置住房方面，虽然可能享受政府各种优惠（面积、价格等），但是由于"小产权房"不能自由入市交易，村民并不拥有完整的市民房产权益。

其三，以上两个半到位还引发政府的市民待遇同城政策半到位。由于存在着性质模糊、分解困难但又数额巨大的集体资产，地方政府对于转换身份后的城郊农民所需要的社区服务、市政项目，常常采取政府与集体分摊甚至主要由集体承担的办法，结果强化了新市民的准农民或准市民的社会地位和社会性质。正是由于这种情况，加上由于社区中的福利基本上是沿用和依赖过去村集体的办法，一些村民才会感到撤村建居只是变个形式、换个牌子。客观地说，不断强化的集体经济固然缓解了政府负担，但同时也塑造出一批既不同于传统农民也不同于现代市民的"食租者"群体，并不见得有利于城郊农民真正转变为市民。

上述三个"半到位"问题的症结显然在于：地方政府热衷于获得城郊农民的土地转作城市建设之用，却没有权力、能力和兴趣去完全解决原集体所有性质的土地置换后如何分析落实为新市民的个人权项。何·彼特曾提出，农村改革以来，中央政府在地权性质上采取了"有意的制度模糊"，这实际上是农村土地集体所有制得以稳定的原因。他认为，一方面，国家制定土地法规时关于所有权有意模糊了"集体"（究竟哪一级的集体单位掌握土地实权），以便化解各级集体之间矛盾，"农地产权制度才能得以顺利运行"；在土地使用和租赁上则摇摆于意识形态、市场和社会稳定之间，希望既符合非私有化的原则且防止大的社会动荡，又给社会主义市场经济在农村的灵活试错提供一定的自由度。另一方面，国家的土地法规又是清楚的，特别是，宪法规定自然资源与城市市区的土地原则上属于国家所有，而农村和城市郊区的土地属于农村集体所有；在农村，国家既在不改变国有、集体体制的大前提下扩大农户的自由度，同时又规定可以按程序把集体土地所有权转变为国家土地所有权。[①] 这两方面情况一起造成两个奇特结果：一是何·彼特所发现的，地方政府的土地征用权实际上变得很大，一旦启动，哪怕是低价征用农地，农村集体也无力抵抗，分散农户更无力相抗。二是何·彼特没有发现或预计的，城郊农民一旦被成片整村征地，巨额征用费会变成可疑的、无法被处理的、市场风险较大的财产，并且可能成为地方政府抵扣城郊成建制征地农民之市民待遇的理由。近年来，已有研究者开始明确批评空间城镇化与人口城镇化不匹配，其中土地制度是一个需要改革的问题，土地出

---

① ［荷］何·彼特：《谁是中国土地的拥有者？——制度变迁、产权和社会冲突》，林韵然译，社会科学文献出版社 2008 年版，第 20—68 页。

让应该市场化，"建立农地转工、商业等非农用地过程中农民与包括城市政府、开发商在内的用地者之间直接协商机制。这就要求允许农村集体土地直接进入土地一级市场"。① 在我们看来，这类意见认为"政府变成'土地贩子'"是"城市土地的城镇化快于人口的城镇化"的直接原因，② 的确有一定道理。但是，上述案例还表明，更隐蔽、更尖锐的问题在于农村集体土地被成片整村征用过程中，土地产权性质转换还不能落实，即使进入一级市场，仍将产生畸形结果：失地农民仍然无法处理获得的收益。

不妥善解决这个问题，根本谈不上让农转非的城郊农民获得完整的市民身份、市民权利，自然无从奢谈城郊农民迅速实现角色转型。但是，要解决这个问题显然并不简单。一方面，地权制度改革牵扯到更大范围的社会改革。改变现行的农村土地的集体所有制和两层经营制，哪怕是用看上去较为和缓的承包经营权物权化办法，在笔者看来都有可能严重影响农民安全和农村稳定。③ 另一方面，城郊农民市民化必定又与此环节相关联，1999 年的土地管理法关于征用农地的规定，显然主要针对和适用个别、小面积的农地征用，而不是适合目前和今后越来越多的城郊撤村建居情况。如果找不到妥善解决城郊农民集体土地改革问题的办法，用撤村建居、以土地换资产的办法推行城郊农民市民化就可能会损害农民权益。

## 二　关于新老市民的日常互动

### 1. 案例描述：金水社区与碧山社区

金水社区地处杭州西湖风景区北部，行政隶属西湖区灵隐街道，总面积约 0.25 平方公里，2008 年共有常住居民 540 户 1596 人，暂住人员 4200 人。1999 年 6 月，作为杭州市首批"撤村建居"试点单

① 陶然、曹广忠：《"空间城镇化""人口城镇化"的不匹配与政策组合应对》，载《改革》2008 年第 10 期。

② 孙久文、杨维凤：《我国城镇化发展中的区域协调问题》，载《生态经济》2008 年第 11 期。

③ 毛丹、王萍：《村级组织的农地调控权》，载《社会学研究》2004 年第 6 期。

位，金水村所有农业人口变更为城市居民户口，村委会改为"金水社区居委会"，居民享受同城居民的社会保障、养老保险、医疗保险与最低生活保障；原村集体经济实行股份制改造，建立"金水股份经济合作社"，集体资产量化到个人，原村民变成股东。该社区的特征是：（1）居民收入结构、就业与一般社区市民情况基本一致。75.6%的家庭以工资收入为主，以财产性收入（主要是房租）、集体经济分红、个人及家庭经营、茶叶种植为主要收入来源的家庭仅各占5.1%、6.4%、9.0%、3.8%，并且没有一个家庭将农业收入作为主要收入来源。根据抽样调查，居民在政府和企事业单位就业者占59.8%，自办企业或个体经营者占13.8%，打零工的为9.2%，其他就业占17.2%。（2）居民对市民行为规范的认同度较高，已经适应城市居民的生活方式和行为习惯，其中89.7%的居民认为杭州市规定的市民守则及"'六不'行为规范"等"有必要，且能遵守"，94.8%的居民认为自己"肯定是"或"基本上是"一个合格的市民。计生工作在金水社区也很顺利，年青一代对于婚姻、家庭、生育的观念与普通市民无异。（3）生活水平与市民相当或略高于市民一般水平。居民收入在撤村建居前后没有发生大的变化，仍以工资收入、房租、集体分红、茶叶种植四部分构成，不仅比一般市民有更多的收入来源，而且收入和消费的水准也高于杭州市的普通市民，2006年社区中有26户购有私家轿车。（4）居民融入城市生活的程度较高，但是融入城市生活的社区条件较为独特和优越，过程漫长而自然，实际开始的时间远远早于1999年撤村建居。从20世纪70年代末起，附近大学、市体育中心、风景区等陆续扩大建设征地，金水村耕地大面积减少，在撤村建居前大部分村民的户籍已分批分阶段实行"农转非"，村里早已经处于农民居民混合生活状态，剩下未"转非"的农民实际上也处于"准市民"状态。主要原因是金水村内的主干道是西湖风景区的主要入口之一，常年有大量国内外、市内外游人从这里经过，或在村里就餐休息、买茶、投宿，农家饭店生意兴隆，慢慢形成杭州市有名气的"麻辣一条街"。在村里租房的，绝大多数是相邻大学的学生，很多房东为适应学生房客和外国游客的需求，很早就接入了网络、购置电脑，甚至学会了一点简单的外语。所以，金水村居民们的家庭生活安排、作业习惯、态度行为、价值偏好等，大都一点点在不知不觉间与市民趋同，如果不是撤村建居的行政行动，他们自己恐怕也很难说清楚从何时开始变成了居民、市民。

　　碧山社区位于杭州城西留下镇，面积 1.317 平方公里，2007 年有常住户 542 户，人口 1202 人，外来人口 1560 人。2004 年 4 月撤村建居。该村原有碧山等 5 个自然村，有农地 1572 亩（含耕地 391 亩，茶园 581 亩，山林 600 亩）和 4 家村办企业。2001 年市政府在该地区修建高教园区，随后又修建留和路、别墅区、煤气站等大型工程，村里 95% 的农地被征用，仅余市政府规定的 10%，即 50 亩留用地，村民被集中安置到碧山村。撤村建居后，碧山建立社区居委会、社区党支部、股份经济合作社，共有工作人员 27 人，其中居委会与党支部的经费由街道拨发，其他部门和人员的费用由经济合作社承担。绝大多数居民每年每人有 2000 多元房租收入、5000 元以上村集体经济分红。该村由于地理位置偏离主城区，虽然与高教园区相接，但是周边商业极不发达，有两个现象比较突出：其一，就业条件较差，全村约有 50% 的居民没有就业。大部分居民没有城市工作技能，无法适应既需要文化素养又有严格管理的办公室工作，另外一些用人单位则更愿意使用外地民工。还有部分居民觉得村里收入尚可，不愿再找工作，有部分居民批评镇政府的就业培训基本上是关于保姆、厨师之类，不对他们的兴趣。其二，社区地处偏僻，与主城区的市民交往不多，村民对社区、市民身份及新的生活方式的认同度也不一致。老年人群很少到主城区，并且习惯用"杭州"称乎主城区——对孙辈小孩常说"周末让爸妈带你去杭州"，但是认为现在的生活就是市民生活，因为不用下地干活、辛苦劳动。中年人群觉得市民生活应该很体面，不用整天担心很多问题，没有什么后顾之忧，对撤村建居带来的变化评价复杂，一方面觉得居民身份带来的医疗保险、养老保险、集体分红是以前想都不敢想的；另一方面又觉得社会保障还没有让他们达到无后顾之忧的程度。年轻人认为市民生活就是白天上班、下班后休息休闲，所以自己过的就是市民生活。此外，受教育程度较低的居民对在新社区集中居住的方式，普遍比较满意，认为配套设施比较齐，邻里之间来往、聊天、打牌都方便，而且热闹。受教育程度较高的居民，通常认为新社区的空气质量、治安情况、道德水平等都不如以前农村好，有些受大专以上教育并在市区有稳定工作的居民，甚至不愿让同事知道自己是碧山社区的人，而且很反感别人称自己是"包租婆""包租公"。

2. 案例讨论

在金水和碧山两个案例中，农民市民化的程度与平顺度显得完全不同。主要原因可能是金水村村民与老市民的日常互动环境较好，日常互动较为频繁，形成互动环境的过程也较长且较自然，而且整个互动环境与机制的形成并不完全与撤村建居有关。而这些条件在碧山村都不具备，碧山的村民在社区日常生活中还没有足够的时间和机会去体验、理解和扮演市民角色。这两个案例多少都能表明，所谓市民角色本来就具有极大的模糊性，大多数人都只能在长期的日常生活中慢慢理解和习得，对农民更是如此。因此，假如城郊农民群体通过撤村建居而获得完整的市民身份、权利，达到并保持市民一般收入水准，那么他们能否与市民在日常生活中友善互动，将是决定城郊农民能否平顺地认同和扮演市民角色的关键。而与老市民互动的历史长、互动环境强作为城郊农民较好认识和扮演市民角色的基本条件，本身就规定了平顺的城郊农民市民化需要有一个漫长的过程。就前一因素而言，即便是措施得当的撤村建居，也至多是推动城郊农民市民化的一个重要的政府工作环节；就后一因素言，目前撤村建居工作在营造新老市民日常互动环境方面经常欠周全考虑，或者还面临选择性困难。其中，相对明显的问题，是撤村建居工程在推动城郊农民（特别是30岁以上农民）在城区、并且较为"体面"地就业方面，还没有太好的措施和成效。如果借用默顿的"角色丛"（role set）① 概念表述，

---

① 默顿提出：角色丛的意思是指那些由于处在某一特定社会地位的人们中间所形成的各种角色关系的整体。社会的某一个别地位所包含的不是一个角色而是一系列相互关联的角色，这使居于这个社会地位的人同其他各种不同的人联系起来（参见 R. K. Merton， "The Role-Set： Problems in Sociological Theory"， *British Journal of Sociology*， 8（2）Jun.， 1957）。例如，一个经理，不仅与老板关联，还与秘书、业务员等各种下属关联等。

较为"体面"的城市职业岗位占据者通常意味着进入更为复杂的市民角色关系束。撤村建居后的城郊农民一般还难以像普通市民那样就业,意味着在日常职业工作中难以进入各种市民角色关系束,很少有机会学习、理解和扮演市民角色。另一个相对隐蔽却同样重要的问题,则是撤村建居工程对城郊农民的社区安排办法常常不利于形成新老市民间日常、频繁的互动。目前主要有三种对撤村建居的农民的社区安置办法。第一种是分散安置到各个社区,即以前所谓货币安置办法,它有利于城郊农民分散融入老市民社区生活,但由于工作量大而复杂,现在基本弃用。第二种是原拆原建、集中安置,哪怕处在中心城区。例如,浙江另一个副省级城市宁波市鄞州区在修建中心商业区时,对几个"城中村"撤村建居后,安排农民整体回迁到建成后的中心商业区,农民较为满意,市民也认为这些农民的文明程度明显改观。但是,大多数地方政府考虑城市中心区的商用价值与农民安置成本,并不一定总是采用这个办法。第三种办法则是整村迁居、集中安置,并且往往把新的社区往偏离主城区的方向安置,通常农民意见较大,也很不利于形成新老市民在社区内的日常互动。

对撤村建居后的城郊农民集中安置还是分散安置,是一个复杂选择。有研究者曾提出,应在现代城市中重点发展混合社区(异质社区)而不是均质社区(同质社区),其一般含义是指:土地使用功能的混合,社会阶层的混合,建设筑样式的混合。其优点在于:中高收入群体可影响和改变低收入群体的行为模式,并使低收入居民得到更多的就业机会、生活环境和地区社会服务等。① 我们认为,把撤村建居后的新市民及其社区与其他市民社区分割开来,当然不利于城郊农民市民化。但是,按混合社区原则规划和安置这些新市民,不仅需要地方政府调整立场和动机,而且还取决于老市民对新市民是否有足够的宽容、友善与开放。

---

① 于文波、王竹:《混合社区适宜模式及实现途径研究》,载《规划师》2006年第6期。

### 三　关于新市民的角色认同

#### 1. 案例描述：萧山区长芳村

长芳村隶属杭州市新区萧山区北干街道，其中两个自然村与萧山老城区接壤。1997 年村委会转为居委会，村民实行"农转非"，2004 年改为社区。2003 年做过户籍统计，当时本村有常住人口 900 人，按暂住证登记的外来人口 1200 人（实际约有 3600 人）。常住人口中以老幼为主，劳动力较少，大部分劳动力在 20 世纪八九十年代征地进厂过程中已经迁离户口。全村原占地 460 亩，1983 年起陆续被征用土地 200 亩，现余可耕地 108 亩已经收归国有，农民宅基地使用面积为 50 亩。90% 以上的村民有一幢三四层的自建别墅，很多村民还在院子或原自留地上盖平房用于出租等。长芳村有一些与前述青舫、嘉良、碧山等案例相似的情况，① 但由于长芳村地处萧山，原来的环境基础更像农村，相应有一些现象显得较突出：（1）撤村建居后，村子没有整体规划，村民认为可能面临拆迁，为了获得更多拆迁补偿，几乎家家户户都违章搭建，扩大住房面积。后政府规定拆迁安置一律按每人 50 平米计算，此现象才基本停止，但是绝大多数村民又转而表示不愿意拆迁，希望保持现有村庄格局。（2）妇女的权益问题。土地征用产生的经济补偿及其他收益（如撤队费），在长芳村也是以村籍为依据作分配的。长芳村中有一些出嫁女子因为迁入地（例如城镇）户口冻结而无法迁出；有些妇女因为常住村中，把配偶的户口也迁入了长芳村；还有一些人的配偶虽非本村户口但是常住该村，这些人实际上没有外嫁外迁。长芳村让这些户口留在村中的外嫁女同等享受生活补贴和养

---

① 撤村建居后，只允许村民生一胎。按当时萧山区的政策，农民头胎生女儿，若放弃生二胎，政府为夫妻中的一位购买养老保险，长芳村农民农转非后没有此机会；但是另一方面村民在医疗上却被规定在农村合作医疗序列。村民对此双重身份很不理解且不满意。此外，长芳村村民在城区中就业的能力也较差，1983 年以来在陆续征地过程中进厂做工人的 300 余名村民，到 2007 年时已有 200 多名下岗，年龄偏大又不到退休线，再就业很困难；本村村办企业转制后，工资和福利水平下降，留在这些企业的人员也仅剩 20 多人（主要是企业所有者和管理人员），从业者主要为较为廉价的外来务工人员。40—60 岁的劳动力，目前大多数从事个体服务业或打零工。

老金，但是在土地赔偿款上规定母子只享受一个名额。结果，外嫁女和其他村民双方都认为村里对自己不公平，村里也想不出更好的解决办法。(3) 上门女婿增多。长芳村几乎每家都有人较早进厂当了工人且在 20 世纪 70 年代末 80 年代初结婚，按计生政策只能生一胎，因此出现一批独生女儿家庭。长芳村中养儿防老、传宗接代的观念比较重，这些家庭转而采取传统的变通办法，即招上门女婿。结果，该村原来上门女婿极为罕见，这几年却出现了 9 个，对长芳村各种分配制度提出了新的问题。(4) 抽样统计中，有一半以上村民自感生活水平比老市民好或差不多，而且对萧山城区老市民的生活并不认同。例如，一方面，很多村民重视子女教育，为孩子请家教、送到艺术班学习，或送到自费的民办中学，并且期望孩子将来有一个轻松而高薪的职业（公务员等）；另一方面又很瞧不起周边市民，特别是下岗市民。

2. 案例讨论

在这个案例中，村民对市民生活、市民角色的认同呈现出困难。群体性的用违章翻建住房应对政府拆迁、基本按农村习惯处理妇女权益、招上门女婿以传宗接代等，通常都被视为典型的农民行为而非市民选择。但是，长芳村的所谓特别现象实际上称不上特别。它主要基于两方面条件，一方面是因为村民虽然基本上不从事农业，但是像样的城里工作难找。村民在现行的撤村建居、农民市民化政策框架内找不到保护自己的办法，甚至认为受到这套政策框架的损害。村民基于安全考虑，只能用传统的、熟悉的地方性习惯来保护、保障自己的切身利益。另一方面，是因为城郊农民在跨越农民与市民两种角色间的边界时，在角色认同的转变方面的确有诸多困难，其中包括一些主观性问题。但是值得注意的是，按照一些角色与角色转变理论的提示，人们对原来角色的认同越强烈，进入新角色越困难。① 最近一二十年来，城市户籍的附加值显著降低，许多城郊村农民变得比较乐意做城郊农民而不是做市民，保持前一种身份既可以直接享受城郊农地升值和城市扩大在生活和文化上带

---

① Blake E. Ashforth, *Role Transitions in Organizational Life: An Identity-Based Perspective*, Mahwah: Lawrence Erlbaum Associates Inc., 2000, pp. 109-113.

来的各种方便，又可以享受农民在造房、生育方面的政策优惠以及生活开支方面的相对低成本，过上习惯、安全而质量又明显提高的生活。长芳村农民对城郊农村的生活满意度高、对市民角色的认同度不高都跟这个情况有关，因此显然不是特例，而是比较典型地表明，如果撤村建居之类的城郊农民市民化工程不能着眼于促使农民脱离旧角色认同，切实改善新市民的各方面条件，很可能一两代人是完不成从城郊农民到市民的宏观角色转变的。

通过政府政策和力量进行某种程度的人为干预，促使撤村建居的城郊农民尽早退出农民角色、固化对市民角色的认同，在理论上是可能的。但是一般而言，从农民到市民这类宏观角色转变是否顺利，至少取决于七个关键性环节，即转变是属于：（1）低量级还是高量级；（2）社会期望的还是社会不期望的；（3）自愿（主动）的还是不自愿（被动）的；（4）可预知的还是不可预知的；（5）集体的还是个体的；（6）长时期的还是短时期的（指转变期而不是指角色占有）；（7）可逆的还是不可逆的。在这七个环节上，都是前一种情况有利于推动宏观角色转变和新角色认同的固化，后一种情况则产生不利影响。① 显然，目前用撤村建居推进的城郊农民市民化，具有高量级、社会期望的、被动性较强、转变结果不可预知性较大、集体的、转变期较短、不可逆等七个特征，其中只有（2）和（5）两个环节是明显有利于城郊农民脱离旧角色认同。由此可见，目前的城郊农民市民化政策作为一种积极干预设计，总体是粗放型的，在角色视角中看并不利于城郊农民认同和扮演市民角色。

## 第四节　角色理论视角下的城郊农民市民化政策导向

诚然，政府用撤村建居的办法推进城郊农民市民化有其方向性的

---

① Blake E. Ashforth, *Role Transitions in Organizational Life*: *An Identity-Based Perspective*, Mahwah：Lawrence Erlbaum Associates Inc.，2000，p. 88.

积极意义，那就是有可能通过政府干预，避免在农民市民化过程中让城郊农民像农民工那样以劳动力个体的方式，暴露在资本与市场面前，在理论上可以让农民以集体的方式实现群体角色转移，农民为此付出的代价可以更小，转变过程可能更快更平顺，从而有可能为更大范围的非城郊村庄农民的市民化提供先发性示范。

但是，通过政策干预促进城郊农民市民化，在客观上存有两种不同的路径。一种较为迂缓，即通过建立城乡链接，形成城乡社区衔接带，来促进农民市民化。其主要含义是，一方面承认城乡社区有差别，而且差别是普遍现象，非发展中国家独有。另一方面，对农村社区基础设施进行大幅度改善，确立城市和村庄之间的路、信、人、货的四畅通，达到城乡社区生活条件的基本均等；依然存在的村庄，主要是为依然存在的农业从业人员提供便利的社区条件，并且向选择乡村生活者开放；大城市、中小城市、小城镇、中心村与其他村庄共同形成一个经济上互为支持和补充、文化风格不同但是彼此平等、社区基本生活类型不同但品质差别并不悬殊的链接带，各自都是其中不可替代的纽接点，这个路径在本质上是以政府干预市场的方式，提供农民群体角色转变的条件，激发农民内在的转变动力。[①] 同时，它也意识到农业、村庄、农民仍然是现代经济和社会的必要构成，农民市民化甚至不应被当成把农民与城市联系起来的唯一结构形式；所谓消除城乡二元化，重要的不在于城乡居民的作业形式、生活风格一样，主要在于公共服务、权利保障、福利待遇上实现城乡等同。在这个路径上，城郊农民可能受益最快、市民化程度最高。目前，政府所提出的城乡一体化或城乡统筹，在理论方向上比较靠近这一路径，但是认识和实施的水平都亟待提升。另一种路径则较为急促，以前文所述的撤村建居为典型；同样也是运用政府行政力量，试图急速改变城郊农民的户籍身份和生活、工作，但是没有实际上也很难避免扭曲市场的粗放方式。在角色视角中看，它没有而且很难迅速解决城郊农民的权益置换与身份获得、新老市民充分互动等问题。目前显现出来的城郊农

---

① 毛丹：《浙江村庄的大转型》，载《浙江社会科学》2008 年第 10 期。

民市民化诸种问题，不仅表明这个路径的粗放性亟须解决，而且表明地方政府作为目前城郊农民市民化的主要组织者，需要全力改善城郊农民市民化的社会条件并保持耐心，更要警惕以农民市民化的名义，开始新一轮的剥夺城郊农民土地而谋城市发展、谋地方政绩。如果城郊农民市民化的动力还主要是来自政府置换农民土地的积极性，那将造成一种奇怪的改革转型——从以前的不管农民搞城市，发展成为从农民那里弄土地搞城市；它无论对农民还是对于国家稳定、发展，都将是严重危害。

# 第四章　城郊农民平顺市民化：金水社区的经验与问题

撤村建居作为当前推动城郊农民实现市民化的主要手段和途径，受到地方政府的高度重视，但是在实践中，撤村建居的农民在权利取得、身份认同以及新老市民互动等多方面还存在诸多问题，相对而言，金水社区的市民化过程较为平顺，这在一定程度上为城郊农民市民化提供了成功的实践模式。但是，从另一个角度来说，它恰恰说明了很多地方政府大规模推广撤村建居的盲动性和随意性，缺乏对撤村建居条件的科学评估。

## 第一节　平顺市民化的案例：撤村建居的金水社区

### 一　案例概况及其典型性

金水社区地处杭州市西湖风景区北部边缘地带，行政上隶属于杭州市西湖区灵隐街道，总面积约 0.25 平方公里，共有常住居民 540 户 1596 人，暂住人员 4200 余人。

我们认为，该社区作为研究城郊农民市民化问题的个案具有一定的典型性。首先，该社区经历了多种形式的市民化过程。在 20 世纪80 年代以前，曾因西湖风景区建设以及邻近的大学的扩建工程等的征地工作而使部分农民实现了"农转非"和城市就业；1999 年，该社区作为杭州市首批试点村，实现了完整的"撤村建居"工程，全部农民一次性转为城市居民。这样的情形有利于我们考察历经不同时间段的"市民化"过程。其次，该社区由于地处风景名胜区，兼具"城中村"和"景中村"的双重特点。受风景区的有关规定制约，自撤村建居以来其农居点一直未进行规模的改造，危房、旧房比较普遍，这个问题一直受到政府的高度重视，因此在实行浙江省以及杭州市统一的撤村建居政策之外，政府还制定了一系列特殊政策加以管理和规范。最后，该社区集体经济较强，目前的"金水股份经济合作社"有股东900余名，资产约4亿元，曾经在杭州市因首次由直选产生的股份经济合作社股东代表而成为典型，集体经济的转换过程值得关注。

在本次调查中，我们对社区干部、社区居民和暂住人员都进行了详细的访谈，而且注意了不同年龄、文化程度以及不同职业、不同收入的被访者的差异，保证了我们的调查对象是具有一定的代表性的。

## 二　市民化程度较高的金水社区

1999年6月，作为杭州市首批"撤村建居"试点单位，金水村所有户籍由农业户口变更为城市居民户口，村委会亦相应改为"金水社区居委会"，农民变成了市民；村及村小组集体经济实行股份制改造，建立了"金水股份经济合作社"，经营方式进行了调整，集体资产量化到个人，农民变成了股东，参与股份合作社分红的农民享受与城市居民相同的社会保障，享受养老保险、医疗保险和最低生活保障。

目前，金水社区的治理结构与一般城市社区无大区别，社区共有在编工作人员8人，其中社区党委书记、副书记各一名，社区主任一名，其他的社区工作人员分管劳动保障、民政、计划生育、宣传等。这些工作人员的收入主要来自市区两级的财政拨款，由于编制上的限制，社区工作人员大多身兼数职。

　　　我是社区的劳动保障委员，是老百姓选出来的，但是在工作上归区里劳动局领导。我也兼着社区的档案保管和保密员，还兼管这里的离退休人员管理。不过也不是我一个，我们这里大家都这样，比如妇女工作、青少年工作现在都归到民政委员那里管着。（陈，社区劳动保障委员，女）

金水社区的管理机构和公共设施比较完善，社区因地制宜，开辟设置了一些社区的公共设施，虽无法与城市小区的活动空间相比，但是也基本能够满足居民们的日常需求。

> 西湖区提出要我们社区建设"123456"工程①，除了灯光球场因为客观条件限制无法实现，其他的我们都落实了，但是有些站所不是很有用。效果最好的是医疗服务室，很受欢迎，省市两级的医保卡都可以在那里刷，每天的营业额都在 5000 元左右。（陈，社区党支委书记，男）

> 有点小病小痛，感冒发烧什么的，我们会到医务室去，还是很方便的。有时候比较严重的问题，我们会到大医院去看，然后开了方子回来这里抓药，这里毕竟便宜，同样的药，比大医院里要便宜很多。（李，村民，约 50 岁，女）

金水社区还有一个在杭州戏迷票友中颇有名气的越剧队，成立于2001 年，他们有自己的活动室，每个星期至少有一次常规活动。在活动室里，戏衣、头饰、道具等一应俱全，伴奏的乐器也堪称专业，琵琶、鼓板、二胡、三弦、打击乐器一样不少。这支越剧队不仅能演一些折子戏，甚至排出了《梁祝》《王老虎抢亲》《打金枝》三出大戏。队里的导演兼演员是社区请来的"志愿外援"，69 岁的他曾是某剧团的演员。

> 我年轻时候就是越剧演员和导演，也算是有点专业。如今赋

---

① 金水社区所在的西湖区，提出了社区建设的"123456"工程，即每个社区都要有一个中心：社区服务中心；二个厅：村民议事厅、信息交流厅；三个栏：村务公开栏、党务公开栏、政策和科普宣传栏；四个场所：便民商业服务网点、村民健身苑、灯光球场、星光老年之家；五个室：办公室、会议室、党（团）员活动室、图书阅览室、医疗（计生）服务室；六个站：劳动保障服务站、帮扶救助服务站、综治（警务、调解）工作站、妇女儿童维权站、环境保洁站、远程教育站。

闲在家，也没啥事，能继续搞搞越剧，生活也蛮充实。我们这里的架势你也看到了，可以算是戏迷里的专业队伍，像我们这样能唱整台大戏的社区越剧队，在杭州是很少的。（钱，越剧队导演，69岁，男）

我们的这些东西加起来好几万块钱呢，除了一些是边上大学的捐赠和居委会的补助以外，都是我们20多个队员自己掏腰包的。上次为了演《王老虎抢亲》，我们特意去嵊州买了道具衣服，花了2000多块钱。（马，越剧队队长，女）

年轻人是不会来的，他们说年纪一大把了，"嘎纤煞煞"，我们其实还是很希望有一些年轻人加入的，要不这个越剧队会越办越没有的。（王，村民，约55岁，女）

城里不像农村，可以走家串户。孩子们都忙着自己的事情，没时间陪老人们。老人在家没事做，很容易有情绪。每天唱唱越剧，老人们一来打发时间，二来也是排解情绪，越剧已经成了他们精神上的寄托。（王，社区主任，男）

从我们的调查来看，金水社区的居民对"撤村建居"总体比较满意，农民市民化程度也较高，主要体现在：

1. 收入结构、就业情况与市民基本一致

课题组的抽样调查显示，有75.7%的金水社区家庭是以工资收入作为家庭的最主要收入来源，以财产性收入（主要是房租，部分是股票等的获利）、集体分红、个人和家庭经营、茶叶种植为主要来源的则分别占5.1%、6.4%、9.0%和3.8%，而没有一个家庭将农业收入、转移性收入作为自己的主要收入来源。

在金水社区就业人口的抽样调查中，在政府部门和企事业单位就业的占59.8%，自办企业或个体经营的占13.8%，打零工的占9.2%，其他就业去向的占17.2%。

　　在寻找工作的过程中，有 59.5% 的人认为主要是"靠自己"，17.9% 的人是"靠朋友介绍"或其他途径找到的，另有 22.6% 的人是依靠政府解决或社区安排的。

　　对于目前的工作，56.0% 的就业者表示"满意，希望接着干下去"，31.0% 的表示"没想过"或"不太满意，但还是接着干"，7.0% 的人表示"不满意，希望换工作"，6.0% 的人选择了"其他"。

　　真正失业在家的不多，也就是说那些很想工作，却找不到工作，没有工资收入的，在我们社区是很少的。我这里登记在案的失业人员只有 13 个，除了两个大学生刚毕业的比较特殊①，其他人的文凭、素质都比较低，我也帮他们介绍了两次三次，他们都不愿意去。你来找我，我一定能够按你的水平帮你找到一份工作，但是你的要求不能离谱，不能不合你的能力素质的实际。所以，你们不愿意去，我也无所谓，杭州市对"完全充分就业社区"的考核标准是 96%，我早就达到了，想做的话还可以做到98%，但我不愿意，就让他挂在那里好了，考核标准达到就行，太高了以后降下来反而不好。所以，他们不急着找工作，我也无所谓。(陈，社区劳动保障委员，女)

　　这里的村民，有沿街的房子的，都辟出来开店了，主要是经营小饭店，有自己做，也有租给别人做。基本上家家都办了营业执照，把房子租出去，把执照也租出去。你用我的房子要钱，你用我的执照还要钱。(李，饭店老板，四川人，租房经营)

　　我原来开出租车的，我老婆是报社的编辑。后来老婆生孩子，工作就辞了，小孩生下来了，父母反正也住在一起，小孩子

---

① 大学生毕业没有就业，不愿意把档案放在人才市场，因为人才市场档案管理是收费的。他们就把档案放到劳动局，那里是免费的，劳动局就把他们作为失业人员下到社区，他们也持有失业证。

他们帮着带。我们夫妻两个现在经营这个小饭店，钱也还可以，索性老婆也不再出去找工作了，我也不开车了，把车租给别人，就开开饭店带带小孩蛮好的嘞。(周，村民，约35岁，男)

我的运气好呀，本来在下沙工作的，后来嫌远不去了。一回来，社区的陈阿姨就告诉我区政府刚好要招一个打字员，我去面试了一下，没过两天就去区政府上班了。当打字员，工资是不高，但是福利很好的，我跟我妈说：妈妈怎么这么好啊，连零食都发的。以前给老板干，现在给政府干，别人来找你的感觉完全不一样的。在机关里，虽然你还是打工的，但老百姓来了又不知道，看到你就是怯怯的，感觉还是很好的。(李，村民，约25岁，女)

### 2. 能够理解和实践城市文明行为规范

农民变成居民，不仅仅是身份和户籍上的转变，更需要改变的是多年来在农村里养成的生活习惯，特别是那些与城市生活不合拍的习惯，被城市人视为"不良"的习惯。对于金水社区的居民来说，他们已经逐渐适应了"城里人"的生活方式。对于杭州市规定的"市民守则"和"'六不'行为规范"①等，89.7%的被调查居民认为"有必要，且能遵守"，94.8%的被调查者认为自己"肯定是"或者"基本上是"一个合格的市民，只有5.6%的居民认为自己的生活方式和一般市民"差别很大"。

以前是农民，他们有一个观念，总认为自己房子房前屋后都是自己的，种种蔬菜，堆堆杂物是很正常的。建房装修以后，他们剩下的黄沙水泥就留在那里，多也不多，就是一小堆，几麻袋，但是这里一些那里一些，长时间不清除掉，也是很难看的。

---

① 不随地吐痰、不乱扔垃圾、不损坏公物和绿化、不违反交通规章、不在公共场所吸烟、不说粗话脏话。

现在好多了，他们会自己治理那些他们自己觉得"有碍观瞻"的东西，有杂物也会自己清扫掉了。(王，社区主任，男)

这里的人已经逐渐形成了"有事找社区"的概念，也知道社区的工作对他们来说还是比较重要的。所以每次社区居委会直选，他们还是都主动来参加的，上次选举来了1000人出头。我们这里人口也就1000多，除去小孩，除去选民关系在单位的，也就一千出头的选民，放弃的很少的。(陈，社区社会保障委员，女)

收卫生费以前是老大难，每年50元，他们不愿意，理由一大堆。我就一户户上门去要，劝他们缴，他们一开始一见到我就直接把门关了。最多的一户，我跑了6趟，嘴皮都磨破了，才要到那50元。但是主要不是那50元，要让他们养成缴的习惯，现在就好了，95%以上的居民都会缴纳卫生费的。(陈，社区城管卫生委员，男)

我们这里养鸡好啊，旁边就是森林公园，可以把鸡往山上养。这里的山好，空气好，我们养出来的绝对是正宗本鸡。自己吃不要说了，送送人也好啊，说起来是吃西湖边的草长大的。现在不让养了，也没办法了。看到有鸡，他们就要抓了去，然后通知我们去社区领，很没面子的，算了算了，买买也便宜的，就是没得正宗本鸡吃了。(李，村民，约60岁，女)

在一些农村地区成为老大难的计划生育工作，在金水社区开展得非常顺利。金水社区居民尤其是年青一代的婚姻家庭观念已经完全与今天的城市居民无异。

入赘的不是很多的，但是住在丈母娘家里是很多的。计划生育情况非常好，老百姓的观念比较开放的，生男生女无所谓，女儿出去也好女婿进来也好，都是无所谓的。你有了一个小孩，让你再生一个，他还不愿意，"我一个都养不活，还来一个干啥"。1999 年到 2002 年，我们仍然享受农民的生育政策，社区里的年轻人他们自己又都已经是独生子女了，所以他们有两种政策可以多生，但是没有人愿意生。（陈，社区党支委书记，男）

我生了个女儿，按以前的说法就是我后面没有姓王的了。但是我的父亲有几个兄弟，他们五六十岁的人，有的兄弟家有了孙子，就可以了，所以他们也不愁断了香火，也能接受，毕竟他们这辈人什么"三代单传"还是很少的。而到我这一辈，就已经完全无所谓了，根本就没有这个观念。全国有那么多姓王的，不怕没有姓王的了。有个家庭，为了取名字好听，不姓爸不姓妈，也无所谓。（王，社区主任，男）

### 3. 生活水平与市民相当或者略高于市民

撤村建居前后，金水社区居民的收入并没有发生太大的变化。目前，社区居民们的收入还是由就业工资（或自营、个体收入）、房租、集体分红、种茶四个部分构成。作为城市中特殊的一群人，他们比一般的城市居民有更多的收入来源，而相对较低的生活开支，因此，他们的家庭生活水平是高于杭州市的普通市民的。

在我们对居民家庭拥有消费品的 80 个样本的随机入户调查中显示，彩电、冰箱、洗衣机等一般家电几乎是家家齐备的，其中 51 户有至少一台电脑及宽带网络，32 户有液晶（或等离子）电视机，26户购有私家车。由此可见，金水社区居民的生活水平是比较高的，他们在消费上正在实现由小康型向享受型的转变。

比如我吧，我的收入有四块，社区里发的工资，家里一些房子的房租，股份合作社的分红和一点茶地种种。我就比我们社区的其他人多出三块了，他们只有工资。这三块，每个月你就算他每块 1000 元好了，合在一起就是 3000 元多出来了。所以，比起周围的一些社区，像东山社区、曙光社区，我们还是要好很多的，当然也是相比较而言。比我们好的社区也有，比如古荡湾，他们卖地卖得多，自己开发的写字楼也多，股份合作社的企业也都在经营，比我们还好多了。（陈，社区党支委书记，男）

农民好啊！农民有股份，有分红，什么都不干，天天坐在家里每个月也有好几千块钱拿。我们的工作收入还没他们高呢。我跟我们书记开玩笑说，把我的户口迁过来吧，别的都不要，在这里给我一个集体宿舍就好了。（陈，社区社会保障委员，女）

这里的人条件好，即便失业在家，也无所谓，也过得去。城里人不一样，他们除了工作没有其他收入。实在没办法了，他们就把城里的房子出租，自己找城郊的房子租了住，差出钱来贴补家用。（王，社区主任，男）

这里的农民好有钱啊，你看他们光房租就够多了。我看他们几乎家家户户有房子出租的，少的两三间，多的就不知道搭出来多少了。我那个房东，每个月房租就有几千块，连个地下室都租400块，我看他什么都不干嘛，过得可滋润了。（赵，大学考研学生，房客，男）

### 4. 对"撤村建居"以来的生活状况较为满意

调查显示，41.1%的居民认为撤村建居以后他们的生活比以前轻松了，另外有40.0%的居民认为跟以前差不多，8.4%的居民认为压力比以前大了，只有9.5%的居民表示"有失落感"或"不如从前"。

这段时间股票好起来了，我也勤快了，每天早上9点跑到金通营业部去报到。其实看股票也只是个由头啦，那里有免费的空调，老熟人会来，大家聊天，还打牌下棋都有。有的时候突然有人说来了消息，让大家买什么卖什么，几个人一窝蜂地操作，不

管消息对错，赚了赔了，都是嘻嘻哈哈，开心就好嘛！（谢，村民，约45岁，女）

我老婆比较来事的，今天哪个超市大促销，她去买一大堆东西，明天跑到三里亭去买50斤番薯，后天招一帮人去植物园喝茶打牌，看她也忙得很嘛。（周，村民，约60岁，男）

这里的人现在不怎么样，后代的素质肯定高的。条件好嘛，都能讨到外面的老婆，还一个个都漂亮的，不是说地域差很越远，小孩子的先天越好嘛。一个女孩在这里读书，或者这里打工的，长得还挺漂亮的，跟房东混熟了，看到房东家里很好，就嫁给房东了，生了小孩，什么都不用操心，幸福得很。（陈，社区社会保障委员，女）

走家串户的少了。年轻人都上学、上班去了，各忙各的，主要也是跟同学、同事、朋友来往。老年人也忙着带孩子、打麻将、炒股票，聚在一起聊天不多了。只有到晚饭过后，一些老人会相约到附近的植物园，一边锻炼一边聊天，家长里短的。反正大家都还蛮开心的，杭州这样的好地方不多啊！（王，社区主任，男）

## 第二节　金水社区农民市民化的主要经验

在调研中我们发现，总体而言，金水社区居民的市民化程度较高，其市民化过程也较为平顺，不失为城郊农民市民化的成功案例，现将其经验总结如下。

### 一　撤村建居前长时间的"准市民"状态

金水社区原来是西湖乡金水村，20世纪70年代开始，邻近的大学、风景区公园、体育中心等陆续建设征地，使得金水村的土地所剩无几，村民的户籍也分阶段实现了"农转非"，在该村区域形成了"村居混杂"的状态。

> 我们金水村处在杭州市的近郊，尤其是大学搬到这里来，征用了很多土地，村民的生活发生了很大的变化，其实在撤村建居以前，我们金水村早就不是真正意义上的村了，村民也不是一般意义上的农民了。(陈，社区党支委书记)

目前对农民的定义有多种说法，从经济学的角度，农民是指直接从事农业生产的劳动者，主要强调作为"农民"的职业特征；从社会学的角度，农民是指身份为农村户口，长期或固定居住在农村，以农业为谋生手段的群体，主要从户籍、居住地来界定。在我国旧有的城乡二元结构的户籍制度下，作为中国的农民具备四个特征：一是户籍身份；二是农民职业；三是农村居住地；四是与地缘、血缘和乡俗、乡规密切相连的生活方式。而市民则指身份为城市户口，长期或固定居住在城市，不从事农业劳动，具备城市生活方式的群体。从这个角度看，"撤村建居"之前的金水村农民并不是完全意义上的农民，他们所具备的特征只能是"半"农民或者说"准市民"。

据观察，金水村民的这种"准市民"的特征主要体现在：

首先，村民不以农业生产为主要职业和收入来源。当时的金水村民虽然仍然具有农业户籍身份，[①] 但是他们的就业方式和收入来源已呈非农化和多元化倾向。他们大多已不再主要依靠传统的农业生产生活，他们的职业主要是私营企业主、农村集体经济管理者、农村集体经济劳动者、城市工人或农村个体经营等。仅有的少量农业劳动者，

---

① 1999 年实施"撤村建居"工程时，金水村有农业人口 161 人，这些人在"撤村建居"后成为"金水股份经济合作社"的"基本股东"。

也不再从事传统的粮棉种植，而是主要从事茶叶种植和加工①。当时，金水村农民的收入来源主要由四部分组成。一是房屋、店面的租赁收入②；二是家庭个体经营的商店、餐饮、家政等服务业的收入③；三是在各种企事业单位中就业的工资收入；四是金水股份经济合作社的分红收入。农民的整个收入结构中，农业收入只是相对较小的一个部分。

其次，家庭消费结构与一般市民相似。传统的农民家庭生活中，粮食、食油、蔬菜、水果、肉、禽、蛋、奶等主要食品与副食品消费，主要依靠种植和交换实现自给自足。食品采购仅限于日常的盐、醋、糖等，其开支只占整个家庭支出中很少的一部分。20 世纪 90 年代的金水村村民，在家庭支出数量和结构已经发生了显著地变化，呈现出与市民基本一致的方式。由于村民大多不从事农业生产，食品支出比例相对较高，大多数家庭该项支出占总支出的 1/4。其他的主要支出依次是教育、生活用品、水电气、通信费和文体娱乐。可以看出，这些村民的消费结构与市民大致相当。

再次，享有某些形式的社会保障。对农民来说，经济收入主要来源是农作物，教育、医疗等费用也主要来自土地收入，而养老则主要

---

① "龙井茶" 是杭州的著名特产，金水村所在的环西湖一带丘陵是龙井茶的主要产区，这种经济作物让这里的农民可以以较低的投入得到较高的收益，故金水村原有的农业用地大多用于种茶。此外的少量农地也是被村民用于种植自家所需之蔬菜。

② 大学生是该村村民的主要房客来源，这使得金水村出租房呈现出两个特点：一是房客的整体素质较高，虽然有大量的出租房和流动人口，但是并未对该村的治安造成影响，反而在一定程度上提高了整个村落的文化氛围；二是房租价格较高，在 1998 年前后，8—10 平方米的单间月租约为 400 元，若带独立卫生间，则可租到 600 元/月。每家每户都将房子分隔成这样的小间出租，一户少者三五间，多者可达一二十间。这些出租屋给村民带来了可观的收入。

③ 1997 年，杭州市黄龙体育中心开建，原聚集于玉古路上的一批以学生作为主要消费对象的小餐饮店搬至金水村中的主干道——采茗坞的两侧，带动了采茗坞餐饮业的发展，使得这条主干道两侧密集地开出各种小型餐饮店和杂货店。到 1999 年前后，这里已成为杭州市著名的 "麻辣一条街"，每天不仅有许多学生到此就餐，杭州市民也多有慕名而来。目前，长不足 500 米的采茗坞两侧拥聚着餐饮茶果店摊 69 家，其中以 "麻辣" 为主题或特色的餐馆酒店就有 42 家。

依靠传统的家庭子女赡养。金水村民虽然未能享受到国家和政府提供的社会保障，但是他们仍然能够享有一定的保险和保障：一方面，由于收入较高，许多家庭可以通过购买商业保险来解决医疗、教育、养老的后顾之忧；另一方面，村集体经济运作较好，也为村民提供了一定的福利。

最后，村民的生活方式是现代和传统的结合。一方面，他们不像传统农民那样耕田种地，日出而作，日落而息，而是享受着城市经济发展带来的现代物质生活，许多家庭盖洋楼、开小车，家用电器、高档家具一应俱全，消费方式、消费水平与普通市民非常相似，甚至略高一筹。另一方面，基于对地缘、血缘和传统乡规乡俗的依赖，他们又不像一般市民那样有强烈的竞争意识和生存压力，"来得容易"的租赁收入使得他们成为"有闲又有钱"的一群人，所以许多村民小富则安，小富则满，不思进取，不肯创业乃至无心就业；村民的闲暇时间主要用于相互串门、聊天、打麻将，社会关系也主要以血缘、亲缘、地缘为主，与市民交往甚少。

可见，在撤村建居前，金水社区农民已经摆脱了传统农民"耕田种地""日出而作、日落而息"等某些特征，正是这种长时期"准市民"状态，为该区农民在撤村建居后顺利融入城市提供了良好的基础。

## 二　较好的村集体经济为"市民化"提供了基础

在金水村撤村建居的同时，金水村经济联合社也改组为金水股份经济合作社，按照人口、劳动年限("农龄")将股权量化到个人。由于地处风景区，股份经济合作社的发展受到了一些限制，如企业被迫转制（卖给个人）、外迁等，但是，良好的优质资产和较为完善的治理结构，还是使得这个经济体每年有可观的收入，而社区、居民从中得益不少，农民市民化的进程也因此更为顺利。

从社区的层面看，合作社跟社区实行的是严格的"社企分开"，收支各立账目，平时的经营不受社区干涉。每年，合作社都会视经营情况给社区一笔钱，用于支持社区的各项基础设施建设和工作人员奖励，这些工作恰恰被认为是城市社区生活所必需的。

> 合作社每年给社区的城管卫生费是 10 万元左右，用于保安、保洁的基础投入。所以我们这里能够自行建起垃圾收集站，能够跟杭州市区配套建起"数字城管"系统，能够给废品收购员穿上黄马甲，能够建治安岗亭，能够给保洁员、保安员等更好的待遇，这些钱还是很大程度依靠合作社的支持的。

> 我在这个社区工作，比在其他社区要好一点，因为他们每年合作社会给一些奖励，虽然不多，但是对我们来说，总比没有好。所以你看我们社区，几个外来的工作人员都是大专以上的，因为这里收入相对比其他社区高一点点。（陈，社区城管卫生委员，男）

从居民的层面看，他们不仅每年可以或多或少地得到合作社的分红，享有城市水准的生活品质，而且还依靠合作社的经济实力享有跟城市居民一样甚至更好的社会保障。

> 合作社给每个成年居民缴纳 15 年养老保险和 20 年医疗保险。如果你在外面工作，单位帮你缴，合作社的就留着等你。比如养老保险，你 18 岁开始缴，村里帮你缴了 3 年，你 21 岁出去工作了，如果单位可以缴的，村里就停下来，等哪天你回来了，村里继续帮你缴 12 年。城里人都没这么好哦！
> "大队"每年会组织这些基本股东出去旅游，前两年香港、澳门都跑过了，今年正在讨论呢，听说是打算到韩国去。（陈，社区社会保障委员，女）

撤村建居近十年来，这里的青年人跟城里人一样求学、求职、就业，开始过上了和城里人一样的职业生涯，稳定的城市就业和较好的保障体系取代了捆绑于土地上的保障，也免除了他们在实现市民化过程中的后顾之忧。

### 三　较为完善的社区管理体制和较高的管理水平

金水社区作为首批"撤村建居"的社区，社区民主自治制度机制等相对成熟。2004 年，他们遵循城市社区的要求，按照《党章》和《居委会组织法》的要求选举产生了社区党组织和社区居民委员会。几年来，社区逐步建立和完善了社区居民代表会议制度、社区议事协商制度、社区居委会定期述职制度、社区居委会学习工作制度、考核评议制度、财务管理制度、居务公开制度，以及社区"四会"（民情恳谈会、事务协调会、工作听证会、成效评议会）等制度，使得社区日常管理具有了浓厚的城市社区的特征。

目前，金水社区的工作人员，除了社区党支委书记和社区主任，其他都是对外招聘的，他们有着较高的素质和管理水平。现任党支委书记陈××70 年代即开始担任金水村的党支部书记，在社区里具有很高的威信，现任的社区主任王××则是 70 年代末方才出生的，属于社区管理者中的年青一辈。这种"一老一小"的搭档，使得社区的管理在保持一定的连续性和稳定性的同时，又不乏创新性和开拓性。

> 我在这里干了 30 多年的书记了，一直比较公正，否则也不会一直把我选出来。什么事情，什么问题，我去说说他们还是会给我面子的。比如这个撤村建居，老百姓对农居改造的意见是很大的，但我在这里，他们不会来闹。（陈，社区党支委书记，男）

> 社区工作是很锻炼人的，你要跟各色人等打交道，你脾气再差，到社区就好了，因为你要做到"零投诉"的标准，所以你不能发脾气，而且要善于讲理，要把他的脾气说到心平气和，这个也需要技巧。在社区干几年，你脸皮也厚了，话也会说了，政策也熟了，大的场合讲话你也不紧张了。像我年底给退休人员开会，几百人的场合，我已经很放得开了。（陈，社区社会保障委员，女）

　　我们这里待遇不错，有些大学生也来报名，但是他们也确实不占优势，因为现在是选举的，原来的这些人人头比较熟，而且现在经过什么远程啊，夜大啊，学历也都上去了，所以无论公开选举还是直接任命，还都是原来的占优。大学生唯一的优势就是全日制，年轻化。（陈，社区城管卫生委员，男）

　　他们还是很有办法的，我上次修房子剩了两包水泥放在门口，也不去管他，那个人就来说：你这两袋水泥还要吗？不要的话，我帮你卖给×××家好吗？弄得我不好意思了，就顺水人情送给她家算了。（周，村民，约60岁，男）

社区里面租住着大量的外来务工人员，他们主要是商人①和服务业人员②。对于这些外来务工人员，社区在加强管理的同时，也通过举办卡拉OK大赛、劳动技能大赛、青春期知识竞赛、"新杭州人"集体生日等各种活动来让他们参与到社区生活和社区管理中来，增强对社区的归属感。对于这些外来务工人员的子女，社区也给予了特别的关爱，为他们建立健康档案，邀请浙大的志愿者给孩子们办培训班、开联欢晚会等。

　　听说社区要给新杭州人过生日，我就去报名了，我也是啊。我儿子在边上大学求学，我和太太就在这里住下来了，已经住了两年了，6月份就要回英国了，我很喜欢采茗坞，很不想离开，希望留下来。（贺力勤，房客，英国人，男）

---

　　①　主要是附近农贸市场的个体经营户。东山弄社区是杭州的一个较高档的小区，其中的菜市场是一个高等级市场。这里出售的蔬菜，质量好价格高，利润和附加值也较高，能进入这个菜市场的个体经营者都要经过一定的遴选，具备一定的实力。

　　②　这里主要包括两种人，一种是在合作社所属的金水饭店里打工的服务员；另一种是社区的保洁员，他们一大早出去充当投报员或送奶工，回来完成当天的早晨保洁工作，再回去休息。

## 四　较多的城市交往推进了市民化过程

由于特殊的地理位置和周边环境，使得金水社区的居民有更多的机会与杭州市民交往，良好的互动大大地加快了他们的市民化步伐。

首先，租住在金水社区一带的房客中的大多数是附近大学的学生，这些学生带来的，不仅是房租，更是社区相对浓厚的人文气息乃至一种较为先进的生活方式和生活态度。

> 大学生要搞什么团日活动，就到我们这里来组织孩子，到他们校园里面一日游，篝火晚会，孩子们也长点见识，双方都达到目的了。一个租在这里的大学女生给一个以色列人当中文老师，后来把他带到社区里来，给这里孩子们上了几次英文课，参加的有我们这里居民的孩子，也有外来人员的子弟。教一些简单的口语会话，唱英文歌，老百姓说，孩子这么小就用上外教了，还是很新奇的。(王，社区主任，男)

> 我本来不懂什么电脑的。可是大学生来租房子，都要宽带，我就去电信公司开通了。后来一想，开通了给他们用，还不如我也来用，就去买了电脑。现在我们一家人都会用，但是我用得少，儿子用得多，他下班回来就去捣鼓。(张，村民，约50岁，男)

其次，由于金水社区的主干道是杭州市西湖风景区的入口之一，所以每天有大量的游人从这里经过，他们在这里的茶楼打尖，找这里的茶农买茶，投宿在居民自家开设的家庭旅馆，使得这里的居民有大量的对外交往的机会，很多小店的店主甚至会一些简单的英语会话。

最后，金水社区一带早就已经成为杭州著名的"麻辣一条街"，鳞次栉比的小饭店吸引了许多食客慕名而来。尤其是每到周末的晚上，这里更是灯火通明，车水马龙。有了如此丰富的与市民的互动机会，他们很容易地就接触到了市民的生活方式和行为规则，这也使得他们的市民化过程更为平顺。

## 第三节　金水社区农民市民化尚存的问题

正如前文论述，比较而言，金水社区农民市民化过程应该说较为平顺，但是，调研发现，在撤村建居后，仍然存在一些制约或影响市民化进程的一些问题。

### 一　土地征用和农居改造未能启动

按照杭州市的规定，实施撤村建居，撤销行政村建制后，农村集体土地应当依法征用，土地所有权转为国有，同时对居民住房进行统一的规划和改造。但是，作为首批实施"撤村建居"试点的金水社区，其土地征用和农居改造工作却至今尚未启动。该社区的土地未被征用，仍然属集体所有；而居民的房子则是在20世纪50—90年代渐次建造起来的，其间未经任何的规划，从临时搭建的违章建筑、带阁楼的小平房到三四层的别墅，应有尽有，参差交错。

《杭州西湖风景名胜区管理条例》规定"禁止在风景区内新建、改建、扩建住宅。风景区内各单位已有的住宅应当逐步搬迁。风景区内的危险房屋以及因改善风景区环境和基础设施建设需要拆除的集体土地上的住宅，由风景区管委会统一收购"。据此规定，金水社区的居民们非但不能因为"撤村建居"而改善居住条件，反而必须忍受年久失修的老房子、破房子带来的生活不便和消防隐患的威胁。

对于城市居民而言，房屋和小区不仅仅意味着一种生活环境，更是与一种城市化的生活方式紧密联系的。金水社区土地征用和农居改造的滞后，给该社区农民完全实现市民化也带来了诸多困难，因为客观条件限制了他们"像城里人那样过日子"：其一，由于土地未征用，社区中还有相当一部分土地可用于农业生产，居民们在上面种菜种茶，从事农业生产；其二，由于房屋不能翻建和改造，很多居民几代人住在一个小院里，数世同堂，过着传统的大家庭生活；其三，未经规划的社区，没有必要的公共设施和生活配套，社区内的环境也远远谈不上优美，由于该社区截污纳管未能到位，餐馆经营和居民生活所产生的污水几乎全部直排临近河道，社区内还有四座露天公厕，数个简易垃圾收集站。如此种种，都与真正的城市生活大相径庭，也使得农民在生活方式上无法真正地与市民接轨。

我们这个社区，有风景区①的土地，有西湖区的土地，总共378亩地，西湖区只有30亩，其他都是属于风景区。他们现在都不管。西湖区说，我拿了你30亩土地，给老百姓造回迁房还不够；风景区说，你们行政上是归西湖区管辖的，我管不到你们。（陈，社区党支委书记，男）

为什么我们这里的土地没有动呢，是因为我这里的土地不值钱，不能交易。现在西湖区的土地已经卖到1400万元一亩，我这里只有13万元一亩。政府把这个土地收回去以后啊，一方面土地只能给风景区，种种花养养草，不能开发；另一方面还必须为老百姓造新房子，要有一笔投入。（王，社区主任，男）

如果是可以开发的，早就被他们收掉了。你看我们边上的黄龙社区、古荡湾社区，他们的土地是可以卖的，政府改得比谁都积极，他们有利可图啊。（李，社区居民，43岁，男）

说是风景区内不能改造住宅，要外迁，如果大家都这么做，我们也认了，谁让我们倒霉生在这里。但问题是，别人也在改的，你看满觉陇、梅家坞，不是都改过了吗，那里的老百姓，现在住得好，赚得多，而我们这里这么好的土地，却不能改不能修只能外迁，我们心里当然不平衡了。　（刘，社区居民，38

---

① 指"杭州市西湖风景名胜区管理委员会"。2002年，杭州市政府为了全面实施西湖综合保护整治工程，设置了该委员会，作为市政府的派出机构，它对西湖风景区进行统一管理，履行辖区内的保护、利用、规划、建设职能。在此过程中，金水社区原属西湖区管辖的大片土地都被划入风景区。

岁，女）

金水农居点的建造杂乱无章，也无基础配套设施。加上近年来沿路开设了许多家庭餐馆供游客与大学师生用餐，周边环境是垃圾遍地，蚊蝇满天飞。脏乱差的环境与风景景观极不协调，直接影响西湖申报世界文化遗产的成功，离著名学府周边环境要求也相差甚远！……望市政府尽快将此事列上议事日程，建议可将该地块交西湖区进行集中连片改造，除保留原已建成的部分多层建筑外，将单家独户的住宅改造为单元或多层住宅，设施配套，成为农居一亮点，使西湖风景区一个重要进出口的环境得到根本的改变！（杭州市政协八届二次会议上的提案，2003 年 2 月）

"撤村建居"是一项政府主导的工程，这就决定了政府在该工程实施中扮演了极为重要的角色，目前金水社区征地与改造中所出现的问题，其症结很大程度是由于政府方面的原因，需要政府作出适当的调整。这些问题归结起来，主要表现为以下几个方面：

第一，改造中政府无利可图，互相推诿。在金水社区的征地与改造过程中，由于绝大多数土地在西湖风景区保护范围之内，这意味着政府不能通过"招拍挂"的方式出让土地，无法将这些土地用于物业的开发。这就使得按照规定主导该项工作的区一级政府（杭州市西湖区和杭州市西湖风景区管委会）之间互相推诿，都不愿意承担起该项工作，而杭州市政府也未能做好协调工作。对此，政府必须改变"经营城市"的思维，不能将"撤村建居"当作以盘活土地资源为目的的工程来抓，更不能与民争利，试图从中获得经济上的收益，而必须真正将推进城市化，提高生活品质作为实施该工程的出发点。此外，政府在城市规划和撤村建居过程中也要考虑到区块平衡，要避免打破原有的区行政区划，从而降低在相关工作中的协调难度。

第二，资金来源单一，筹资难，缺口大。由于金水社区的撤村建居工作完全是由政府主导和实施的①，资金筹措、征地迁移、安置建设等工作完全由政府来实行，这就造成了资金来源较为单一，资金缺口巨大的问题。据杭州市建委测算，金水社区的征地与改造，政府大约需要补贴 6000 万元，不管对于西湖区还是风景区管委会，这都是一笔巨大的资金，而且又无有效的筹资途径。一是该地块土地无法出让，使得在其他社区以土地出让金为主的资金来源在金水社区无法实践；二是市级城建资金有限，不能给各社区的改造直接的资金支持②；三是银行融资受阻，西湖区用于农转居公寓建设和"城中村"改造的贷款额度巨大且短期内无力偿还，几乎无可能进一步从银行获得增加贷款。针对这一问题，政府必须改变大包大揽的做法，在渠道创新上下功夫，真正做到"一村一方案"，在明确土地出让金用途的前提下，鼓励和吸引社会资金投入，努力形成多渠道筹措资金、多方面共同参与的局面。在这里，政府一要真正落实 10% 留用地的政策③，解

---

① 杭州市目前的撤村建居，在农居改造方面主要有三种模式：（1）政府主导、政府实施，即由政府统一规划统一操作，撤村建居涉及的筹资、征迁、安置、建设、管理等各项工作全部由政府负责；（2）政府主导，村组织实施，即在政府的政策、规划的引导下，由村集体负责筹资、征迁、安置、建设，管理由政府和村集体共同负责；（3）政府主导，大项目带动，即政府根据大规模城市建设项目（如西溪湿地保护工程、钱江新城建设工程、黄龙商务圈建设工程等）的需要，引导大项目实施主体和村集体共同负责征迁、安置和建设，而其中的筹资环节大多由大项目实施主体负责，管理工作则主要由政府承担。在这其中，第一种模式最为普遍，金水社区也是采取该种形式。

② 杭州市市级财政在"撤村建居"工程实施之初曾给予西湖、江干、拱墅、下城四区启动资金各 3000 万元共计 1.2 亿元，但这些资金都被用于那些易于改造的、能够马上见效的或者"投入—产出比"较高、政府能够从中受益的项目中去了。以西湖区为例，其古荡湾社区、黄龙社区因毗邻"黄龙商务圈"，且土地可用于物业开发，价格极高，政府、开发商从中获利不少，而居民也改善了居住环境、实现了资产增值，从而形成了各方共赢的局面，这些社区的征迁和改造工程就相对顺利得多。

③ 杭州市规定："撤村建居后，为解决原村集体经济组织及其成员的生产、生活问题，可在符合城市规划和土地利用规划确定的建设留用地范围内，留出可转为建设用地的农用地面积的 10%，作为社区、村镇建设和经济发展用地，也可以折抵符合规划但未办证的乡镇企业用地。根据规划要求，留用地要打破乡镇、村的界限，由区、乡镇政府统一组织、统一协调，相对集中使用，用于工业、商贸等园区建设。"见《中共杭州市委、杭州市人民政府关于扩大撤村（乡镇）建居（街）改革试点推行农转居多层公寓建设的意见》（市委〔2001〕29 号）。

决原有土地全部收归国有之后的居民生计问题；二要吸引优秀房地产企业参与改造，这样既可以缓解资金压力，又可以借用企业品牌提高居民对公寓的认可度。

第三，政出多头，审批困难。政府各项政策之间的限制、矛盾也是阻碍金水社区改造的一个重要原因。例如，按照杭州市现有的规定，"撤村建居"改造项目与房地产开发项目的审批程序完全一致，而根据《保护条例》，风景区内是禁止房地产开发项目的①，这就使得改造两头碰壁。又如，根据杭州市的规定，撤村建居社区在土地征用之后，政府应当在本社区原有土地上或者在本社区之外相应地划拨10%返还作社区留用地，但是浙江省国土资源厅又规定留用地也必须严格执行"招拍挂"的土地出让规定，亦即杭州市政府所承诺的留用地无法正常审批，无法落实。要有效地解决这个问题，一方面政府在政策出台之前要进行必要的协调、梳理和统一，避免相互冲突的政策同时施行，造成四处碰壁、无所适从的局面；另一方面，政府必须下放审批权限、简化审批程序，清理各个行政主体之间的多头审批、重复审批，取消不必要的审批事项，为撤村建居工作扫清政策上的障碍。

## 二　"同城同待遇"权利未能真正实现

杭州市政府在实施撤村建居工程的时候，明确承诺农民转变为社区居民之后，实现与老市民的"同城同待遇"，但从金水社区目前的情况来看，政府并未赋予金水居民们完整意义上的"市民权利"，撤村建居的居民们并未能真正享受到与杭州市民们一样的公共服务和社会保障。

首先，社会保障未能完全纳入社会化体系，仍然由集体经济承担。虽然社区中的一部分年轻人能够在外面正常就业，并通过相应的

---

①　西湖风景名胜区管理委员会在2004年出台了《杭州西湖风景名胜区景中村管理办法》，为区内的房屋改造与建设提供了政策依据，但是却以金水社区行政上隶属西湖区为由未将金水社区纳入"景中村"改造范围。

劳动关系纳入城市社会保障体系。但是，社区中的大多数人是无法实现完整就业（即与用人单位签订劳动合同，同时在用人单位缴纳各项保险），包括社区中的老年人、个体经营户、从事临时工的劳动者、儿童等，仍然未能享受到这样的待遇，他们的最低生活保障、医疗保障、养老保障等各项社会保障的资金来源仍然主要依靠金水股份经济合作社。目前因为集体经济发展较好，各种款项能够得以按时足额缴纳，一旦集体经济运营出现问题，这部分居民的社会保障将无以为继，这也是撤村建居以来居民们最担心的问题之一。

其次，住房无产权，居民无权处置自己的房产。杭州市规定，在撤村建居和集体土地征为国有土地之后，原属村集体或农民经批准建造的集体用房或私房，准予房屋所有权登记，按规定发放房屋所有权证。由于金水社区未曾征地，农民的房子也就不能取得城市住宅相应的"三证"。同时，由于风景区管理条例的限制，居民不能翻建甚至维修自己的房子，这给他们的日常生活带来了诸多困扰。

> 杭州有些社区改造的时候实行"拆一补一"，我这里将来拆迁了，不要说拆一补一，连杭州市文件上明确规定的每人50平方米的标准都无法享受到，我们只能安排40平方米的标准。我们跟老百姓做工作，老百姓也同意了，可是他们还是不来拆，我们多次呼吁，市里也来开过很多次现场会，但是还是不能解决。（陈，社区党支委书记，男）

> 如果政府不来改，老百姓的房子倒了，坏了，要修一下，也应该允许。他不行，你打报告给政府，给风景区，他就把它收购，你只能搬走，这就是逼得老百姓走投无路。我这个房子，漏风漏雨的，也不能动一下，只能窝着等他们统一来改。（王，社区居民，64岁，男）

> 说是我们没有征地，所以不能动。不能征地又不是我们的错，是你政府不来征，我们眼巴巴盼着征地和改建呢。不征地，

也不让翻不让修，他们最想要的结果就是，房子坏了倒了不能住了，他们便宜买下，把我们赶走。但是我走到哪里去哦，总要有个地方住吧！（陈，社区居民，约50岁，男）

　　每天那么多人来吃饭，晚上这里车都开不进。我买了个车没地方停，就想把自家门口用水泥扫扫平，弄个停车的地方。那天两袋水泥一三轮车黄沙一拉进来，管委会就来人阻止了——我就把门口的泥地用水泥扫平都不允许。（周，社区居民，约35岁，女）

　　最后，未能享受与市民一致的市政建设与公共服务。撤村建居以来，金水社区的各项市政建设和公共设施建设的资金来源也主要是集体经济。一方面，社区很少能够享受到政府在市政建设上的投入，这与城市社区周边良好的市政配套形成了鲜明的对比。另一方面，居民在接受供电、供水、供气、电视等公共服务方面也要付出更为昂贵的价格，甚至没有能够得到这些服务。例如，杭州市区在2006年普及了数字电视，而金水社区的居民们仍然只能接收政府声称要淘汰的有线电视；市区的绝大多数小区都用上了管道供气，而该社区的居民们仍然只能用瓶装液化气；市区的电价是0.58元每千瓦时且实行了峰谷电价，而这里的居民用电仍然是0.80元每千瓦时，未实行峰谷电价。

　　在高等学府和西湖风景区中间夹着这么一个破旧的社区，其实是非常扎眼的。除了2004年杭州市开展"背街小巷整治工程"时曾由财政出资为社区铺设了两条总共不到300米沥青路之外，我们没有享受到任何财政投入的市政建设。（王，社区主任，男）

　　杭州人安装自来水一户一表的价格是580元，我们是每户980元。原来的自来水公司要价1580元，我们社区组织跟他们谈，好不容易才谈下来的。因为我们这里居住比较分散，改造较为困难，接入成本较高，我们也接受了比市区贵 400 元的价格。但是即便贵了，我们也只改了 300 多户。山下的那些住户，因为地势较高，要用水泵供水，自来水公司就说什么也不改造了，那里的老百姓至今没有用上一户一表。（陈，社区党支委书记，男）

我们家的水费已经四五年没缴了，他们也不敢来要。他们来要，我就让他们看看，杭州哪里还有人像我们这样用不上一户一表的自来水的。（周，社区居民，42 岁，男）

### 三 集体经济的可持续发展前景堪忧

从已有的实践来看，集体经济在撤村建居和农民市民化过程中起到了积极的作用：它是新的社区团结居民、服务居民的一个可靠依托，同时也是实现从农村生产方式向城市生产方式转变的一个不可或缺的过渡载体。但是，从金水社区的情况来看，其集体经济目前的状况可以用"发展受限，攫取过度"来归纳形容。一方面，由于风景区保护的限制，金水社区原有的集体企业非但不能发展壮大，部分较大的企业还必须被迫外迁。在这样的情况下，社区无奈之下只好选择了"转制"，即直接将企业卖给个人，使得集体经济在近几年中受到了较大的损失；而一旦社区的征地和改造工程启动，社区目前的集体建筑将不复存在，若 10% 留用地的政策不能得到落实，那就意味着原来集体经济的重要来源之一——房租——将大打折扣，这些都是社区集体经济发展所受到的限制。而另一方面，从居民的角度来讲，根据传统的"落袋为安"的思想，他们从自己的利益出发，希望集体经济每年能够进行大比例的分红，能够更多地直接从集体经济中得到自己的份额。在这两方面因素的作用下，社区集体经济的可持续发展必将受到严峻的挑战，原来的金水村经济联合社是西湖区最强的村集体经济体，目前的金水经济股份合作社却已远远落后于古荡湾社区、黄龙社区等，其前景更是堪忧。因此，如何解决集体经济可持续发展问题，让它继续发挥其在农民市民化过程中的积极作用，也是摆在人们面前的一项重要课题。

　　总之，金水社区较为平顺的农民市民化实践，确实存在一些特殊的条件和经验。但是，它的这些基本经验恰恰确认了在中国的城郊社区实现农民市民化的前提和条件，其间存在的问题和挑战也正体现出其制度环境的限度，以及农民市民化的过程性、阶段性。

# 第五章　城郊农民市民化过程
中的新问题

地方政府和学术界大体上已经注意到，农民市民化意味着农民身份变化、居住条件和生产活动的非农化、生活和思维方式居民化等变化。但是，农民市民化在实践上的复杂性可能远远超出既有理论研究和政策研究者的预计。课题组在调研中发现了一些还未被研究者们普遍重视的重要问题、意外问题，包括：原村集体经济对于城郊农民市民化的双重作用；婚嫁中表现出来的市民化过程中一些意义问题；都市农业在城郊农民市民化过程中的作用机制以及伴随城郊农民市民化而出现的层化现象及其社会后果等。这些讨论从不同角度再度验证了一个认识：理论研究与政策选择研究者即使从角色转变去分析城郊农民市民化问题，也应该注意到，如果不能在国家"赋权"方面充分提供市民同等权利，如果不能促进农民与市民良好的互动，如果不能积极促进农民的认同，那也无从要求农民平顺实现由农民向市民的转变。

## 第一节　集体经济问题：嘉良村的案例

### 一　城市化过程中的集体经济问题

就撤村建居与城郊农民市民化过程中怎样处理集体经济问题，虽然一开始就受到政府的重视，但在理论和实践上对其复杂作用，却鲜有深入的专门研究，其原因可能有：

一是研究者认为如此显见的问题，无须研究。依照我国宪法规定原有的村资产就是集体所有制的。而将研究兴趣放在了研究"农民市民化"过程中传统农民在身份、地位、价值观、社会权利及生产生活方式等各方面全面向城市市民的转化问题。[1] 提出农民市民化是一系列角色意识、思想观念、社会权利、行为模式和生产生活方式的变迁，是农民角色群体向市民角色群体的整体转型过程（市民化）。[2]

二是研究者简化地对待了这一问题。有学者认识到了集体经济在撤村建居中的重要地位，并进行了研究。何宇归纳出"城中村"村集体经济主要经营形式有三种：商贸服务、土地出租、物业租赁，后两种形式是集体经济的主要收入来源，是典型的"寄生型、外生式经济"，这种模式无法参与市场经济的竞争。[3] 王子新提出原村集体经济实行股份制后，使村民从原经济利益关系的束缚中彻底解放出来，从而实现由"村民"向"社会人"的转变，以适应城市化发展的需要。[4] 这些研究仅关注了城郊农民市民化中集体经济的形式与股份制改造问题，却还没有对集体经济在城市化过程中不同阶段的作用进行系统的研究，把问题简单化了。

三是研究者比较关注农村集体经济问题的宏观研究，例如，张忠根等研究了村级集体经济在保障农村基层组织正常运转、提供农村公共品、增加农民收入等方面起着重要作用，并发现了一些问题，提出了一些建议[5]。但是，这些研究缺乏对撤村建居过程中新问题（如集体经济组织与新成立的社区管理上的矛盾）的微观具体的分析。

在调研中，我们发现，撤村建居过程中的集体经济变迁及其与农民市民化的关系问题，远比我们想象的复杂，杭州市西湖区嘉良村的案例可作为分析这一问题的典型案例。

---

① 陈映芳：《"农民工"：制度安排与身份认同》，载《社会学研究》2005年第3期。

② 文军：《农民市民化：从农民到市民的角色转型》，载《华东师范大学学报》（哲学社会科学版）2004年第3期。

③ 何宇：《"城中村"改造之路：广州市天河区龙洞村发展模式研究》，载《中山大学学报论丛》2004年第5期。

④ 王子新：《"城中村"的改造及可持续发展研究》，载《云南师范大学学报》2004年第6期。

⑤ 张忠根、李华敏：《农村村级集体经济发展：作用、问题与思考——基于浙江省138个村的调查》，载《农业经济问题》2007年第11期。

## 二　市民化视角下的集体经济：存在问题及其发展趋势

发展集体经济用以解决撤村建居后原村民的生产、生活、养老、医疗保障问题，是推进城郊农民市民化与撤村建居的一般做法。但这一做法对推进市民化却存在很多深层次问题。

第一，集体经济在撤村建居与城郊农民市民化过程中先是起到促进作用，而在城郊农民市民化深化与新居委会建立运作中，却有可能产生阻碍抑制作用。以嘉良村的情况为例：嘉良社区地处杭州城西，毗邻西湖风景区。村里的土地从 20 世纪 80 年代起陆续被征用，90 年代土地被大规模征完。嘉良村农居点于 1999 年开始分区建造，到 2001 年基本造好，2002 年组建社区。嘉良村集体经济收入 80 年代很少，为 10 万元左右。政府为征用该村土地，支持扶植嘉良村集体经济的发展，1993 年嘉良村成立股份经济合作社，村集体收入迅速壮大，2006 年可用资金就有 3000 多万元。村民的主要收入不再来自农业生产，而是房屋租赁和村集体的分红。集体收入丰厚了，村民养老、医疗等社会保障通过村一级都得到了很好的保障。村里还实行有自己特色的养老保障制度，对 50 岁以上的女性、60 岁以上的男性，每月发放 300 元补贴。有了这些保障，政府对嘉良村的征地很顺利。但与此同时，村民生活有了保障，一部分年龄稍大的人也不积极找工作，闲暇时间大部分用于打麻将、聊天，社会关系仍局限于原来的血缘、地缘和亲缘关系。

这表明城市化的初期，政府对城市郊区土地征用的做法是用保障不低于原来的生活水平的标准换取村民对土地被征用的许可，政府在政策上与行动上鼓励被征用的地方发展集体经济，村集体经济在优惠的条件下迅速发展壮大起来，嘉良村就是如此。农民最讲究实际与实惠，被征地的农民感觉生活水平与生活待遇有很大的提高，这些村民就在征地问题上没有更多的抵制，使得政府城市化工程与撤村建居工作顺利开展下去。当农民不再以土地收入作为主要的生活来源，户籍也转制为城镇户口，城郊农民市民化的外在条件就具备了。然而，这些新市民由于受教育少和缺乏必要的社会资本，很难能够参与城市的社会分工，无力与那些受过高等教育的人竞争理想的工作职位，于是这些新市民的社会融入出现了障碍。又因自己生活有了集体经济的保障，也不愿意从事那些待遇不高又比较辛苦的职业，这些新市民很多都无法找到或不愿意去从事他们力所能及的工作。他们依赖集体经济，满足于、习惯于村体制下的生活方式，主动融入城市的意愿不强，在经济连接、社会互动方面比较闭锁，这些做法实际上阻碍了他们市民化的程度。更有甚者，有些早先征地后被招聘到企业去的一些人，退休以后仍然要求户口回到村集体中。这表明：集体经济会对进一步城郊农民市民化以及新居委会建立运作起到阻碍抑制作用，它将使得城郊农民市民化与撤村建居的过程延长。

第二，撤村建居过程中集体资产产权制度改革滞后，产权关系不清，监管乏力，易产生社会不稳定因素。撤村建居后，集体资产的实际支配权掌握在少数村干部手中，加之村民的文化水平不高，监督管理能力低下，使得监管机制不健全不到位，集体资产被少数村干部侵吞、转移、挪用的现象时有发生，村民对此有很多猜疑。从而造成干群关系紧张，甚至上访不断，社会不稳定因素增加。我们在2007年调查嘉良村的访谈中有村民表示，一些负责集体经济的干部每天的消费（如饭店吃饭、抽中华香烟等）都很高档，"我不相信他们（村干部）的"。嘉良村因此于1999年就发生过罢免村干部的事件。

第三，撤村建居过程中村集体资产如何分配股份问题，也是城郊农民市民化中的棘手问题。城市化过程中失去土地的农民如何保障自己的生活呢？一般的做法是靠发展集体经济。然而集体经济的发展怎么样才能使得撤村建居后的居民均衡受益，这就涉及集体资产的股份分配与收益的公平性，而公平性尺度是难以把握的。按户平均分配做法比较简单易行，但公平性难以保证，有的一户可能就是一人，而有的大户人家却有十余人；按人口配给，也比较方便，但人口的增减是一个动态的过程，出生与死亡倒不会有太多的困难，而嫁娶问题却有很多的争论，女儿出嫁后是否还享有股份收益权？特别是娶回的媳妇与招上门的女婿是否也应该享有股份权，而且这种做法会给计划生育带来很大的压力。如果把按户与按人口结合配给，又会引发关于村集体资产运作管理中的贡献分配问题，一般的村集体经济都是村里的能人进行管理的，如果忽视贡献的分配，谁能保证集体资产的保值增值？杭州嘉良村从 20 世纪 90 年代开始就在探索集体经济股权分配问题，经过了几年的酝酿与调整，在户股的基础上增设人股分配；2003年，嘉良村又启动了股份制问题大讨论，进行了第二次调整，这次调整政策变了，只要在撤村建居之时家中仍有农业户口的，不论男女都能享受集体股份带来的红利。但是，早先离开村子的退休人员和新迎娶或入赘进来的人口的问题仍然没有解决。

　　根据撤村建居后政策导向以及经济发展趋势，集体资产的股权分配与调整在几年后应该会被冻结，原来村集体经济资产股份可能是新来的不增，死去的可以合法的转让或继承。这些情况会产生什么问题，仍待观察。

　　第四，集体经济组织与新成立的社区管理中的矛盾问题。根据撤村建居的政策要求，村里要逐步实行社会化管理，构建新型社区。原村集体拥有的公益设施应移交给居委会或社区管理，原村两委使用的办公用房整体移交居委会使用。原村集体承担的基础设施建设和市政、园林、环卫、社会治安等管理职能，逐步转交给各区专业管理部门和街道办事处负责，纳入城市建设和管理范围，实行专业化、社会化管理。但是，很长时间很多地方撤村建居实质上是换汤不换药，撤村建居的地方社会化管理程度低，村集体经济的管理者也是村或居委会的管理者，两块牌子一套人马，基本没有独立的所谓的居委会。目前多数撤村建居社区仍实行"政经合一""政企合一""村居合一"的管理模式，社区集体经济实体不仅抓经济工作，而且担负着各项政治、社会职能，村民的就业、生活保障、社会福利和社区党建、精神文明建设、社会治安、计划生育、文化卫生等工作都要由集体经济组织负责，市政、环卫等设施仍由集体经济组织投资。社区中大小事务仍由原村中的集体经济的负责人说了算，这样，新成立的社区要将村的治理权拿走会导致权力重新分配的矛盾。即使一些地方已进行了村与居分立设置，但新成立的居委会在对社区的管理，特别是经费来源大部分仍依赖村集体经济组织，居委会实际上成了集体经济组织的附属物。特别是集体经济组织里仍然保留了一个社区管理委员会，在社区的具体管理中必然会出现责任推诿与权力冲突。嘉良村的情况是：2007 年 8 月，杭州市西湖区进行了新一轮的社区选举，嘉良社区改变了原来的两块牌子一套人马的安排，新成立的社区主要负责人是在全区范围内调配，原来的集体经济组织的主要负责人只负责原来村集体经济的运营，但是在具体的组织安排上，集体经济组织内保留了一个社区管理委员会，名义上协助社区居委会搞好社区的如计划生育、社区建设等工作，正式的说法是工作上的配合，但实际上是负责嘉良村的社会管理，因为嘉良村建设经费大部分由集体经济组织拨付，而且新来社区的书记不是本社区的人，嘉良社区的居民也不大接受与认可。

今后一段时间，集体经济组织与新成立的社区在管理中的矛盾问题将趋于尖锐。因为原村集体经济组织的管理者不愿意失去多年来保有的村治理权和影响力。基层政府对社区组织每年都有一定的经费支持，因此也将争夺社区管理权力。原来的村民因为习惯于熟人之间打交道，特别是家族因素介入其中，会对新成立的社区管理存在排拒。新的社区干部也因以上情况的存在而在工作上会对原来集体经济的管理者抱有怨言，名义上的配合实际上可能朝相反的方向发展。

### 三　规范与完善集体经济发展的若干思考

现在所推行的城郊农民市民化与撤村建居工程实际上不是一种完全的市场行为，更多的是政府的行政行为，撤村建居中的集体经济的存在，实际上可以看作政府无力承担撤村建居后的负担，靠发展集体经济来减少撤村建居压力的权宜之计。政府对待撤村建居后发展的集体经济存在着矛盾心理：一方面政府只相信家庭理性，清楚集体经济会有碍于城郊农民市民化；另一方面为解决撤村建居的负担又不得不倚重集体经济，实际上政府在这方面还没有很好的理路。再从不同的社区功能看村集体经济，城市社区的生产生活功能是分开的，而农村社区功能却是合一捆绑的，撤村建居后的集体经济承担的就是一种特殊社区的生产功能。因此，推进城郊农民市民化与撤村建居的最大难度是如何平顺地实现社区与集体经济的分离。当然，政府还应该在政策层面重视解决当下城郊农民市民化过程中集体经济问题。

首先，撤村建居过程中适时搞好城郊农民与集体资产的剥离。城郊农民市民化与撤村建居还要在相当长时间内持续下去，对已有撤村建居中形成的高度捆绑的社区与集体经济应在条件具备后及时厘清关系，政府在推进工作中应该适时做好城郊农民与集体资产的剥离。未来进行土地征用与补偿最好寻求市场化的方式来解决，直接将安置补偿款给予撤村建居户，减少撤村建居中居民与集体经济的捆绑与依赖。

其次，撤村建居过程中给予城郊农民等同的市民待遇。原有的撤村建居做法，实际上地方政府并没有给这些城郊农民以足够的市民待遇，在涉及这些新市民的就业、生活保障、社会福利等工作仍然存在城乡差别，在基础设施建设和市政、园林、环卫、社会治安等管理职能上的经费投入依然是由村集体经济负责，没有纳入城市统一管理。这样城郊农民撤村建居后必然要依附于集体经济。像城市家庭很早就可以安装峰谷电表，但嘉良社区的居民点却迟迟还是无法安装。市民待遇是给城郊农民市民化的最基本的政策。

此外，还应创新对原有集体经济的监管方式。为实现撤村建居后对集体经济有效监管，一是地方政府要设立农村集体资产管理委员会。农经部门联合财政、监察、审计等部门，共同做好对有关集体资产管理的指导和监督工作。二是建立集体资产管理考核体系。要制订合理的集体资产保值增值考核指标，对撤村建居后集体资产管理情况进行考核并将结果在社区内公告。三是要建立集体资产的安全保障机制，建立健全集体资产四项监督管理制度，即民主决策制度、民主理财、民主公开制度和责任追究制度。当然，还需要国家法律体系建设跟上，进一步保障监管工作能够落到实处。

## 第二节　家庭变迁问题：长芳村的招赘婚姻

### 一　招赘婚姻：郊区城市化的新现象

在撤村建居过程中，已经出现一些意外的后果，这些后果对农民市民化进程有很大影响，并衍生出更多社会问题。近几年来在撤村建居过程中，浙江城郊农村招赘婚姻比例急速上升，这从一个侧面反映了市民化过程中的家庭变迁。

城郊村庄地处城市边缘，交通便利、经济发达，更容易分享到工业化和城市化的发展成果。与经济发展相对的是，农民在向市民转型的过程中出现了一种与市民身份相悖的社会行为——招赘。2004 年底，浙江某报披露萧山成批富家女苦等入赘女婿的消息，经互联网和国内多家媒体转载，引起社会关注。但目前学界对此关注不多，一般从历史社会学[1]、人口学[2]等角度解读招赘婚姻，还有从文化角度提出 "招赘是传统框架中的现代性调适"[3]，这种意见尚未联系农民市民化过程去讨论问题。

课题组在杭州市萧山区长芳村的观察中发现，该村的主流婚姻模式是嫁娶婚，但在近年来的农民市民化进程中，招赘婚姻显著增多：1997 年撤村建居以来，该村共有招赘婚姻 9 例，其中独女招赘 5 户，长女招赘 4 户（相对地，撤村建居之前数十年间该村仅有 3 例招赘婚姻）。目前，该村 70 年代以后出生的有女无子户中，41%的婚姻属于招赘婚，而随着 "80 后" 独生女陆续结婚，长芳村入赘女婿数量还将进一步增多。

## 二　城郊农村招赘婚姻的功能分析

这个新现象向研究者提出了一个问题：当前城郊农村招赘婚姻究竟满足了有女无子家庭什么需求？在城郊农民市民化过程中，这种家庭形式发挥了什么功能？

### 1. 招赘婚姻的正功能

过去农村招赘，一是为了引进壮劳力解决家庭经济问题。招赘家庭一般有女无子，留长女招赘，而入赘女婿作为壮劳力，帮助家庭减

---

① 王丽英：《当代农村招赘家庭中的妇女角色——同地及异地比较的综合分析》，中国学位论文全文数据库。

② 李树苗等：《当代中国农村的招赘婚姻》，社会科学文献出版社 2006 年版。

③ 高永平：《传统框架中的现代性调适》，载《社会学研究》2007 年第 2 期。

轻经济压力。二是为了养老送终。传统农村社会养儿防老，女儿出嫁后对父母无须养老送终，这些有女无子父母以招赘打消对身前身后事的顾虑。三是满足传统观念中的承嗣功能。农村无子家庭为延续香火招赘，使姓氏得以保留。即使较为开明的招赘家庭，如长芳村撤村建居之前完婚的招赘家庭，必有一子女随母姓。四是保证家庭、家族安全。在传统农村，农民一般依靠宗族势力解决村庄内部的邻里纠纷。无论是奔走说理还是武力对抗，男子都是解决纠纷的重要角色。若遇到突发性外来攻击，需要男性力量组织自卫。传统农村社会自给自足，农民与政府的直接联系很少，万不得已必须与外界联系，一般由家族中有能力的男性承担这一任务。男性在处理家庭外部事务方面扮演重要角色，入赘女婿能在一定程度上满足这种功能。①

招赘能满足传统农村少数有女无子家庭的需求，而城市里则鲜有招赘这种婚姻风俗。有趣的是，在城郊农村城市化过程中，这些农村的农户有经济实力，有养老保障，他们却纷纷招赘。这种现象的发生有其内在的机理：

第一，城市化过程中，农村集体利益重新调整分配格局。为尽可能多占分配份额，城郊农村的独生女家庭或有女无子家庭决定招赘，以保证新的集体利益分配所得不会少于其他家庭。这是因为，农村的外嫁女与招赘女在享受村庄集体利益方面存在着权利差异。外嫁女即使户籍放在本村不迁走，也不能享受村庄集体利益，不具有实质意义上的村民身份；招赘女、入赘女婿及其子女则可完全享受村庄集体利益。虽然当前在我国东部地区农村集体经济中广泛推行的集体资产股权化在一定程度上减弱了这种权利差异，但差别仍然存在——尤其是城市化推进过程中那些尚未明确的政策，很可能主要由村民按村规民约执行。由此，城郊农村那些有女无子家庭倾向于招赘，以确保在未来的分配体系中尽可能获利。

第二，外嫁女与招赘女在村里享有不同的话语权。新近入赘女婿

① 入赘女婿在村庄中的话语权与其在该村的生活年限、能力有关，而本村出生的男子则在村庄中具有天然的话语权。

很少在村庄公共生活中抛头露面，这些家庭在村庄中的权益由其岳父母或妻子维护。招赘婚姻中的妻子是维护家庭权益方面的主要角色或父母的得力助手，村庄习俗也认可其独当一面。但外嫁女在帮助父母维护家庭权益方面的话语权被习俗否认，习俗认为外嫁女非村庄成员，无权过问村庄大小事务。农村城市化进程中，邻里关系逐渐变化，诸如家庭利益等问题不可避免会出现纠纷。在这种情况下，留女招赘成为父母的理性选择。

第三，农村社区功能处于转型阶段。城郊农村离城市近，有些甚至是城中村，但农村社区的功能转型滞后于城市化进程。传统农村社会，老人的私人生活领域和对外事务可全权委托儿子处理，实现"老有所依"，邻居之间能相互照应，使得老人具有较高的安全感。但农村步入城市化进程后，人们生活节奏加快，邻居之间关系日渐疏远。那种守望相助的邻里关系越来越成为城郊农村老人的记忆。同时，这些城郊农村社区即使在建置方面已经改成社区，① 但其处理社区成员私人领域事务的方式变化不大，社区管理与服务没有跟上。② 这一现实表明，城郊农村空巢老人的日常生活仍缺乏稳定的必要帮助，相对于城市社区空巢老人更为无助和寂寞。社区功能不完善，促使城郊农村的有女无子户留女招赘。

由上可见，城市化进程中的城郊农村招赘婚姻增多主要是出于家庭经济利益，并保障父母一辈在村庄生活中的安全感。此外，招赘婚姻所具有传统意义上的承嗣、养老送终等功能，在招赘家庭看来是锦上添花。

2. 招赘婚姻对城郊农民市民化的负功能

首先，选择招赘这种婚姻模式，经常意味着年轻女子失去自由恋

---

① 如杭州市萧山区城厢镇周边 14 个村在 1997 年被批准撤销行政村建制，设立居委会建制。2004 年，这些转制村统一改称为社区。

② 课题组的调查发现，在这些城郊农村，社区为其成员提供的服务出现了两种情况：一种如长芳村，社区逐渐退出人们的个人日常生活，人们在遇到各类困难时求助于亲戚朋友，而不是社区；另一种是在社区成员遇到重大事情如婚丧嫁娶时，社区主动入户提供帮助。这两类似有别，实际上都忽视了新型社区本应具有的向社区成员提供日常服务、日常关注的功能。

爱的权利。目前城郊农村年轻人一般通过自由恋爱结婚。如果说人们择偶遵循男女双方各方面条件总量平衡原则，那么在招赘婚姻中，入赘是一个分量相当重的元素，它极大地降低了女方择偶条件。选择招赘，择偶范围非常小——她们只能从愿意入赘的少数同龄男性中选择配偶。婚姻通常由女方家长张罗，对男方的要求是身体健康、没有不良习气。男方对女方的要求往往是长相一般以上、家中经济尚可。这种婚姻模式看似人们的自由选择，实际是不少招赘女的无奈，这与当今自由恋爱，个性张扬的城市婚姻模式背道而驰。

其次，招赘婚姻会给招赘女带来一定的精神压力。招赘女扮演好妻子、女儿两个角色有相当难度：入赘女婿如果能力不强，妻子的经济压力和精神压力都会比较大；入赘女婿如果比较能干，亲戚朋友又往往对其有防范心理，担心入赘女婿另立门户或与老人相处不睦。亲戚们往往通过某种途径向招赘女表达这种防范心理，这直接转化为这类女子的精神压力。招赘女在扮演妻子和女儿两个角色的过程中，一直受到亲戚无形的监督，这种无形的监督事实上还扩大到村庄共同生活中。招赘家庭容易成为村民日常生活的焦点，村民对他们往往比较关注，因此，招赘女在家庭内部承受的角色冲突比一般女性更多，因此她们对家庭成员尽可能多付出以调和家庭内部关系；在家庭外部承受更多的精神压力，要尽可能处理好邻里关系。招赘女向市民转型过程中，先天就背负了沉重的压力，可以预见这类城郊农村女性向市民转型更缓慢。

那么入赘女婿融入村庄社会和市民社会的可能性如何？调查发现，现实的情况是，新入赘女婿融入村庄社会比前辈困难。以往的入赘女婿与其他村民一起从事农业生产，他们劳作中有时间相互熟识，农闲时有时间相互走动。前辈的农民同质性较强，相互之间共性较多，具有交往的便利性。撤村建居和土地征用，使得村民们不再从事农业生产，代之以多样化的就业，这逐渐导致农村内部的分化，农民的异质性越来越强。目前村庄共同体中的农民比以前显得没有时间、没有愿望与他人交往，随之而来的是村庄内部人际关系疏远，人们越来越以核心家庭为生活中心。在家庭利益尤其是以土地为代表的经济利益不受侵犯的前提下，在日常生活的绝大部分时间里，人们几乎可以完全不交往。邻里或亲戚之间的礼尚往来只要有其他家庭成员代表即可，并非一定要入赘女婿出席。只有家庭在村中面临重大利益受损的风险时，才需要入赘女婿出面维权，但这种情况一般很少发生。而且受传统影响，入赘女婿维权的效力一般不理想。所以新入赘女婿没有融入村庄社会的动力。在城郊农村往城市化发展的过程中，这批入赘女婿孤独地游离在村庄共同体的变迁之外。

但是，考虑到城市社会对新近入赘女婿有吸引力，他们是否有可能跳出村庄社会直接进入城市社会？在城郊农村没田可种的背景下，入赘女婿的职业场所只能是企业或其他非农产业，而近在咫尺的城市也能够集中地提供这些职业岗位，因此入赘女婿不至于排拒城市。然而，市民社会能在多大程度上接纳这拨特殊农民？这些男性婚前一般来自中西部地区较为落后的农村地区，大部分没有接受过良好的教育，也没有特殊的技能（否则一般不会愿意入赘女方）。他们入赘到东部发达地区的城郊农村后，在城市从事低技术含量的工作，由于进入门槛低，岗位容易被其他人替代，这些工作相当不稳定。因此，大部分入赘女婿在城市就业并非易事。即便任劳任怨从事这些低技术含量的工作，他们也无法被市民接纳。因为在按职业为社会分层标准的城市社会里，这些从业者处于底层。

入赘女婿难以融入村庄和城市社会，这直接影响招赘家庭的市民化进度。大部分入赘女婿的素质不高，社会资源较少，思维模式和行为方式甚至比其入赘村庄的村民更传统，也就是说离市民化更远。招赘家庭年轻夫妻的综合实力比当地普通家庭要低，这种特殊的家庭结构不利于家庭成员市民化，甚至影响到下一代的市民化起点。

城郊农村城市化进程带来的更多招赘婚姻，不仅具有阻碍农民市民化的负功能，还可能带来村庄治理等更为复杂的问题。村庄治理与城市社区治理的关键区别在于前者是经济实体，后者不是。村庄治理与村民的经济利益密切相关，在城郊农村城市化过程中，村庄经济利益格局变动更为急剧。为了减少变动中农民各种利益纠纷，一些地方政府采用股权化方式来分配村庄的集体利益，这在相当程度上解决了农村发展中因人口变动带来的利益纠纷。然而,随着城郊农村城市化不断深入,撤村建居的具体实施中一般会拆迁农民房,按人口安置入住多层公寓,外嫁女与招赘女在这一问题上就有明显差异:外嫁女不能享受安置,招赘家庭则按完全人口计算。这样的政策势必激化外嫁女家庭的维权愿望。外嫁女家庭会参照招赘家庭,以法律身份挑战村规民约,打乱传统的村庄利益分配机制,给村庄治理带来压力。

## 第三节　都市农业问题:杭州茶产业的案例

### 一　都市农业的多功能性:以杭州茶产业为例

杭州被称为"中国茶都",以龙井茶为代表的茶产业是杭州的"绿色名片"。随着杭州市城市化进城的快速推进,西湖龙井的主产区都已完全被纳入了杭州市主城区范围之内,茶产业亦成为杭州市区域内典型的都市农业。

茶产业不仅涉及第一产业和第二产业,还涉及第三产业:由茶叶种植、茶叶加工延伸出来的茶馆业和茶文化休闲农家乐等产业近年来发展迅速。茶产业在杭州市城市化及改善城乡民众生活品质中起到了重要的作用,除了较高的附加值和较好的经济效益之外,作为都市农业的茶产业还具有极为丰富的社会效益和生态功能。

1. 都市农业的经济功能

在经济层面上,都市农业通过产业结构调整和农产品比较收益的提高促进城乡经济融合。具体而言,通过发挥都市农业产品和服务的稀缺性,不断提高农产品和相关服务产业的经济效益,并根据城市市场优化农业产业结构,使农业真正融入到城市经济体系中来。茶叶是一项具有较高附加值的经济作物,作为茶之上品的西湖龙井尤其如此,向国内外消费者提供高品质茶叶及其衍生品,正是杭州茶产业的最主要的功能之一。

2008 年,杭州市茶叶面积、产量基本保持稳定并向好发展:茶园面积达 3.37 万公顷,茶叶总产量 18609.7 吨,比上年略减 3.9%;

茶叶总产值 14.73 亿元，比上年增长 7.4%；名优茶产量 10451 吨，比上年减少 2.8%，占茶叶总产量的 56.2%；名优茶产值 13.57 亿元，比上年增长 7.1%，占茶叶总产值的 92.1%。与此同时，茶叶加工贸易和出口贸易产值也成倍增加，杭州市各类茶楼、茶馆、茶吧蓬勃发展，数量已达到近千家，年营业额也达十多亿元，娃哈哈等茶饮料年产值已达 20 多亿元，另外还有茶多酚、茶色素等深加工新兴产品正在崛起，整个茶产业健康发展，成为农民增收、农村致富、城市改善生活品质的重要来源。

2. 都市农业的社会功能

在社会层面上，都市农业的功能可以从以下几个方面进行分析：其一，都市农业具有就业和社会保障功能。都市农业的发展为城乡居民以及外来务工人员提供更多的就业岗位，进行农业的深度和广度开发，通过不断培育新的增长点，吸纳更多的劳动力就业，从而保持社会的稳定和可持续发展。尤其值得关注的是，由于其处于都市区域内的独特性质，都市农业可以为女性、外来人口和其他城市贫民提供更多的就业机会，从而促进社会公平，保持社会的稳定和可持续发展。其二，都市农业可供观光休闲。都市农业通过开发具有体验、观光、旅游价值的资源和产品，把农业生产、现代科技、生态环境、农业景观和参与农事活动等融为一体，对农业的生态、社会、文化等功能进行挖掘、整合形成新的"组合产品"，体会生产过程的生态性、趣味性，为市民提供观赏、科普、示范场所和农业生态景观，提供高品质的体验感受。西湖周边茶山秀美的田园风光，加上丰富的人文景观，农民通过开发"农家乐""山居茶馆"等形式提供了市民观光休闲的空间，形成了龙井问茶、梅坞品茗、龙坞茶村等著名景点。其三，都市农业具有文化教育功能。我国是具有悠久历史的农耕古国，农业凝聚了祖先的智慧，也是人类文明进步的重要标志。杭州的茶文化更是如此，其内涵深厚，形式完备，茶诗、茶画、茶宴、茶歌等都有着丰富的历史蕴含，并建有"中国茶叶博物馆"和多种类型的茶叶研习机构，城乡居民都可以从中体会到地域文化和历史文化，让农业生产实现其文化和教育载体的功能。

3. 都市农业的生态功能

由于森林、农田等植被具有自然属性，因而决定了农业生态系统对于改善环境、保护生态具有极大的价值。利用现代技术，都市农业将能够对农业污染加以有效控制，改善农村环境，同时减少城市的生态足迹，实现对城市整体环境的保护和有效利用。比起传统农业，都市农业更特别强调清洁优美的环境，这不仅是农业对城市市民具有亲和性、纳入城市体系的需要，也是农业成为城市景观的前提。杭州市的茶产业在其发展过程中，尤其注重把提高城市土地，尤其是丘陵地的利用质量和效率与保护环境有机统一起来，使茶产业生产过程清洁化、无害化。这一取向不仅有利于构建结构合理、充满活力、环境友好型的新型都市农业，还通过一系列农业高新科技，将茶叶生产、加工、服务以具有观赏价值的艺术风格充分体现出来，不仅可以增加茶叶的附加值，丰富人们的生活内容，也可达到改善生态环境的功能。

## 二　都市农业在城郊农民市民化中的作用

1. 缓解城市化资金压力

我国城镇基础设施管理体制，仍然是政府垄断经营、财政投资为主的格局。在大举推进城市化的过程中，地方政府既要担负地方社会管理与服务、兴办地方社会事业、保证地方社会福利，同时更要肩负起地方社会经济发展的职能。有限的收入难以满足城市扩张和公共服务的资金需求，巨大的资金压力迫使地方政府多方寻找出路，通过城市规模扩张、圈占耕地、操纵土地市场价格等手段来实现地方政府财政收入最大化。都市农业的发展，使得政府可以转变"土地财政"的资金策略，转而通过推广高素质、高附加值的都市农业来获得财政收入，缓解城市化过程中的资金压力。此外，都市农业带来的较高收入，也可以提高农民通过购买商业保险来解决医疗、教育、养老等后顾之忧的能力，从而减少政府在社会保障方面的资金投入。

2. 提供就业岗位，提高农民生活水平

都市农业在其发展过程中，可以提供就业岗位以吸纳相当数量的劳动力，避免农民因为被突然抛入城市，缺乏谋生技能而失业，从而保证其生活水平不受影响。课题组在地处西湖龙井产区的金水社区的调研表明，在该社区实行"撤村建居"前后，社区居民的收入并没有发生太大的变化。目前，社区居民们的收入还是由茶叶种植、就业工资、房租、集体分红等四个部分构成。作为城市中特殊的一群人，他们比一般的城市居民有更多的收入来源。因此，他们的家庭生活水平是高于杭州市的普通市民的。我们对居民家庭拥有消费品的80个样本的随机入户调查显示，彩电、冰箱、洗衣机等一般家电几乎是家家齐备的，51户有至少一台电脑及宽带网络，32户有液晶（或等离子）电视机，26户购有私家车。由此可见，都市农业多少保证着农民能够享受到城市经济发展带来的现代物质生活，他们的消费方式、消费水平与普通市民非常相似，甚至略高一筹，这为他们在撤村建居之后顺利地融入城市提供了重要的基础。

3. 培育农民的现代意识，养成城市社区文化

农民市民化，不仅是户籍身份和居住地域上的城市化，更是一种从"农民"到"市民"的全方位的角色转变。在此过程中，现代城市意识的培育，城市社区文化的养成，恰恰是至关重要的环节。首先，都市农业有利于培育科技意识。与传统农业相比，都市农业更加强调农业生产过程中的科技投入，使得生物技术、信息技术、现代制造技术等前沿科技在农业上得以实现全面的渗透、快速的应用与融合。特别是以互联网为基础的网上农技信息发布、农产品交易信息和远程农技推广培训等，使得都市农业的生产现场诊断与生产技术指导实现了网络化，极大地提高了从业人员的工作效率和科技知识普及程度。其次，都市农业有利于培育环境意识。都市农业是一种环境友好型农业，追求生产发展与生态环境、社会发展的统一与协调。从事都市农业生产的过程，有利于农民培养绿色环保的生产理念，从而更快地接受"低碳""可持续"等现代生活理念。此外，都市农业还有利于培育计划生育、男女平等等理念：在现代都市农业生产中，男性相对于女性并不具有明显的优势，女性同样可以通过从事农业生产获得较高的收入。杭州的茶业生产过程中，绝大多数的环节是由女性来完成的，这也有利于女性获得可观收入，提高在家庭和社会生活中的

地位。

4. 促进新老市民交流，提高接纳与认同

在都市农业经营过程中，作为"生产者"的农民有许多机会与作为"消费者"的市民直接接触，从而促进他们之间的交流与沟通，提高相互之间的认同与接纳。前述金水社区内的主干道是著名的西湖风景区的入口之一，每天有大量的国内外游人从这里经过，他们在这里的茶楼打尖，找这里的茶农买茶，投宿在居民自家开设的家庭旅馆。这使得这里的居民有大量的对外交往的机会，很多小店的店主甚至会一些简单的英语会话。此外，近年来金水社区一带商铺由居民少量开设茶馆逐渐形成了杭州著名的一条特色餐饮街，鳞次栉比的小饭店吸引了许多食客慕名而来。尤其是每到周末的晚上，这里更是灯火通明，车水马龙。有了如此丰富的与市民的互动机会，农民们很容易地就接触到了市民的生活方式和行为规则，这也使得他们的市民化过程更为平顺。

## 三　依靠都市农业推进农民市民化的政策

都市农业的发展有利于"城乡一体化、农村城市化、农业现代化、农民市民化"战略的实现，是推进城市化和统筹城乡发展的重要一环。因此，我们在依靠都市农业推进农民市民化的过程中，需要从以下几个方面着手。

1. 转变观念，充分认识都市农业的功能与意义

在现代化实践中，尤其是在推进城市化与城乡一体化的进程中，人们往往把农村城市化、城乡一体化的认识和行动停留在农业、农村应当服从于城市的发展，把农业、农村仅仅定位在为城市服务而存在的基点上。同样地，他们对于都市农业的认识，也仅仅在于提供粮食、蔬菜等低端农产品上，而未能从自然环境、经济发展、社会进步等角度深刻地认识到，都市农业是城乡一体化发展的重要因素，同时在都市农业发展过程中注重其多功能开发与发展。因此，在未来城市规划上，在保护和节约用地的前提下，应树立全区域规划观念，充分发挥都市农业的特点，科学规划城市建设用地和农业用地比例，按照

经济、社会、生态、文化等协调发展的要求进行土地及生态资源的综合规划。适当限制城市规模过大，保留城市四周都市农业用地，根据条件设置专门的都市农业开发区。完善城市物质循环和生态保护功能，做到经济和生态协调发展，人与环境和谐共生，增强抵抗经济危机能力和城市的可持续发展能力。

2. 制定相应的都市农业用地政策

通过调查研究，制定适宜本区域的农业用地政策和法规。要严格保护永久性都市农业用地，避免被非法的建设活动所侵占，同时，建立合理可行的都市农业用地土地产权体系和流转体系，增强都市农业的活力。对闲置和未利用的土地资源，道路沿线空地、河川空地、家庭花园，不论土地所有权为破产企业或者开发商、公共事业机构、个人和家庭所有，只要能用于开发利用的土地，都可制定相应的灵活政策来进行都市农业建设。[①] 如土地在开发商没有进行开发利用期间，订立土地农业利用合同，开发行为实施前，可提前申报，合同失效，土地可进行开发利用等，完善生态农业服务体系。从推进市民化的角度，这样的城市农业用地不仅是城郊的分散性农地，也可以考虑在城市内部的合适空间进行布局。

3. 创新农业经营组织，加快农业产业化进程

都市农业以食物供给、人力分配、环境改善为目的，对城市物质供给和生态改善起着非常重要的作用，应由政府主导、部门配合，建立都市农业振兴机构，专职负责都市农业的规划和建设，协调现有农业、环保、工业等部门之间的关系，从土地和人力资源配置，资金和技术等方面对都市农业建设提供强有力的支持。实践证明，要实现从传统农业向现代农业的转变，就必须按照现代化农业生产的要求，创新农业经营组织形式，加快推进农业产业化进程。[②] 首先，要培育更多的富有竞争力的生产加工、运销一体化的"龙头"企业，逐步使

---

① 李含芬：《经济危机背景下城市生态农业的发展》，载《当代生态农业》2009 年第 1 期。

② 周建华：《基于城市群生成视角的都市农业发展研究：以长株潭为例》，载《经济地理》2006 年第 3 期。

各生产环节联结成产业链。其次，要注重提高农民的组织化程度。通过股份制、股份合作制、公司加农户等方式，把千家万户的小生产与千变万化的大市场连接起来。此外，还必须提高农业社会化服务水平，在继续完善农业的产前、产中、产后服务体系的基础上，着重发展现代化的农业信息服务业，建立农业的市场预警系统、农产品网上交易市场等。

4. 增加新老市民互动场景，稳步推进农民市民化

农民市民化过程并不是简单地实现户籍和身份上的"农转非"就完成的，"城市环境的最终产物，表现为它培养成的各种新型人格"。它是农民对于新的市民身份和角色的认同和学习过程，这个过程不可能一蹴而就，也不会因为地方政府的主观愿望而"跨越"，这是一个需要从农民到"准市民"再到市民的一个长期过程。而在这个过程中，政府和社会应该创造更多的时间、机会、场景、条件让这些"新市民"有充分的途径与"老市民"进行交往和互动，在公共建设、社会保障、社区管理各个方面支持他们"像城里人那样生活"，从而使得市民化的过程实现的更为平顺。现代都市农业可以利用其依山傍水的区域优势，打造综合景观带，整合形成自然生态系列、观光休闲系列、风情体验系列、农耕文化系列、教育认知系列多位一体的旅游资源，吸引更多的"城里人"前来参与，营造更多的新老市民互动场景，从而稳步地推进农民市民化。

# 第四节　群体分化问题：碧山社区的案例

## 一　市民化过程中的群体分化及其机制

诚然，在撤村建居过程中被"成建制"地迅速从"农民"变为"市民"的这批人们有其共同的特征，在碧山社区的观察中，课题组发现这种"共性"至少在五个方面呈现：第一，身份从农民转变到市民，职业向非农化转变。第二，他们获得了和城市居民部分一样的

社会保障。第三，居民的家庭收益主要来源于集体分配、物业出租，[①]因此在经济地位上与外来的房屋租客和一般市民有很大差别，社会地位和政治地位上可能比一般市民低，但他们宁为"村民"而不愿为"市民"。第四，"食租阶层"逐渐形成。[②] 碧山社区基本保留了原农民"一户一栋"的居住方式，除自己居住外，居民基本上把多余的住房用于出租，出租屋经济滋生了一个食租阶层逐渐形成。第五，物质生活现代化，精神生活传统化。[③] 刚刚"洗脚上田"的他们，突然之间无法适应城市的生活方式，未能"干脆地"实现生活方式上的"农民终结"。

但是，除了上述"共性"之外，撤村建居过程中所产生的农民群体分化现象同样令人瞩目。早有研究表明刚从传统活动场合的控制中解放出来的群体可能会有多元生活风格的选择，[④] 而农民的分化也已引起了学界广泛的关注，[⑤] 但城郊农村撤村建居过程中的市民化群体正在"生成"或"建构"的分化过程并不是原有结构的简单复制，而有其独有的特征和生成机制，这也是农民市民化过程所产生的值得关注的复杂后果之一。课题组的观察表明，在失地和强制性制度变迁的双重压力下，同一社区内的居民之间由于职业分化等原因导致了多

---

① 其他城市的市民化群体也出现了类似的特征，参见李立勋《城中村的经济社会特征：以广州市典型城中村为例》，载《北京规划建设》2005 年第 3 期。

② 参见周大鸣《城乡结合部社区的研究：广州南景村 50 年的变迁》，载《社会学研究》2001 年第 4 期。

③ 参见浙江省人民政府研究室课题组《城市化进程中失地农民市民化问题的调查与思考》，载《浙江社会科学》2003 年第 4 期。

④ ［英］安东尼·吉登斯：《现代性与自我认同》，赵旭东、方文、王铭铭等译，三联书店 1998 年版，第 93 页。

⑤ 相关的研究至少包括陆学艺、张厚义《农民的分化：问题及其对策》，载《农业经济问题》1990 年第 1 期；北京大学社会分化课题组《工业化与社会分化：改革以来中国农村的社会结构变迁》，载《农村经济与社会》1991 年第 2 期；刘洪仁、陈淑婷《新形势下我国农民分化的复杂性分析》，载《农业经济》2007 年第 7 期；刘洪仁《农民分化问题研究综述》，载《山东农业大学学报》2006 年第 1 期；周批改《改革以来农民分化研究的回顾与商榷》，载《前沿》2002 年第 11 期。

样化凸显。① 社区内从原来单一的农民群体中产生了社区工作人员、机关干部、工人、商人、服务业人员、个体户等不同从业者，他们大致可分为社会管理者阶层，第二、第三产业劳动者阶层和单纯的食利者阶层②。质言之，社区内农民的群体分化主要是由于职业的多元化所引起的，而随着市民化进程的加速，各群体在经济收入、社会地位、职业声望等方面的差距还会拉大。对于这种分化可以从下面三个层面来刻画其发生机制：

第一，从微观层面看，人力资本是个体分化的基础条件。年龄、教育水平、专业技术、劳动技能、就业观念等方面的差异，会对居民的择业行为和生活方式产生影响。③ 其次，居民家庭人口数、男女比率、家庭中劳动力与非劳动力的比率、子女上学数量、家庭成员健康情况、婚姻状况都可能是撤村建居社区中影响家庭经济状况和社会地位的重要变量。④

第二，从中观层面看，社区利益分配机制和独特的管理体制是导致分化的一个重要条件。首先，撤村建居社区在征地补偿分配和其他集体利益分配上的混乱导致居民分化的产生，主要有乡镇截留部分征

---

① 当然，撤村建居中的农民群体分化问题理当还包括不同社区类型之间的差异及分化，即各社区因其所处的区位环境和社区发展模式不同而导致的多样化发展的趋势。例如毗邻商业区的社区餐饮业及其他服务业发达，居民的生存不主要依靠出租房屋，与地处偏远和周边产业不发达的社区相比，在社会资源、权力分配、社会互动上都存在较大差异，由此形成迥异的社区特质。已有的相关研究显示，根据空间形成演变和形态物质结构，可以把这些社区大致分成四种形态：城市边缘的形成型社区，城市近郊的发展型社区，城区范围的成熟型社区，城市中心的完成型社区（参见刘毅华《文化整合是城中村改造的核心——以广州城中村为例》，载《现代城市研究》2007 年第 8 期）。由于本书的讨论基于碧山社区的案例观察，故对这一层面的问题存而不论。

② 在碧山社区，这一阶层人群还可细分在家炒股、炒基金的投资者，老弱病残等靠房租、补偿款维持生计的人，找不到合适工作或不愿意工作的人，家庭主妇等。

③ 陈映芳：《征地农民的市民化——上海市的调研》，载《华东师范大学学报》2003 年第 3 期。

④ 周建瑜：《失地农民市民化过程中家庭婚姻变化探析》，载《四川文理学院学报》2007 年第 3 期。

地补偿，村集体与村民分配比例以及失地农民之间的分配标准混乱。[①]
其次，独特的社区管理体制为分化创造了空间。新生社区在组织设置
和管理方式上还保留着传统农村社区的特点，例如，自治性社会组织
和集体经济组织合二为一，社区在利益最大化的驱使下，采取独特的
"村籍" 制度。[②] 这一制度意义在于它不仅和农业户口紧密结合，成
为居民获得补偿的双重标准，同时也是居民持续获取经济收益的保
证，使权益与身份进一步结合。这一制度设置把那些不具有"村籍"
的人，包括外来媳妇和入赘女婿等排除出了其利益分享的队伍，引发
新的群体分化。最后，社会资本是分化的另一重要因素。居民的社会
关系资源以及利用资源的方式会影响其经济地位和社会地位，近年来
频频上演的"拆迁智斗"[③] 所描绘的拆迁规律——"老实人吃亏"，
部分补证了社会资本在利益获得中的微妙影响。

　　第三，从宏观层面看，政策的不均衡性和不稳定性导致了居民分
化的客观存在。首先，征地补偿因时间、地段、地类、用途、征地单
位的不同而产生实际的差别，政府政策的差异性和变动性导致居民的
利益分配和获取存在较大差距。[④] 其次，政府的产业政策也可能成为
群体分化的原因。撤村建居后，居民和社区的发展空间和发展能力会
受到周边地理空间和社会空间形态的影响。城市征地建设的用途主要
有进行房地产开发，建设商业区、工业区，开发高教园区等，由此延
伸出的产业链存在着巨大的差异，而这对市民化群体的生存能力和发
展能力有着重要的辐射作用。

---

　　① 朱明芬：《杭州市郊失地农民利益保障问题及对策》，载《中共杭州市委党校学报》
2003 年第 4 期。

　　② 李培林：《巨变：村落的终结》，载《中国社会科学》2002 年第 1 期。

　　③ 柴会群：《拆迁"智斗"记》，载《南方周末》2007 年 11 月 29 日。

　　④ 例如杭州市 2002 年 11 月开始施行《杭州市市区征地综合补偿标准》，该标准根据
不同地段、地类、人均耕地和经济发展水平等情况划定区片，将全市土地分为 5 级以内、
6、7、8 四个等级，并依据不同地类和安置方式，对被征地集体经济组织进行补偿，其征地
补偿标准每亩 8 万—21 万元。

## 二　群体分化对城郊农民市民化的影响

### 1. 群体分化对市民化的积极影响

在市民化初级阶段，居民的职业、生活方式、思想观念越来越多元，这有利于加快居民融入城市、社区成功转型。

社区基础设施逐渐和城市接轨，拓展了居民的社会交往网络，这有利于改变传统以血缘和地缘为主的社会互动场域。原先较单纯的村民交往演变成多个群体的互动，包括外来人员、城市老市民和其他的社会群体。此外，以出租房屋为主的经济、生活方式也能加快群体融入城市的速度。租户的流动性和多样化虽然给社区管理带来了诸多问题，但对居民传统的价值观和生活原则带来了冲击。研究发现随着社区共同体的不断开放和其他群体的嵌入，传统农民的生存需求原则慢慢地向市民的有意义的生活原则变化。[①] 同时职业的多样化发展可以减少农民对集体经济、社区组织的依赖，提高居民自我发展的能力，能更顺利、更主动地融入现代城市生活。

职业分化和流动改变了传统农村社区的均质性，同时带来社区的组织化发展，出现了社区居委会、业主委员会、集体经济组织、物业管理公司等分工更专业的结构特征。社区中不同职业群体互动加强，城市生活方式和都市现代文化的传播渠道增多，群体之间沟通、对话的机制明显增加，社区整合的功能也不断增强。市民化突破了传统的身份边界和社区边界，释放了群体的自主性，促进了社区的自主发展和民主管理。

### 2. 群体分化对市民化的消极影响

阶级、阶层相对关系模式在社会变迁中，仍然会通过各种不同的方式顽强地延续下去，即分化的继承性。那些在资源和权力占有方面具有优势的阶层，会通过各种不同的方式，将他们所拥有的资本和权力传递下去，从而在社会变迁过程中保持着阶层地位的继承性和稳定

---

① 陈映芳：《征地农民的市民化——上海市的调研》，载《华东师范大学学报》2003年第3期。

性。占有优势的成员在资源享有、利益维护上的差异性、等级性继而会转化为社会排斥，造成社区内部不同群体的隔离和群体的冲突。

此外，群体进一步分化更为严重的后果是可能导致社区阶层化发展。社区阶层化主要指社区成员逐渐向同一社会阶层集中的过程，[①]可能表现为社会地位得以提高的人迁出原社区，将原社区留给社会阶层相对较低者。这种结构特点不仅决定了不同社会群体的社会活动范围，所拥有的社会资源和社会资本以及各种社会机会，并在此基础上易形成社会排斥心理和阶层封闭机制。

### 三　防止过度分化的若干思考

在原有社会分层界限被打破，社会组织重组以及社会体系重新整合期间，社会角色转换、价值嬗变、利益分化、体制瓦解会形成一股强大的"无组织力量"进而产生无序与混乱。但撤村建居这一变迁过程中，已有的某些制度能部分抑制"无组织力量"的发挥，防止社区陷入过度分化的泥潭。

首先，城乡二元的土地产权制度以及集体经济的独特功能是防止分化过度的有力保障。农村实行独特的土地集体所有制，这种产权制度下的资源分配要么按照村籍分，要么按照工龄分，土地制度的道义功能是维系农村社区的一种特殊的资源。[②]撤村建居后，留用地制度和集体经济合作社在实现土地有效利用的基础上，进一步保留了土地的均平功能。撤村建居社区继续沿用有着某种"单位制"功能的集体收益分配原则，能使群体成员之间相对均等地分配资源。

其次，扁平化社区结构不会滋生出严重的等级化。所谓的扁平化社区结构是指一个社区里相对均衡地在精英阶层和平民阶层之间分配权利和利益。社区居民在知识、财富、资源和权利占有上没有呈现等级化结构，在参与社区事务过程中并不具有高度差异的行政权力结

---

① 段继业：《社区阶层化：现实抑或可能》，载《社会科学研究》2006 年第 4 期。

② 曹正汉：《土地集体所有制：均平易、济困难——一个特殊村庄案例的一般意义》，载《社会学研究》2007 年第 3 期。

构，居民能以相对平等的姿态自主参与社区管理，维护社区发展。

最后，延续性的"社区关系网络"也可以抑制成员的过度分化。撤村建居后，"社区关系网络"是以往"村落社会关系网络"的延续。这种关系网络在保证村民的归属感，增加村落内聚力的同时，保证了村民"做蛋糕"集体与"分蛋糕"集体的基本一致，承担着聚集财富和资金的实际功能。[①] 居民在面对一个新的分化社会时，平稳移植和持续形成的"社区关系网络"发挥着共同抵御风险和外部压力的特殊功能。

总的来说，撤村建居初步实现了居民户籍、职业、空间区位的统一，但其市民化还远远没有完成，这提醒我们要充分注意到群体分化的复杂影响。政府在推动市民化和社区转型的平稳实现中至少要考虑：在复杂的分化群体中，哪些人具有良好的社会上升前景，哪些人具有社会下滑的可能，如何实现良性的社会流动机制，如何运用恰当的社会制度和社会政策来引导市民化群体结构朝合理的方向发展。

---

① 李培林：《巨变：村落的终结》，载《中国社会科学》2002 年第 1 期。

# 第六章　城郊农民市民化的政策观察

如本书前面各章所呈现的，城郊农民市民化意味着两个前后相继的过程：一方面农民在实现身份与职业转变之前接受现代城市文明的各种因子，发生有意或无意、主动或被动的转变；另一方面在实现转变之后，发展出相应的能力来利用市民权利，融入城市。然而，当下推动"农民市民化"的公共政策似乎简单得多，其简明表达是"撤村建居"，即通过政策手段把农村里的居民变为城市里的居民，主要就是让农民获得所在地的城市户口及相应的一部分社会权利。这显然还不足以应对这个过程中产生的一些复杂问题。

## 第一节　农民市民化的政策与实践模式

毋庸讳言，农民市民化政策在许多地方的最初起源和主要动力来自国家建设、城市和工业发展对土地的大量需求，国有土地捉襟见肘，转而征购集体（农民）土地来满足发展需要。在征地的过程中，政府以往的做法是把被征地农民连同土地捆绑，一揽子交由征地单位解决。随着私营企业的大量涌现和市场经济的发展，这种解决办法的后遗症越来越明显。为了适应这个变化，国家原则上提出了人、地分离的市场化方案，也就是后来所讲的"货币化安置"（俗称"一脚踢"），作为与"货币化安置"政策相配套的"市民化政策"因而在城中村及城郊地域的安置工作中应运而生。

与"分灶吃饭"的地方财政体制相协配，在农民市民化政策上，中央（包括各部委）只是通过法规、文件、通知、意见等方式提供一个大致的政策框架，至于如何调色、上色则完全放权于地方政府。同样的，各地上、下级政府之间也是如此处理，提倡"因村制宜"。

因为这个缘故，我国的农民市民化政策虽有大致的体系，但政策内容与模式却有很强的地方性，形态各异。

## 一　农民市民化的政策体系

目前，农民市民化的政策体系主要包括四方面内容：即社会管理政策（基层组织管理体制）、集体资产与土地处置政策、个人安置政策（房产处理及村民自建住宅、村民农转非、补偿政策、就业等）和个人市民待遇政策（教育、城市低保、养老、医疗、失业、生育保险等）。

在上述政策体系中，基层组织的管理体制基本上是统一的，实行"两级政府、三级管理"的办法，即原村委会转为居民委员会、原村党支部改为社区党支部。其中，有些是"就地翻牌"，有些居住比较分散的在自愿基础上也允许就近划入其他社区居委会管理。

在集体资产及个人安置政策上，国家有两条指导意见：一是提倡货币化安置（对个人）；二是强调在市民化过程中要保障集体经济的延续性。

行政村建制撤销后，原村集体资产、集体积累仍属原村集体经济组织的全体成员所有和享用，不得平调和剥夺，严禁非法侵占、哄抢、私分和破坏……原村集体经济组织要继续深化产权制度和经济管理体制改革，实行股份合作制或股份制改造。

集体土地转为国有的经济补偿费用，由撤村建居后的原集体经济组织统筹掌握，用于发展集体经济和"农转非"人员的生活或就业，严禁私分或移作他用。

其他则基本上交由地方政府权宜处理。

在市民待遇政策上，国家只是原则上强调要落实"同等市民待遇"，至于如何落实，分次实现还是一步到位，标准如何等则没有明确规定。

## 二　地方政府推进农民市民化的三种实践模式

由于国家在市民化政策问题上只是提供了一个大体框架，而没有提供操作性的具体意见、办法，这意味着地方政府可以根据自己的经济发展水平、财政承受能力来因地制宜。在实践上，各地的农民市民化政策也就呈现出与其当地经济发展水平和财政能力相一致的"千地千面"。

概而言之，地方政府推动农民市民化的实践方案主要有三种模式，即浙江模式、南海模式（广东）以及上海模式。①

（1）浙江模式。浙江模式的主要内容有两点：一是土地换市民福利；二是土地换资产。浙江模式最初发端于 20 世纪 90 年代初嘉兴城市化过程中采取的以"土地换社保"的安置方式，农民土地被征用以后，失地农民就"农转非"，并进入社会养老保险体系，按月领取养老金。通过这一办法，失地农民的基本生活将得到长期保障。时至今日，浙江模式的内涵已大大扩展，包括土地换保险和基本保障、进行就业培训、成立社区股份经济合作社、土地平整（复垦）置换以及留地安置（撤村建居中）等五种方式。

（2）南海模式。② 南海模式的实质是在一定程度上打破国家对土地转让的垄断权，在一定的条件下允许村集体作为土地出让（以租代售）的主体，而不是把村集体的土地先征收再出让。广东南海实行土地股份制，将集体财产及土地折成股份，把全村或全社的土地集中起

① 有的学者还提出另有咸嘉模式（长沙）以及厦门的"金包银"政策，我们认为这两种模式并没有越出浙江模式的范畴，浙江模式里的 10% 集体留用地政策是包含上述内容在内的。

② 广东省结合当地情况制定了《关于试行农村集体建设用地使用权流转的通知》。其中规定：农村集体建设用地使用权符合下列条件的，可以出让、转让、出租和抵押，并享有与城镇国有土地使用权同等的权益：一是经依法批准使用或取得的建设用地；二是要符合土地利用总体规划和城市、镇建设规划；三是依法办理土地登记，领取土地权属证书；四是界址清楚，没有权属纠纷。也就是说，集体建设用地可以像国有建设用地一样进入一级市场，从而打破了一级市场由国有建设用地垄断的局面。集体建设用地进入一级市场的实质是集体土地的权益可以更多地被农民所占有和使用。

来，由村或村民小组实施统一规划、管理和经营，配股对象以社区户口确定，并根据不同成员情况设置基本股、承包权股和劳动贡献股等多种股份，以计算不同的配股档次，按股权比例分红。村集体以股权证换取农民手中的承包权证，从而取得了对社区土地的经营权。这种模式可以保障农民的土地不被低价征用，农民同时还有权享有土地在作为非农使用以后的级差增值收益。

（3）上海模式。上海模式的主要内核就是"小城镇社会保险"①，小城镇社会保险是处于市民社保体系与农保体系中间的一个过渡状态，它高于农保低于市民社保水平，但预留了通往市民社保的路径，只要个人自愿额外出资就可以实现与市民社保体系的并轨，与浙江模式中的"低门槛准入、低标准享受"的"双低"社保体制有共通之处。

小城镇社会保险是包括养老、医疗、失业和生育保险（将来也要纳入工伤保险）在内"五险合一"的一项综合性社会保障制度，由基本保险的统筹部分和补充保险的个人账户部分组成，其模式可概括为"24%+X"。24%是指基本保险的统筹部分，这部分缴费以上年度全市职工月平均工资的60%为基数，按照24%的比例，由用人单位按月足额向社会保险经办机构缴纳。其中，养老、医疗、失业保险分别占17%、5%和2%，生育保险暂不缴费。X是指补充保险的个人账户部分，由用人单位、从业人员根据经济能力和有关规定自愿参保，其本金和利息全部归个人所有，主要用于补充养老和补充医疗、被征地人员生活补贴以及规定的其他用途。小城镇社保适用于上海市郊区范围内用人单位及其具有本市户籍的从业人员，原已参加上海市农村社会养老保险的用人单位及其从业人员以及经市政府批准的其他人员。

上述三种模式的核心都是处置农民土地权利。与通行货币化安置政策相比，浙江模式的最大进步就在于承认农民对土地的财产权利，

---

① 2003年10月，上海市政府出台了《上海市小城镇社会保险暂行办法》，该办法规定自2003年10月20日起在郊区范围内正式实施小城镇社会保险制度。至此上海市已经在全国率先建立起覆盖城镇各种所有制单位职工（包括机关、国有企事业单位、三资企业、私营企业和个体工商户及其帮工）和广大郊区的多层次的社会保障制度。

实践操作中在同等给予市民待遇之外，提倡用资产（主要是房产）来置换农民对土地的事实所有权；南海模式则允许农民的土地财产权以集体的形式合法进入一级土地市场；上海模式则是升级版的"土地换保障"。当然，在实践中，这三种模式并不是绝对独立的，往往相互渗透。

## 第二节　特殊群体与特殊的社区类型：以浙江模式为例

从公共政策的角度而言，作为与国家城市化策略相配套的"农民市民化"工程属于纯粹的公共事务，被列入市民化的农民的所有社会风险应该由政府来承担。但在实践中，由于财力困境，各地方政府纷纷推出了地方政府、村集体、村民个人三位一体的风险分担机制。以杭州为例：

> 从 2003 年起，全省各地要建立被征地农民基本生活保障制度，所需资金按政府、集体、农民各出一点的原则解决，市、县政府承担的费用可在土地出让金收入中列支；集体承担部分可从土地补偿费中列支；个人承担部分在征地安置补助费中抵缴。

> 农转非人员的就业和社会保障政策涉及面广，影响周期长。应根据政府、村集体经济组织和个人三者共同负担的原则，明确所需费用的来源。

与这种风险分担机制相适应，集体经济组织的原有社会保障功能不仅得以延续而且日益凸显，为此，地方政府又纷纷出台了壮大、发展集体经济组织的若干政策，最主要也是最有成效的就是关于"撤村建居"后集体留用地的规定：

> 积极提倡按一定比例留地安置被征地农民。各级规划部门搞好

被征地农村留地的规划、划定的安置留地由农民自建自用的，按农村集体用地性质处置；土地所有权转为国有的，收益全额归集体经济组织所有，市、县政府给予免收出让收入和配套费用等扶持。

撤村建居后，为解决原村集体经济组织及其成员的生产、生活问题，可在符合城市规划和土地利用规划确定的建设留用地范围内，留出可转为建设用地的农用地面积的10%，作为社区、村镇建设和经济发展用地，也可以折抵符合规划但未办证的乡镇企业用地。

村集体经济组织应用好留用地，大力发展优势产业，增加被征地农民的就业岗位，培植稳定的集体收入来源，解决被征地农民和村集体其他成员的生产、生活保障。

值得注意的是，集体留用地政策是各地在城市化过程中的一个普遍办法，事实也证明这对于发展、壮大集体经济起到了关键作用。在留用地政策的指导下，各村居依托城市，大力发展第二、第三产业，集体积累迅速，其资产总量较大，规模一般的都有数千万元资产，有的达上亿元，甚至十几亿元。

据宁波市农业局对全市27个乡镇652个市郊农村（占全市总村数的16%）的调查，2001年652个近郊农村资产总量73.6亿元，占全市农村集体资产总量的57.9%；其中，历年土地征用补偿费12亿元，占16.30%；经营性资产（多是留用地建标准厂房等）553亿元，占75.14%。不难看出，集体留用地及其收益在解决城中村公共费用支出、村民福利保障等方面发挥着不可替代的作用。①

---

① 很多学者提出，撤村建居后的各种问题比如社会保障、市政配套等的滞后应该由政府担当责任。但是，还需要注意的是，对于这些责任，地方政府认为理应由原村居解决，因为政府把10%的"留用地"收益划归集体支配，集体理当承担。结果，很多地方虽然村改为居了，但居委会人员的工资并不是政府出钱，还是由各集体经济组织自筹，社区内的市政配套也大致如此。

在壮大集体经济的同时，为增强个人对社会风险的抵抗能力，各地方政府尤其是大中城市及其郊区又在积极探索多种形式的对个人的安置方案。目前，最受欢迎也是最为成功的安置政策就是由货币安置转向资产安置。①

　　撤村建居中入住多层公寓的"农转非"居民，可按建安价购买公寓，其面积按人均建筑面积 40 平方米控制；超过控制面积的部分，可按成本价购买，但人均不得超过 10 平方米。建安价与成本价由各区政府拟定，报市物价部门同意后执行。

　　撤村建居中入住多层公寓的"农转非"居民，符合招工条件的，除可购买上述规定面积的多层公寓外，还可以根据地段等级按综合价每人购买 30—45 平方米的多层公寓，该房产的购买权即抵作安置费。符合招工条件的安置对象也可选择货币安置。

　　多层公寓的建设用地在依法转为国有后实行行政划拨。撤村建居后实行"农转非"的居民购买的多层公寓，可参照购买经济适用住房的办法，予以办理划拨土地证和房屋产权证。

在操作中，地方政府往往把补偿与就业安置折并为一定资产（房产），杭州的做法一般是可以保证一个三口之家拥有三套左右的安置房，一大（120 平方米左右）两小（各 60 平方米左右），大的自住，小的出租。这种办法有效缓解了撤村建居过程中的紧张冲突，使农民市民化的形式进展更为平顺，受到了地方政府、学者及农民三方的普遍好评。这种政策的实质就是"房产换土地"，属于两种财产权利的置换范畴，相比于"一脚踢"的货币化安置政策理应得到更多的肯定。

但是很显然，目前壮大集体经济与保障个人经济收入的策略是同

---

　　①　当前我国失地农民的安置方式主要有 8 种：一次性货币安置，基本生活保障安置，社区股份经济合作安置，在留用地建物业出租获益分配（物业产权仍属集体所有），留地安置，住房安置，调整承包地安置，单位招工安置。安置主要以一次性货币安置为主，在一些经济发达地区或城郊地区则以出租获益和社区股份经济合作安置为主。

一的，政策实施的自然结果是促使新市民成为"食租者"，产生了三方面的相关问题：

一是，大多数村（居）民无须参加集体经营或劳动就能享受集体经济的收益分配，参与年终分红。

二是，由于定期租金收益和集体福利的存在，大多数撤村建居的居民无须参加就业就能保持一个相对较高的经济生活水平。

三是，由于承担了居民的生活、生产保障功能，撤村建居后的社区仍然延续了原来生活共同体与经济共同体合一的状态，对居民的重要性日益增强而不是减弱。这也同时暗示，对大多数居民而言社区内的关系重要性超过了社区外的社会关系。

# 第三节    推进城郊农民市民化的政策思考

通过以上的检视，单纯通过撤村建居来推进城郊城市化及农民市民化的政策导向存在着明显的不足。为此，必须树立正确的指导思想，放弃地方主义思想和发展主义思维模式，真正站在维护和帮助城郊农民的立场上，而不是盯着农民手中的地，才有可能推动城郊农民市民化按照正确的方向发展。在我们看来，最重要的政策调整方向，一是转向以个人能力发展为核心的公共政策；二是尝试通过"城乡社区衔接"来推进城乡一体化和城郊农民市民化。

## 一    转向以个人能力发展为核心的公共政策

显然，落实房产、集体经济等资产收益，在预防失地农民贫困和减少家庭不安全感方面发挥着积极的作用。它是改善失地农民生计的一种好办法，也是帮助他们规避各种社会风险的重要安全措施。

但是，资产建设在保障城郊农民经济安全的同时，也促生了大量的食租社区与食租家庭，相对较丰裕的资产收入反而"改变了勤劳善良的农民本性"（某社区书记语）。各撤村建居点的书记最头痛的一件事情，就是大量社区居民的无所事事，不是无处就业而是不想就业以及就业中"高不成、低不就"的问题。

　　　　他们坐在家里随便收收就有几千块每月，吃吃用用足够了。
让他们干农民工的活，想都别想，坐办公室又没有那个能耐……
每天就搓搓麻将过日子……年长的还安分点，小年轻闲不住，不
愿受累工作，每天没事找事，赌博、喝酒、打架……出了事情又
到这里来求告，派出所的门槛都被我踩平了……（王，某撤村建
居社区支部书记，男）


　　资产建设的另一面影响开始显露出来，这并不是意味着资产建设
的导向不好，只是表明农民市民化的任何政策都可能具有两面性。当
然，新的政策选择不应该重新回到单纯货币化安置的老路，而是要通
过政策调整来弥补资产建设的缺陷。否则，被市民化的农民的所谓
"幸福生活"会变得令人担忧。

　　主要理由有二：一是从村民个人层面上，这种"幸福生活"的实
质就是就业竞争动力的衰退，个人融入社会能力的下降。他们面对的
是一个职业社会，没有令人尊重的职业地位，很难融入城市主流社
会。这正是市民化后的农民虽然经济收入可以很高，但社会地位却仍
然处于市民底层的原因所在。二是集体经济组织对他们生活有举足轻
重的影响，它一方面解除了他们生活的后顾之忧；另一方面则强化了
新居民对集体经济组织的依赖并进一步强化了集体经济组织封闭运行
的趋势。集体经济组织的封闭运作，再加上新居民融入城市社会能力
的不足，会导致社区内关系的发达而社区外社会网络缺失，变相延续
了农村社区的关系格局，即新居民仍然依附于社区（或某些社区精
英）——发达的社区内关系并非本书要反对的，它反而是目前很多城
市社区建设所追求的目标。我们认为，这里值得注意的是，由于个人
外向融入社区外社会的能力不够，造成靠社区或他人代替自己实现与
社区外的交往关系。这实质上还是传统依附关系的现代版。现代市民
应摆脱这种依附关系。

　　因此，赋予新市民以权能，引导他们靠自己的力量完成与城市社
会的交往、融入、沟通并进而打破他们对社区，包括社区精英的依附
关系至关重要。从公共政策制定者的立场来说，进一步的政策选择调

整应该实现以"个人发展为导向"的政策转向，其核心是提高个体的竞争能力和融入社会的能力。而以个人能力发展为核心的公共政策，则要满足四个标准：其一，有可持续的经济保障（目前的资产安置方案与这个方向基本一致）；其二，具备社会融入能力（特别体现在个人职业获得方式以及职业地位上）；其三，社会竞争意识；其四，与市民同等的被赋权（特别是与市民同等的完全财产权、社区的政治经济权利、平等就业权、保障权、福利权、受教育权等）。

## 二　探索运用"城乡社区衔接"推进城郊农民市民化

推进城郊农民市民化，应站在维护和帮助城郊农民的立场，而不是紧盯着农民手中的地，向农民分利抢利；要以农民为第一得益者为基本尺度，而不是让地方政府成为第一获益者。从这个原则看，探索运用"城乡社区衔接"推进城郊农民市民化，更加符合科学发展观的要求。

"城乡社区衔接"是指不单纯依赖农村人口的转移，而是以增加公共供给提升乡村社区水平，努力推动城乡社区在经济、政治、社会地位上平等，让农村人口也能生活在文明社区，在社区层面上落实城乡统筹，促使农民平顺市民化。具体内涵为：形态上，不以消灭村庄为前提，而是承认城乡差别客观存在，承认城乡居民的作业形式、生活风格的差异，甚至承认乡村存在的价值，同时大幅度改善农村社区基础设施，确立城乡之间的路、信、人、货"四畅通"，争取城乡社区基本生活条件的均等；功能上，新的村庄主要为农业从业人员、选择乡村生活者提供社区支持，大城市、中小城市、小城镇、中心镇村与其他村庄共同形成一个经济上互为补充、文化风格不同但是彼此平等，社区基本生活类型不同但品质差别并不悬殊的链接带，各自都是其中纽接点；目标上，城乡衔接要实现城乡居民在公共服务、权利保障、福利待遇等方面的均等化，促成农村社区居民在各方面自然趋同于城市社区居民；性质上，城乡社区衔接是一种趋缓、平稳型的农民市民化道路，它不指望在短时间内以强制的外力方式实现城乡一体化。

据人口部门的一种算法，中国到 2033 年将达到人口峰值 15 亿；如按发达国家的 70% 城镇率计算，中国仍将有 4.5 亿人口生活在农村。因此，探索和推进城乡社区衔接，具有战略意义，且刻不容缓。目前，"城乡社区衔接"的基础已具备。2007 年以来，民政部组织实施城乡社区综合服务中心建设，仅浙江已经建成 1.6 万个，基本覆盖农村地区。这为提升农村社区水平、推进城乡社区衔接奠定了极好的基础。

# 附1 撤村建居社区调研报告（一）
## ——留下镇碧山社区调查

近年来，随着撤村建居的大规模展开，城郊农村的集体经济和农民收入结构得到了明显改善，但是，由于地方政府采取撤村建居的初衷不在于"三农"问题的解决以及对现代性国民的塑造，而是过多地考虑如何盘活城市土地资源，拓展城市发展空间，因此，许多地方政府在实施撤村建居、推进城郊农民市民化的过程中遭遇了重新就业、社会保障、集体经济和利益分配等一系列问题，从而导致"农民不愿当市民"的意外结果。实践中，由于撤村建居时间和地域的差异，农民市民化的问题也有所不同，有的具有普遍性，有的则具有特殊性，本调研以杭州碧山社区为例，侧重于农民市民化过程中普遍问题的分析。

## 一 社区概况

留下镇碧山社区成立于2004年4月，是留下镇撤村建居的第二批增补村，位于留下镇西南，是由碧山村撤村建居后成立的乡镇社区，面积1.317平方公里，常住户542户，人口1202人，现有外来人口1560人，社区居委会驻碧山路1号。

目前社区组织结构主要有社区居民委员会、社区党支部和股份经济合作社，现有工作人员27个左右，其中包括社区聘用的水电工、绿化人员、小组长等。社区管理主体为居委会和党支部，其经费来自上级政府的拨款，其他部门和人员的费用都由经济合作社承担。社区居民在原村民小组的基础上被分成四个居民小组，每个小组都由小组长具体负责相关联系工作，例如，分红利的人数统计、相关政策文献传达、配合一些调研活动的开展等。小组长由村民和社区居委会共同推选产生，一般由党员或者小组成员信任的人担任。

## 二　撤村建居过程

### 1. 过程介绍

2001 年，杭州市政府决定修建小和山高教园区，由此拉开了整个高教园区辖区的征地工作。征地工作大致随着高教路修建、浙江工业大学校园建设、住宅区建设、市第三煤气站修建的时间过程逐步开展。到目前为止，整个征地建设工程还在进行中。在过去的五年中，碧山村集体由原来拥有的 1500 亩左右的农田，变成目前社区拥有上级政府允许的 10% 留用地（2001 年省出台的农村土地留用地政策），50 亩左右。

整个撤村建居过程大概经历了几个阶段：第一阶段为前期准备阶段。主要事宜是政府和社区协商决定农居点建设地，最终选择的现在这个地段，也是原来第四村民小组组员的住房所在地。对于新社区建筑地块的分配，采用抽签的办法。第二阶段针对因高教路开发征用和农居点建设涉及的住户，主要为原第四组全部、第二组的部分农户需首先拆迁，政府给第一批住户提供过渡安置费；同时，新农居点的第一批房子开始招标建设。第三阶段是浙江工业大学校园建设征地开始，这次征地几乎把原碧山村的 95% 的农田都征用了。这个阶段涉及的主要为原第一村民小组的住房，因此，第一、第二小组的村民也开始搬迁。现阶段主要是那些在红线（划定的拆迁范围）之外的第三组 18 户居民以及工大后期的建设区块中的动迁到的一些农户陆陆续续开始搬迁。余下这 18 户居民的老房子所在区块，地处新社区周边，属于社区的自留地，但到目前为止，社区和合作社还没有能力开发这块区域，因而，这些农户的老房子还仍旧保留，大部分房主把房子出租给一些商户，收取不菲的租金。同时这些户的新住宅也造好了，很多人已经装修好也用于出租。工大后期建设目前也还没有开始，居民也还没有搬迁，所以那些农户和这 18 户一样，同时拥有两套住房并可以出租。

### 2. 各方对撤村建居的评价

调查发现，有工作的人群中有83%的居民，无工作人群中有63%的居民总体上感觉撤村建居后的生活比以前好，总结起来说，原因主要有两个：第一，摆脱了从事农业的辛苦生活；第二，社区生活环境比以前农村有所改善。

> "现在的生活比以前好多了，以前我们家所有的活都是我一个人做，那真是太苦了。现在生活好了，再也不用起早摸黑去地里干活了。"一位居民向我们比较其前后生活，"而且现在社区的环境比以前好多了，你看到我们这里有花园、健身设备，马路每天都有人扫，环境很好，很干净，我觉得很满意"。

因为碧山村离杭州市区较远，四周都是山，不是一个理想的发展工业和商业的地方，大部分居民对自己原来生活的农村现在能转变成城市社区没有预期。一些村民说从来没有想到过这里会被开发建高教园区，会拆迁，而且还赶上了安置拆迁的好时间。以前有村民为了以后的上学和工作，花了几万元去给子女买居民户口，这种行为现在被一些居民解释为"亏大了"。在拆迁过程中，按照家庭有农业户口的人口数来分配安置房子面积，入股、分红情况。这可能是他们第一次觉得农业户口的优势。通过我们与一位72岁的女性居民交谈，得知其有两个儿子，小儿子是农业户口，大儿子在杭州某机械厂工作，是居民户口。她向我们描述了两个儿子目前的境况：

> 我原来的老房子是二层，归两个儿子平分。小儿子一家原来就是农民，拆迁后分到一中套的地基，有90平方米。我和大儿子两个人才分到75平方米。大儿子平时工资不高的，所以造房子的时候还欠了不少债，房子出租的钱都要拿来还债的。我觉得还是农民好，居民不好，农民每年都有钱分的，但居民就没有。我现在比我儿子好啊，每年可以拿到5000块集体分红的，儿子是居民户口，就什么都没有了。

由于身份不同带来的利益获得不同，改变了居民传统的对农业户口和居民户口的看法。农业户口对撤村建居家庭来说，虽然已成为过去时，但在以后相当长的一段时间内它都还意味着一些重要权利的来源，所以农民和市民的身份对居民的意义已成为一种难以评价的事情。

社区各组织对撤村建居的评价总体上是正面的。居委会的工作人员觉得这是好事，大大提高了居民的生活水平、改善了生活环境。居民现在有了新的经济来源，并且解决了自己的后顾之忧，有医疗、养老等各种保险，比以前的生活舒适多了。对于社区工作来说，现在的工作比以前的轻松，像土地纠纷、宅基地纠纷、邻里纠纷等这些过去农村主要的、让干部头疼的工作在数量上大大减少了。现在的社区集体土地几乎没有，宅基地都是规划好的，这些矛盾就几乎不存在了。但目前社区工作又面临新的任务，特别是流动人口带来的治安、计划生育、卫生环境管理、家庭婚姻等问题，都是传统农村社区管理工作所不曾遇到过的。如何借鉴城市社区管理的方法，结合传统的村委会管理经验，提高撤村建居社区的管理水平，是这一类型的新社区面临的新问题。社区经济合作社对于撤村建居从政策上持积极肯定的态度，但其对问题的认识也深刻一些。一般来说，撤村建居过程中，居委会和经济合作社往往是合而为一的。客观上来说这一现象的存在具有必要性。在撤村建居过程中，市政、环保、治安等政府职能部门的工作都会相应地延伸到新社区，但是由于政策实施的滞后性、实际操作中的偏差等原因，新社区的这些职能都暂时的由集体经济来承担。同时，经济合作社还面临自身发展的诸多瓶颈，如何能利用现有的土地资源、人力资源去招商引资，发展集体经济对于碧山这样的社区来说面临很多的限制因素。

政府对撤村建居的过程和效果还是比较满意的。留下镇政府作为碧山社区的上级政府，对于撤村建居的具体过程和实施方法都有一定的指导，例如，指定了有一定经验的社区党支部书记的人选，制定了相关的补偿拆迁办法和条例。在年度考核中，对于碧山社区的各项工作给予了积极的肯定，并对社区经济发展提供了一些有利条件。从系统工程的角度看，政府也对撤村建居过程中可能出现的问题进行了估计，例如，留下镇政府专门为居民提供各种培训并通过多重渠道解决居民就业问题。对于拆迁过程中出现较大的冲突事件，政府也积极的给予关心和帮助。

由于碧山社区地理位置较偏远，其周边环境比较单一，使得外界和老城市居民对其不太了解，所以很难有比较清晰的评价。访谈中，我们听到的一段话或许能够部分地反映老杭州市民对这群新市民的评价：

> 我们家和杭州的亲戚都不太来往的，杭州人一听我们是留下碧山新村的就会说我们是"包租婆"，在他们看来，我们这些人不过是靠卖地富起来的农民而已。

另外，从本地适婚男性找对象的案例中，我们也可以看到外界对这个群体的看法。据当地居民介绍，村子里的小伙子找杭州女孩子的不多，比较困难。杭州的女孩一般看不上这里的小伙子，总觉得这里还是农村，所以这里的小伙子找的老婆一般都是外地人。当然也有些家庭经济条件比较好的，小伙子本身工作也不错的，他们会要求对象最好是浙江人。此外，独生女儿家庭要求找上门女婿的也有几个，不过一般情况都是外省人比较多。

## 三　市民化过程中的问题

在工业化和城市化不断推动下，类似碧山社区这样新的社区会不断出现，这些社区和居民在身份、地位、社会权利以及生产生活方式等方面都处在向城市文明变迁的过程中，这一社会变迁也逐渐被政府、社会科学研究者们所关注。我们在对撤村建居点居民进行访谈的过程中，发现有以下这些问题值得我们思考和关注：

### 1. 就业问题

在撤村建居过程中，最突出的一个问题就是如何实现居民的职业转换。由于城市建设征地，农民在失去土地的同时，也失去了其就业的基础，农业作为一种职业的功能对这些居民来说已经不存在了。从农民到市民这一身份的转变首先意味着居民生产活动和收入来源已从以农业为主转到以非农产业为主。另外，撤村建居过程中也涉及居民的非农职业的转换问题。由于碧山社区的新组建没有涉及地域上的搬迁，居民还是生活在原来的地理环境下。因其所处地理位置偏离主城区，周边是新建的小和山高教园区，其社会环境较单一，周边商业不发达，使得居民的就业问题相对主城区的同类社区要突出。根据社区干部和群众的说法，有50%左右的居民没有就业。究其原因大概有以下几个方面：

第一，居民普遍存在年龄大、文化浅、技能低等弱势，导致其在就业市场上处于明显的劣势。有村民这样描述：

> 我们经历了"文革"，没有文化、没有技术，是被时代抛弃的一代人。以前还可以种地，但撤村建居后，除了房子，什么都没有了。以前有首歌曾经唱"阳光总在风雨后"，但对于我们而言，我们没有了土地，就没有了阳光，只有火葬场在等着我们。即使让我们去做办公室的工作，我们也都做不来。我去过装修得很好的办公室，里面有各种设备，我看了一下，除了电话，其他的像电脑、传真机等东西我都不会用。更不用说业务上的事情，我们从来都没有接触过，让我做我都做不了。

在调查中我们发现大部分未就业的居民都有过找工作的经验，也承认在就业市场中有较多的不需要什么文化、技能的工作，但在与庞大的外来务工人员队伍的竞争中，他们同样处于劣势。一位居民向我们描述了其去一家工厂应聘工作的经历：

> 招聘的人首先问我是哪里人，我说自己是碧山新村的，他看都不看，就说"我们人已经够了，不招了"。我当时也没有多想，打算走了，后来我看到另一个和我年纪差不多的人过来应聘同样的岗位，很顺利地通过了。我觉得很纳闷，就过去找他聊了聊，

才知道他是河南来的民工。唉，现在用人单位都喜欢用外地民工，他们能吃苦、要求比较低，只要有活干他们就满意了，也不挑剔做什么。而且很多单位觉得民工很好管理，比较听话。

第二，就业期望和工作现实的差异，使曾经就业的居民由于各种不适应，放弃就业。在访谈中，我们发现工大和其他的征地单位曾经为这些居民提供部分工作岗位，努力解决社区居民的就业问题，但是发现很多就业的居民主动或者被动放弃了工作。有一位 38 岁的男性居民一年前曾在工大的教学楼做管理员，他这样描述：

> 工作是很轻松，不用力气，也不需要做什么，就是给老师发发钥匙。但是上班时间太长了，有时候夜班从晚上 6 点到第二天早上 6 点，很无聊，很没劲，我实在受不了。而且学校管理很严格，上班不能迟到、不能早点回来；上班时间这个不能做、那个不能做；管的人老是叫你干这个干那个，心里很不舒服。
>
> 我希望找份像以前种地的时候那么自由的工作，不用动脑筋，靠蛮力就可以的。工作地点要就近，不然没有办法照顾家里，而且工作单位应该给我们缴纳三金之类的。

在他们看来，自己已经是居民了，就应该拥有一份比较体面的工作，至少工作的选择不能差于农民工，可是事实上，他们所能接触到的工作往往和农民工差不多，所以，他们在很多时候宁愿放弃就业。

第三，新经济方式对就业有一定的影响。撤村建居以后，居民收入来源主要由以下几个方面组成：房屋出租、集体分红、股票基金收入、工资收入等。其中房屋出租和集体分红是撤村建居地很多居民家庭非常重要甚至是主要的收入来源。这种新经济方式对居民的就业影响主要有两个方面：首先，相对满意的收入状况使得很多家庭不愿意再选择就业。其次，社区绝大部分居民的房租收入在 2000 元左右，与一些老市民的工资收入相比，部分居民觉得较满意，因而主观上不愿意去做比较低端的工作。加上集体每年不少的分红（各个居民小组的分红情况有差异，一般最少的居民一年能拿到5000元左右），居民觉得没有太大必要去外边工作。有一位35岁左右的男性居民这样描述：

> 现在工作那么难找，即使出去工作也就赚那么点钱，没有什么意思。穷嘛穷点，能过得下去就好了，想那么多干吗呢。我每天就这样逛逛、玩玩也很开心的。

而从客观上来说，管理出租房的需要也使得一部分居民不能外出找工作。出租房屋已成为撤村建居家庭最主要的经济生活方式，这种方式对家庭成员的就业有一定的限制。尤其是家庭结构设计不太合理的，例如，没有公共楼梯、没有单独卫生间的房屋，用于出租就需要家庭成员必须有专人去做安全、卫生维护等日常工作。一位中年女性向我们解释了她未就业的原因：

> 我不可能出去工作啊。你看我家里的事情那么多，每天需要打扫卫生、看牢租房子的人。你知道现在的人都很难弄的，大学生要好一些，像那些租在这里的打工的人，你不看牢的话，不知道会把你房间弄成什么样子。像我家出租的房子，都是单间，不能做饭。但很多人租在外边，总想自己烧点东西吃吃。我不允许的，如果每家都做饭的话，房子就一塌糊涂了。四楼有几个小夫妻总是偷偷地用电炉烧饭，用"热的快"烧水，我经常要去提醒他们的，不然也很不安全。

第四，在解决农转居的居民就业问题上，政府、社会，征地单位等部门相关政策措施的有限性也是原因之一。调查结果显示，已经就业的居民中73.5%的人靠自己找到工作，只有7.4%的人通过政府帮助解决就业，另外有6.1%的人通过社区安排工作。访谈中有一位居民比较激动地表达了他对就业问题的看法：

　　我们这里有很多人没有工作，这是政府和征地单位的责任。为什么这么说呢？我们这些人原来都是农民，种种地，穷一点嘛也没事，至少有点事情做。现在政府说要盖学校，办教育，这确实都是好事，但是你一定要解决好我们的问题，不能给一次性我们20万块钱就不管我们了。我觉得像工大这些征地单位应该无条件地安排我们的就业问题。大学是营利机构，每年招那么多学生，赚的钱肯定不少。它就应该给所有拆迁的农民提供稳定舒适的工作机会。

至于政府的相关措施，例如提供免费的就业培训，调查发现其效果不够理想。在回答"你怎么看待政府部门组织的就业培训"问题时，58.4%的居民表示不太清楚，11.7%的人直接说没有用。一位居民曾经去参加留下镇政府组织的就业培训，他说：

　　政府的培训基本上是关于保姆、厨师之类的内容，我们根本没有兴趣，因为不会去做这样的工作。现在很多用人单位要求的高中文化程度、计算机等这些条件，短时间的培训又不能达到。

另外少部分居民认为培训费用过高，这是他们放弃培训机会的主要原因。在访谈中，我们感受到政府组织的培训，在内容、方式、组织、管理等方面和居民的要求有一定的差距。如何提高培训的有效性这是政府在解决居民就业中需要注意的一个问题。也有一部分未就业的居民对于培训兴趣不大，他们更希望用人单位降低就业门槛，提高工资、福利待遇。还有20.3%的居民认为最适合自己的工作就是个体经营，做点小生意。

　　此外，也有部分村民把未能就业的原因归结为社会环境的因素。随着中国经济发展方式和增长方式的转变，就业市场对生产者的要求日益增高，客观上使得撤村建居社区的居民就业问题特别突出。另外，人口发展和经济发展之间的不均衡性以及国际劳动市场的冲击，使得市场能提供的就业机会和需要就业人口相比，出现了就业岗位相对供给不足的情况。另外，杭州地处中国东部沿海，受到外来劳动力冲击力度较大，这就使得本地劳动力的就业问题受到很大影响。一居民说：

> 现在就业很难的，你看报纸上经常说某某大学毕业的学生找不到工作，北大毕业的学生在市场卖肉。你说他们都找不到工作，更何况我们呢？加上那么多民工喜欢到杭州来找工作，我们的机会就更少了。

从上述案例中，我们看到居民某些理想化的就业需求对政府和社会组织提出了挑战，如何能提供更有效的就业培训，建立有效的就业机制，这是农民在市民化过程中要解决的突出问题之一。

2. 利益分配不公问题

由于碧山社区居民家庭土地被征用的过程先后顺序和征地单位的不同，导致居民小组之间的利益获得差别比较大。访谈中我们大致了解到居民感觉不公平的几种情况：

首先，部分居民的土地在 2002 年的时候就被市政府征用，用于留和路的建设，当时征地补偿标准比较低，每亩土地是 17 万元左右。2004 年以后，政府出台了新的征地补偿标准，每亩土地价格涨到 30 多万元。经济市场变化以及政府政策的变迁，使得早期拆迁的居民感觉到不公平。一居民谈到社区目前存在的问题的时候，他说：

> 我觉得社区没有什么问题，就是在征地补偿方面确实很不公平。刚开始撤村建居的时候，土地补偿标准很低，只有 18 万元。但现在那边还没有拆迁的老房子，他们的补偿可以到 30 多万元，这短短几年相差太大了。而且现在物价上涨这么快，我们的补偿款又全部到新房子建造中去了，你说以后我们怎么办呢？

其次，四组居民的原宅基地被规划用于现社区的建设，因此其土地征用单位是社区，加上土地征用用途不一样，四组居民原宅基地拆迁的补偿标准低于市政府的标准，只有 4 万元一亩，村民对此意见很大。一位居民很激动地向我们诉说他的不满：

> 我们四组是最吃亏的，这块地原来就是我们的，他们让我们把老房子拆掉，把地方让出来建新社区。其他人都是后来从其他地方搬到这里的，他们以前都住在现在工大校园那边的。当时我们让出我们的宅基地几乎是没有补偿的，但其他组的人呢，都是带着大笔的补偿款在这里造房子，你说我们吃亏不吃亏？

再次，每户居民的新宅基地位置的分配按照居民小组抓阄，第四组大部分居民刚好抽到社区的东南角落。其地理位置远离社区中心马路，较偏僻，房屋出租受到一定程度的影响。另外，社区卫生清洁工作主要围绕社区中心道路，偏僻的位置基本由居民自己打扫。第一、第四组居民向我们说道：

> 因为我们家的位置太偏了，楼上还有房间没有租出去，租房子的人都喜欢租方便一点的地方的。你看我们家外边就是小区的围墙，很不安全，小偷进出很方便。社区经常向我们收取治安费、卫生费的，一年要 1000 多块呢，但搞卫生的人都只是把社区中心地带搞好了就好了，其他地方他不来管你的，我们都是自己把自己家门口扫干净，邻居们也都是自己扫扫的。社区都是收钱积极，工作嘛都是随随便便的。像合作社，没见领导赚钱，只是花钱。

另外，第一组和第四组居民的大部分房子是第一批统一规划建造的，其内部结构布局没有考虑到用于出租之用，例如，房间没有独立卫生间，家里只有一个楼梯等，这都影响了房间的出租率和出租价格。相比而言第二组和第三组大部分居民的房子是后面两年陆续建造的，不仅地理位置好，其房屋建筑设计弥补第一批房子的结构缺陷，如每个房间都带独立卫生间等，致使其房屋的出租率和租金都比较高，这就更加剧了居民小组之间的不公平感。

> "我们前面造的房子结构都不太好的，你看我们家，只有一
> 个楼梯上下，那么楼上的房子出租给别人就很不方便了。我们家
> 每天都必须有人在家的，不然就没有办法出租，租出去了自己也
> 很不方便。后面造的人就好了，他们都有前后两楼梯，独立卫生
> 间，租金就比我们的高，我们是整个碧山社区中各方面最差的。"
> 一个在家料理家务的中年女性很不满意的说道。

最后，外地嫁过来的女性和上门女婿不能和本地居民一样享受同
等的经济政策，这使得部分家庭感觉不太公平。作为城市化过程中兴
起的碧山社区在婚姻市场中也出现了一些新情况，通婚半径不断扩
大，越来越多的外来人口嫁到社区中来，但是这部分人却不能享受和
本地居民一样的土地补偿政策，集体经济分红。一位娶了外地打工妹
的男性居民对我们说：

> 我是 2002 年结婚的，老婆是江西人。当时我们村刚好要拆
> 迁，我就想把老婆的户口赶紧迁过来，那么房子的面积就可以大
> 一点。但是镇里不同意，把她的户口冻结起来，所以补偿没有她
> 的份，每年股份合作社的分红她也没有份。

3. 经济合作社、居民自治组织以及政府行政管理权限划分不清

2004 年 4 月碧山社区正式成立，由于各方面的条件复杂，第一届
社区干部都是镇政府任命的。现任党支部书记，撤村建居之前就是村
党支部书记，在任职过程中因为某种原因被撤职了，但 2004 年社区
刚成立，镇里为了更好地管理社区工作又重新任命他为社区党支部书
记，兼任股份经济合作社的董事长。其他社区委员会的组成人员基本
上都是上级任命，或者主要领导点名任用的。对于社区居民委员所扮
演的角色，其功能表现，居民的评价大致有以下两种：第一种认为居
民委员会代表居民利益，真正的给村民办了很多实事；第二种认为居

民委员会只是政府的一条腿，社区干部只是帮政府在做事情，具体主要表现为：很多人抱怨社区干部只拿钱不干实事，只是发发文件，传达上级精神；一些主要领导干部把自己的亲属或与自己关系好的人安排在社区工作，致使社区工作人员庞杂；村民因拆迁补偿标准、就业安排等问题不满意，集体联合起来的行动中，例如，与工大的冲突、上访等事件中社区干部的不作为，或帮政府说话。6 月份社区居委会要进行换届选举，居民对此反应比较冷淡，对于选举并不抱多大希望。一位 30 多岁的女性对我们说：

　　　　社区干部基本上都是上级任命的，当然名义上说是选举的，其实还不是政府说了算。即使是选举，我们这里的人都是很老实的，一般的社区干部都和大家比较熟悉了，只要你没有太大的问题，大家还是会选那几个人，其实选来选去也就这样，没有太大变化的。

　　社区干部对居委会工作和功能的认识怎样呢？我们分别访谈了社区居委会副主任和社区党支部书记。居委会副主任认为自己的工作职责主要是完成镇政府的一些要求，协调好村民之间的关系。

　　　　我们的主要工作是传达镇里的相关文件，配合镇里的工作。我们前段时间一直比较忙，配合政府完成地名统计工作，现在终于弄好了。至于社区工作，都是比较常规的，像居民纠纷之类的。撤村建居以后居民之间的矛盾比以前要少很多，以前农村的事情很多，像土地纠纷、邻里纠纷很复杂。现在房子都是规划好的、土地也没有了，居民之间的关系就比以前简单了，所以社区的工作重心主要完成上级的任务。像计划生育，镇里实行一票否决制，社区居民的生育情况比较好掌握，所以工作难度相对而言要小的。居民房子出租越来越多，意味着流动人口也增多，这对于社区的工作是个挑战。去年，一个居民在社区的后山上就曾经发现过弃婴的尸体，这肯定是没有结婚的打工妹干的事情。为此，社区领导班子讨论制定了《留下镇碧山社区计划生育自治章程》，要求房屋出租户、居民组长、妇女主任等人员及时监督租户的生育情况。

党支部书记兼任经济合作社的董事长认为自己最重要的工作就是：第一，大力发展集体经济，做好招商引资的工作；第二，管理社区内部各项工作；第三，做好政府相关政策的学习宣传工作。同时，他提到目前政府职能和社区职能的权限划分模糊，给社区工作带来很大的压力，特别是在社区公共物品供给方面。他提到几个案例：

> 比如为了配合杭州市背街小巷工程建设的需要，从留和路到社区的主干道，也就是社区东边的道理要整修，修路的二十几万元费用虽然由政府出资的，但是路修好了之后的绿化、路灯等这些配套设施都需要社区自己承担；自来水公司虽然给居民装了一户一表，但收费还是留下的一个私人企业来收；社区中的路灯、垃圾处理等事项，本应该由专门的市政、环卫部门来管理，但现在都是社区自己在付电费、请人打扫街道、处理垃圾。上级政府给社区的拨款十分有限，只能支付工作人员的工资费用。经济合作社承担着城市社区管理的很多任务，这对于合作社来说无疑是巨大的压力。

像这些案例，在撤村建居的过程中并不少见，对于哪些公共基础设施应该由市政府解决，哪些由镇政府负责，哪些由自治组织自行负责，这方面的职能区分是相关政府政策中未解决的问题。目前，类似社区的经济合作社承担了大量本应由政府部门承担的公共服务职能，这也成为社区发展中的一个难以解决的问题。按照政企分开的相关要求和文件，经济合作社和自治组织之间的职权应该有个清晰的划分，但现实发展中，经济合作社对于社区发展有着不可或缺的作用，因而政企分开对于撤村建居的社区来说目前很难实行。

另外经济合作社在已经出了资金修建了这些设施的情况下，政企分开以后，政府会不会出资收购或出资改造这些设施等，都是社区转型期中遇到的问题。

4. 认同问题

认同是指农民对市民的新身份，对新社区、新生活方式是否认同，这是社区建设过程中不可忽视的一个问题。对"你觉得自己是一个合格的城市居民吗？"这个问题的回答中，45%的人认为自己"基本上是"，45%的人认为自己"肯定是"，只有2%的居民认为自己"还不算是"。从这一统计数据中，我们可以看出居民对自己的市民身份还是非常认同的。但同时我们也要注意影响居民认同的一些因素和机制。

首先，不同年龄群体的人对新社区和新生活方式的认同度是不一样的。20—50周岁的居民普遍感觉生活压力比以前更大，一位25岁的年轻女性说：

> 以前村子里的人都种田、种茶叶、生活也不错的，现在生活虽然方便了不少，但什么都要钱买，像水、电、米、菜等。我们家的房租收入这点钱也刚好够这些开支，所以从生活的角度来说，没有以前自在。我觉得这种生活对我爸妈、奶奶这些人来说蛮好的，他们这辈子的生活也就这样了。现在能干活就干点，平时就在社区里面玩玩，不用考虑那么多。对于我这一代人可不一样了，压力很大的，土地的补偿一下子就用完了，很多人还负债累累，以后怎么办，这是一个很大的问题。

"农转居"以后，这些生活资料来源全部转移到市场，新居民对完全的市场交易还没有真正的认同。一系列的挖井、公共绿化带种菜等事件充分体现了农转居的困境。笔者在网络上看到过关于此事的报道，故问了社区党委书记此事，他说：

> 你提到的打井事件，更是反映了我们的居民思想观念。刚建社区的时候，由于地势比较高，自来水不能及时供应到居民家

里，所以一些村民开始在自家门前挖井，以解决用水困难的问题。另一些村民认为自来水价格太贵，要接近两块钱一吨，如果房子出租的话，用水量就会很大，如果自己家挖口井，那一年就可以省下不少的水费。当时基本上有200多户村民都在自家门口挖井，每天都可以听到挖井的机器的声音。其中一小部分村民认为这样的行为不妥，反映到媒体。后来我们社区就开始做村民的思想工作，帮助他们算各种经济账，比较挖井成本和用自来水的费用，并告知他们出租房子后的水费应由租户承担等，最后，我们社区出资300块，所谓的"封井费"，让居民把井给封了，所以你现在基本上看不到这些井，这个事件也就这样解决了。现在我们居民家里都装了两路水，一路水是用于冲洗厕所，一路水是用于吃喝，这样子一年也能省下不少水费。卫生问题也是这样，有些居民习惯性的乱扔垃圾，现在都建起垃圾箱，居民习惯也慢慢在改变。但也有问题，比方说垃圾箱放在哪里，每户人家都不愿意垃圾箱在自己门口。你也看到了我们社区很多人在留用的公共绿化土地种菜，这些都是我们现在遇到的问题。

对于什么是城市居民的生活，怎样才算是居民生活，不同年龄群体的人理解也是不一样的。社区成立之后，参照的是城市社区管理的模式和经验来操作，社区管理部门希望居民能按照城市老居民的模式来生活。但对于什么是居民的生活方式，新居民们有着不同的理解。中年人群认为"市民"应该有稳定的工作，生活很体面、不用整天担心很多问题，没有后顾之忧。年青一代认为市民的生活方式就是白天上班，休息的时候和朋友看看电影、喝喝咖啡等。老年人认为现在的生活就是市民生活，不用下地干活，不用辛苦的劳动。一些老人很少去杭州市区，所以在访谈中经常会听到爷爷奶奶和孙子说"考试考得好，就带你去杭州"，"周末让爸爸妈妈带你去杭州吃肯德基"之类的话。

从年龄分化导致的认同分化可以看到，撤村建居过程中的市民化问题需要有相当长的时间成本和人力投资，由农民到市民的转变至少需要一代甚至两代人的周期才能够真正的实现。这提醒我们要充分注意到城市化和市民化的不同步性问题。

其次，不同教育水平的人对于社区的认同度、认同内容具有较大的差异。其中大部分的未就业的居民只有初中以下教育水平，他们的生活网络主要以村子（现在是社区）为中心，社会交往是以血缘和地缘关系为基础，主要交往人群为邻居、亲戚（亲戚也大部分以本社区为主）。撤村建居以后这些网络关系并没有改变，因此他们对社区的认同感并没有因为行政建制而削弱。受过大专以上教育，在市区有稳定工作的这些居民对社区的认同感要低一些。有些人不愿意告诉同事自己是哪里社区的人，不愿意听到别人称呼自己为"包租婆"。

再次，受教育程度不高的居民认为新社区这种集中居住的方式比以前好，邻里之间要聊天、打牌等很方便，比以前热闹。另外，新社区的规划较好、配套设施也比较齐全、邻里纠纷也比以前少了很多。受教育程度高的居民认为新社区不如以前农村好，以前农村的空气、治安比现在好得多。他们认为外来人口租住在社区里面，带来了很多问题：卫生、治安、道德等方面。一位在杭州市政府工作的居民向我们描述了社区后山上发现弃婴的事件：

> 这件事情实在让人无法接受，这肯定是那种打工妹干的，一般人都不可能这么做。现在这里外地人很多，平时打架、偷盗行为也比较多，所以环境很不好。我只是周末来我爸妈这边住住，平时都不住在这里。我们家房子都不出租，租给别人会有很多麻烦事情的，还是不要在乎那点钱。

最后，社区地位不同的人群对于社区的认同也不一样。撤村建居以前村民之间在经济、政治、社会地位等方面的不同，以及基于这些差别之上的社区分化被平移到新社区的结构中。加之社区建设过程中存在的时间差、地段差、利益分配差等原因，原先的这些社区差异反而有加大的趋势。

社区政治地位较高的人主要包括社区干部、居民小组长、党员等。这类人觉得撤村建居后，居民生活的各个方面都要比以前好得多，各方面的支持也多了不少，市政、环保、治安等各职能部门的工作延伸到社区范围。但集体经济压力比较大，社区发展的空间受到限制，社区发展面临一系列的新问题。经济地位较高的居民对新身份、新社区没有太多的感受，大部分人觉得无所谓，这种转变对自己没有太大影响。相比较而言，经济状况较差，处于社区底层的居民对新居民和新社区的认同感很强烈。这类人觉得新居民身份带来的社会保障制度对自己很好，医疗保险、养老保险、集体分红都是以前想都不敢想的。他们觉得自己作为市民的感觉很好。一位仪表厂退休的女性居民，59岁，2002年与丈夫离异、有一智障儿子和智障媳妇，并生有一女，现8岁。在向我们描述其不幸的婚姻生活之后说道：

> 现在的生活比以前好多了，我真的很感谢政府，没有共产党也没有今天的我。现在社区干部对我们家很照顾，安排我儿子、媳妇在村里打扫卫生，儿子一月有600块钱，媳妇一月有500块钱，两个人这样子做做也还不错。我唯一的希望就是孙女能健康成长，好好读书，考上大学。现在租在我这里的几个大学生都不错的，有一对大学刚毕业的男女朋友，经常辅导我孙女的，每天教她做作业。我很喜欢他们，很感激他们，其他的我做不到，就给他们房租便宜点，经常给他们一些我自己种的蔬菜，看到脏衣服帮他们洗洗。

## 四 社区进一步发展问题

从理论上来说，社区发展是指居民、政府和有关的社会组织整合社区资源、发展和解决社区问题，改善社区环境、提高社区生活质量的过程，是塑造居民社区归属感和共同体意识，加强社区参与、培育互助与自治精神的过程，是增强社区成员凝聚力、确立新型和谐人际关系的过程，也是推动社会全面进步的过程[①]。现实中，我们可以看到碧山社区本身的发展路径决定了其在以后的发展中会遇到与传统城

---

① 徐永祥：《社区发展论》，华东理工大学出版社2000年版，第6页。

市社区不同的一些问题。

首先，在对自己的未来打算和社区参与问题上，绝大部分未就业的居民都认为对自己未来的打算就是找一份好工作，但对于什么是"好工作"，很多人说不清楚。有些人说工资高就是好工作；有人说稳定的工作就是好工作；有人认为离家近、有"三金"就是好工作。对于参与社区组织的工作，居民都没有太大的兴趣，觉得只要顾好自己家里的事情就可以了。对于社区干部的行为和工作，基本上不知道也不关心。

其次，在市民的生活方式和行为方式追求上，农民市民化在生活方式与行为方式上的适应至少要在以下几个方面实现转变：一是从过去散漫性和无序性生活转变为有节奏性和条理性的生活方式；二是从农业生产的季节观念转变为严格的工作时间观念；三是从以血缘、地缘为主的人际交往转变为以业缘为主的人际交往；四是从面对面的直接交往为主转变为间接的通信传媒信息沟通为主；五是逐渐从农业生产的固定性转变为职业角色的易变性。从这几个方面，我们可以看到农民市民化过程将是一个漫长的过程，既需要外界对这个群体提供合适的帮助，更需要群体自身的一个努力。

再次，作为一个新都市村社共同体①，其发展模式会成为影响其社区发展的一个重要问题。社区经济的发展主要依赖于房屋出租这一经济方式对于社区未来的发展可能是一个劣势。同时目前居委会和经济合作社的合二为一的运作模式对于社区经济的发展来说也是一个制约因素，如何能实现政府所要求的政企分开的发展，这对于政府、居民自治组织、合作社各方来说是一个利益博弈和均衡的结果。

最后，防止社区分化，整合各种社区资源促进社区和谐发展是转型期社区的一个重要课题。撤村建居的过程，客观上缩小了原社区中的不同群体之间的经济差距，但是新社区建立以后，新的社区分化会不会形成？其促进的因素和动力机制是什么？如何消除这种分化？这些都是社区未来发展中可能遇到的一些问题。

---

① 蓝宇蕴：《都市里的村庄：一个"新村社共同体的实地研究"》，三联书店 2005年版。

# 附2 撤村建居社区调研报告（二）
## ——西湖区嘉良社区调查

不论撤村建居客观上多大程度地推动了城市化发展，缓解了"三农"问题的重荷，但是，一个不容忽视的事实是，它所带来的问题要远远超过政府官员和专家学者们的估计。我们认为，撤村建居过程中出现的许多问题远不能简单地归咎于某个环节出差错或某个地方政府不得力，相反，它是城郊农民市民化途径——"撤村建居"错误选择所致，因此，很多个案中的问题都带有一定的普遍性。①

本调研的对象是属于杭州市改造规划中的 A 类"城中村"，其地理位置较上篇调研报告中的碧山社区有很大的差异，但是，结果表明，两者所面临的问题却是大同小异，很显然，撤村建居中的很多问题并非个别现象。①

## 一 社区概况

嘉良社区地处杭州城西，② 辖区面积 0.73 平方公里，总户数 456户，总人口 1982 人，暂住人口 8000 余人，其中老年人 321 人，占总

---

① 本报告是对杭州市嘉良村的一个实地调研报告，因涉及撤村建居前后变化，报告中用到村民与居民时很难严格区别开去，所以这两个名词使用上有时候存在互换，都是指同一主体即嘉良村的村民或嘉良社区的居民。

② 嘉良村属于杭州市的"城中村"，20 世纪 80 年代以来，在杭州市规划建设范围以内，嘉良村仍然保留和实行农村集体所有制，农村经营体制的农村聚居点。在杭州市"城中村"改造规划中属于 A 类"城中村"。A 类情况是指这些社区虽然仍保留和实行农村集体所有制，但由于城市的发展已征用他们原先生存基础的土地，他们已没有土地从事第一产业。嘉良村与城市建设用地相互交错，处于城市建设用地包围之中。总体看居住于其中原住户，大部分人被城市生活逐渐同化，贴近于城市居民的生活方式，特别是年青一代，大多数已接受良好的教育，易于接受城市文明，已被明显"城市化"。

人口的 17%。社区成立于 2002 年 6 月，是一个由典型的城郊结合部全面融入城市化，传统的自然村转变为城市区域的年轻社区。一方面是农民丧失了传统的赖以生存的土地；另一方面是补偿和留用地等资源转移到了村集体的手中。村民的收入不再来自土地，而是村集体的分配。大笔资金集中在村集体手中。村里的企业 20 世纪 80 年代很少，集体经济的收入在 10 万元左右，近年来，随着城市的发展，特别是 1993 年成立的股份经济合作社的发展，现在每年的村集体收入可用资金就有 3000 多万元。集体收入丰厚了，养老、医疗等社会保障通过村一级都得到了很好的保障。从 2002 年起，股份合作社为全部失地农民缴纳了养老保险和医疗保险，村里就坚持实行有自己特色的各种养老保障制度，对 50 岁以上的女性、60 岁以上的男性，每个月发放 300 元的补贴。此外，每隔 3 年，60 岁以上女性、65 岁以上男性有一次出游机会，仅这一项，全社一年的支出就达到 500 多万元。

嘉良村内建筑景观一律是 3.5 层的自建住房，面积是 340 平方米，临街住房全部用于商业经营，村民住房的一楼也多被外来人租用开小的店铺，仍然住在村里的村民人家基本上都住在三楼，其余的面积都用来出租给外来人口居住。嘉良村原有的人口仍有部分居住在村里，大量外来务工人员在此租房，居住人口较为混杂。建筑布局有规划，建筑形式统一。基础市政设施较好。嘉良村居民的经济收入主要是工作收入、出租房屋的租金及集体企业土地升值的分红。工作收入根据能力、机会和心态的不同差距很大；房屋出租家户户都搞，收入比较均衡，因为每家房屋出租的面积基本相同，房屋出租收入一年每家至少 5 万元以上；集体经济的分红，根据每家持有的股份，2006年年终分红的时候，差不多每户人家都有 1.7 万元的红利。

## 二　撤村建居情况

### 1. 嘉良村撤村建居的起因

查看杭州市 20 世纪 80 年代的地图发现，当时的杭州城西的界线是学文路（今天的教工路），城北界线是余杭塘河，今天的城西文教区当时都是郊区农村。今天杭州市已经有了大城西的观念，综观嘉良村的变化，可以认为嘉良村撤村建居的起因是杭州市城市发展空间不断拓展，在市委市政府统一领导安排部署下不断被动地接受的结果，是市政府的行政命令在嘉良村改制中的落实。用正式文件的语言解释杭州嘉良村撤村建居，是为了理顺城郊结合地区的管理体制，有效盘活了城市土地资源，拓展了城市发展空间，促进了集体经济的健康发展，加快了城市化进程。但由于城市核心区近郊还有相当部分乡（镇）、村保留着原来的体制，农居混杂，卫生状况和环境面貌较差，社会治安问题较多。已实施撤村建居的地方仍有一些住宅建设沿袭原来的农村标准，布局杂乱，给城市规划、建设和管理带来一定的难度。因此，进一步扩大撤村建居改革试点范围，并在撤村建居地区统一推行多层公寓建设，既是对改革试点工作的深化，也是"建经济强市，创文化名城"，率先基本实现现代化的迫切要求。"构筑大都市，建设新天堂"，加快城市化进程，不断提升城市品位和综合竞争力，改善提高人民生活水平和环境质量的高度，是做好撤村建居工作的意义所在。

2. 嘉良村撤村建居的过程

嘉良村撤村建居的过程要从 20 世纪 80 年代开始说起，随着杭州市市区疆域的西扩，嘉良村原有的农村自然风貌与生活方式都在不断地发生变化，以前以湿地为主的农村逐渐被城市的宽阔马路与高楼所取代；分散的农村居住逐渐让位于集中的居民点方式；原有的农村户口变为城镇户口。20 世纪 80 年代，针对全球迅速城市化和我国改革开放推动的经济发展需要，为适应浙江经济与省会规模的扩大，从 20 世纪 80 年代开始，杭州市城区拓展的重点就是城西。随着翠苑新村的新建，嘉良村的原有村域范围开始缩小，土地不断被杭州市城市扩展所蚕食。与此同时，村民的生活方式也开始发生变化，首先是部分土地被征用的村民，通过"农转非"获得了城镇户口，并且每户都可以有招工招干进入国有或集体单位工作的机会，接着定点建房开始出现。到 1998—1999 年的时候，嘉良村土地被大规模征用，嘉良村开始大规模兴建嘉良南村、北村的定居点。到 2001 年全村共有 456 户，人口总计 1982 人，嘉良村的村民户口完全变成城镇户口。杭州市委、市政府在1998—2001年发布了一系列文件，加快对"城中村"的改造，把总体规划范围内的村镇逐步改为区、街体制，特别是市委〔2001〕29号文件《中共杭州市委　杭州市人民政府关于扩大撤村（乡镇）建居（街）改革试点推行农转居多层公寓建设的意见》出台后，嘉良村2002年开始撤村建居，由自然村向城市社区转型。据访谈结果看，这种变化只是体现在干部头衔发生细微变化而已，嘉良社区的老人和多数40岁以上的人，觉得没有多少改变，仍然习惯称呼自己的领导为村干部或大队长，原来的村干部在撤村建居前后也多认为虽然名称变了，但是对于同城政策待遇仍然不同，存在歧视现象。

3. 各方对撤村建居的态度

现在政府对于撤村建居的大政策是坚定的，在具体的落实上也是有步骤、分阶段地进行。在嘉良村的改造中，杭州市政府根据省委、省政府关于《浙江省城市化发展纲要》和市委、市政府《关于加快杭州城市化发展的若干意见》（市委〔1999〕10号）精神，按照"统一规划、突出重点、因地制宜、依法办事、确保稳定"的原则，在城市核心区近郊开展扩大撤村建居改革试点和推行多层公寓建设工作，为推进杭州新一轮发展创造必要的条件。嘉良村就是列入杭州市第二批撤村建居改革试点的村名单。

市民（老市民）对杭州市推进撤村建居工作并不是很关心，只是一些原来在工厂企业上班的老市民，因为工厂转制企业减员下岗后缺乏应有的生活保障，面对原来郊区的农民一下子有了这么多的钱，这么多的经济来源，这么好的生活保障是持羡慕的心态。

原村两委的态度具有明显的二重性，作为村民一员高度关心的是撤村建居的政策性安置补偿问题，希望能多给一些好处，嘉良村的书记就认为本村为杭州市的发展做了巨大的贡献，而根据现行的撤村建居的补偿政策，嘉良村自有的集体土地只有14亩，实在是太少，无法适应扩大集体经济的需求。但作为社区干部又面临要接受上面的工作指导，协调政府与村民/社区居民的关系，落实有关政策工作，所以他们又希望下面的工作能多一些服从，少一些要价。

村民/社区居民对撤村建居工作持抵触的态度，但是政府一旦要落实政策推行这项工作时，他们又显得很无奈，必须要配合，所以在访谈中，嘉良村的一位受访者就说："老百姓没有权力，搞不过政府，只希望政府多讲道理把老百姓的生活安置好"。

### 三  撤村建居过程中的问题或困难

嘉良村转制前是典型的近郊农村，撤村建居在很大程度上具有一定的优势条件，但是我们调研中发现，其中的问题也大量存在，并且具有一定的普遍意义：

1. 劳动力就业问题

嘉良村在土地被征用后，一些人确实难以适应城市就业的要求。据现在社区干部反映，嘉良村目前年龄在 30—50 岁的人口中有 300多人尚未就业，在撤村建居后，村民特别是尚未就业的村民面临着与城市或外来劳动力竞争上岗的局面，一般工作他们不屑去做，而好的工作又无竞争实力，村民普遍有危机感，感到压力颇大。村集体经济组织安排了一些如保安等工作，但无法吸收这么多的劳动力，社区的干部希望政府能够多考虑撤村建居后的人员就业问题。

2. 公共物品供给问题

嘉良村作为 A 类的城中村，相对于其他等级的城中村来说公共物品的供给是比较好的了，嘉良村附近的道路、水电管网都很配套。但是，村内的治安保卫、垃圾处理、绿化问题、电费征收等方面仍有别于城市社区。嘉良村目前的治安是由本村成立的 30 多人的治安警卫队负责，垃圾的处理也没有真正城市社区卫生，最具歧视性的是城市社区很早就可以安装峰谷电表了，而嘉良村很长时间却不能安装，2006 年才可以安装分时电表。所以，现任社区书记沈新华认为，政府在推进撤村建居中政策具有歧视性，应该给予村与社区同城同待遇的政策。按市政府的有关政策，试点村在撤村建居后，村民应该享受市区居民同等待遇，如供水、供电、就学、基础设施管理等，但在撤村建居、居委会挂牌后，许多村民觉得没有享受到政府承诺的待遇。

3. 居民认同感问题

嘉良村村民对市民、杭州市城市生活的看法是比较复杂的，经济条件比较好的村民以一种平等的观念来看待市民与城市生活，有代表性的观点是认为自己就是城市人，而且比一般普通的市民生活还好；还有一种观点认为自己就是农村人，对市民和城市生活是向往的，尽管现在有了市民的身份，但因为自己的文化程度较低，或者是没有体面固定的职业，还不能真正承担市民角色。还有一种观点表示不在意市民与城市生活的差别，自己没有感觉。前两种心态还是反映出原来的农村在撤村建居后对于市民、城市生活的隔阂；后一种倒是对市民、杭州市城市生活的看法比较平和，表明趋于融入城市生活。

嘉良村村民对今后的生活总体上没有太多的担心，据访谈得出60岁以上的村民，因为对比以前的生活可以说是天翻地覆，非常满意自己的生活，就是怕政府再让他们搬迁；50—60岁的人，也基本上有自己的工作，生活与工作都还算满意，他们现在最担心改变现状；30—50岁的村民分为两部分，一部分有自己的事业，整天忙碌，希望多挣些钞票，对村与居的概念不强烈，有时候会觉得自己是农民，而市民身份又没有给他强烈的变化。另一部分是一些没有找到自己适合工作的少部分人，他们对生活是有抱怨的，但是往往又不积极努力挣钱，出现高不成、低不就现象；20—30岁的人比较认同自己是城市市民，有的在读书，有的在忙工作，问及今后生活、工作打算时都说希望越来越好。20岁以下的人已经是完全的城市人，问及他们是否是村民，他们没有村民的概念了。现在嘉良村的人对下一代的看法是希望他们努力读书，下一代没有了田地的依靠，只有好好读书；20岁以下的这一代所受教育与城里人没有区别，甚至优于一般城市家庭。①

其实，在周围市民眼里，这些新的居民只是形式上的市民罢了。

① 嘉良村对下一代教育的重视，缘于有村集体经济的强大支持，嘉良社区一直有奖励学子的传统。1994年就拟定了学生升学奖励制度，对考上重点大学的，每人奖励1.2万元；分数达到重点本科线的，每人奖励1万元；达到普通本科线的，每人奖励8000元；考入大专院校的，每人奖励4000元。另外，凡是当年取得高中毕业证的，凭证到居委会领取1000元奖学金。而且还继续保留其股份，并为之缴纳养老保险金。截至去年，社区仅奖学金一项就已拿出68万元，为82名学子授了奖。

例如，很多财经学院的老师认为村民还是村民，从文化素质与谈吐行为上无法与市民相提并论。而翠苑新村的一些老住户觉得嘉良村的人还是农民，但是很富有。

4. 安置与补偿问题

20 世纪 80 年代初期开始，政府征地一般采用给予农转非户口和安置劳动力进单位的做法，据村干部介绍，当时因为城镇户口的巨大优势吸引，村民对这种安置持欢迎的态度。到 90 年代中后期，政府征地实行货币安置，而且安置费到位很迟，这种安置有 100 多人，只是很少一部分，尽管当时的安置费是很低但村民当时还是可以接受的，但是，对比近年来的杭州城市扩展征地的安置补偿，当时接受的家庭，现在感觉吃亏，很不平衡。

作为 A 类改造区段，随着杭州市的发展需要，嘉良村又面临再次搬迁。嘉良村的居民对政府的这一规划，意见很多。2002 年全村撤村建居之后每家建造的房屋都花了近 40 万元的积蓄，建起的三层楼的小洋房，出租收入很稳定、可观。可是，据村民说，他们虽说是转制为社区了，但在房屋问题上并没有居民的待遇，他们的房屋是没有完全产权的，所以虽然有房屋的实体却没有老市民拥有的同等房屋价值，无法在市场交易。他们已经习惯于目前的居住与生活方式，对政府新的安置做法是否会降低目前的收入仍存在怀疑，嘉良的老人就说自己不愿意走，俗话说"金窝、银窝，不如自己的草窝"。这就是所谓城市化撤村建居中的农民安全经济学的道理。

5. 村集体经济改制与发展问题

城市化过程中失去土地的农民如何保障自己的生活？当然要靠发展集体经济。因此股份分配公平直接关涉整个社区的和谐与安定。

嘉良村从 20 世纪 80 年代开始就在探索，经过几年酝酿，1993 年 5 月，嘉良股份经济合作社正式成立。作为全省率先开展股份经济合作社体制试点的村子，他们不断对村经济合作社实行以产权制度改革为核心的股份制改革。首先涉及的是股份分配问题。嘉良村做的第一件事就是选举股民代表，召开第一届股东大会。当时村里一共是 456 户人家，每 10 户推荐一个代表。据组织者现任嘉良股份经济合作社党委副书记的周菊英回忆，"村里人的想法是要选有威望的、能为老百姓说话、能为村里的事操心的人"。第一次选举出奇的顺利，以前生产小组的队长、组长大多成了股东代表，年龄普遍偏高。按照第一届股东大会的意见，村中每户可购买一万股户股，买一万股配置一万股。但到了年终分红的时候，这样以户分配的方式引来了不少股民的不满。"家里 10 口人是一万股，3 口人也是一万股，怎么分得平均呢?"有村民建议，应该按劳动力在村里的贡献分配股份。1996 年，在其他村股份制改革刚刚起步的时候，嘉良股份经济合作社已经忙不迭地开始第一次调整——在户股的基础上增设人股分配，凡满 16 周岁以上的劳动人口均可购买 1000 股人股，并且买 1000 股配置 1000股。新的分配方案虽然受到了普遍的欢迎，但是，不久新的问题又出现了，即出嫁女的股份问题，于是 2003 年，嘉良村又启动了股份制存在问题大讨论，最后决定只要在撤村建居之时家中仍有农业户口的，不论男女都能享受集体股份带来的红利。但是，即使这样，还有不少村民对股份分配问题提出质疑。

6. 村民民主权利问题

嘉良村在进行撤村建居的过程中出现的问题都与村民的权益意识有关。无论是安置标准还是股份配置，都表明原来的农村村民或者说获得身份的城市居民有了相当的民主权利意识，嘉良村的部分村民对于村干部持怀疑态度，因为村集体资产的收益太大，而村民对此的监管又很薄弱，所谓的村务公开也只是公开到村民代表，而一些干部每天的消费（如饭店吃饭、抽中华香烟等）都很高，有村民说："我不相信他们（村干部）的。"

嘉良村在 1999 年发生过村官罢免案，缘由是前几年村委会投资频频失误，导致村里经济重大的损失，村民认为村民自己的利益得不到保障。因此，有些村民产生了罢免村委会主任的想法。与此同时，村党支部及村委会中有些干部也有罢免村主任的要求。1999 年 3 月18 日，部分村民联名向镇、区两级有关部门提交了一份要求罢免村委会主任的请求书，请求书中要求罢免村委会主任的理由是：村委会主任由于决策失误等原因，导致村经济的重大损失。但是，镇领导却认可村委会主任的人选，开始时区委也认为罢免风不能助长，他们的态度是能不罢的尽可能不罢。可村民的要求很强烈，为此他们还请了律师帮助他们罢免村委会主任。最后区、镇领导同意启动罢免程序。6月13日，嘉良村召开全体村民会议，投票罢免村委会主任。全村有选举权的村民有528人，其中512个村民参加了投票，最后以435票赞成，通过了罢免要求。

此外，村民的自身的文化素质、婚育观念、人际交往方式也是嘉良村撤村建居推进中的一些问题和困难。

#### 四　需要继续讨论的问题

1. 嘉良集体经济在嘉良村撤村建居过程中的作用与影响

嘉良村现有的集体经济是很强大的，去年的集体经济收入已有3000多万元，主要来自物业经营。嘉良村现有的经营性物业主要有杭州城西花鸟工艺品市场、世纪联华商店、杭州数字娱乐产业园、杭州文华小商品市场、嘉良农贸市场。在嘉良村土地被逐步征用过程中，如何解决失地村民的生活保障问题，嘉良村所走的道路是利用补偿和留用的土地，集中起来搞专业性的市场，利用集体经济中的股份收入置换原有村民的农业收入，并进一步解决村民医疗、养老等社会保障以及其他的一些社区福利问题。深入思考可以归结为如下中层性的观点：（1）类似于嘉良村的A类的撤村建居类型，顺利推进的前提是要发展当地村集体经济；（2）现在通行的撤村建居模式中，政府对村民的实际赋权是不足的，必须依靠地方自己强大的集体经济优势赋予村民实际上的市民权利；（3）现行的撤村建居中将村民转市民的做法，是将社区与原有的村集体经济紧密地捆绑在了一起，无法区隔开来，双重效应是要重视的，一方面是撤村建居的发动机制本身就是非均等化的，撤村建居后的居民是依赖原有的村所有的集体经济（或许他们在角色转换中的经济障碍所致）；另一方面是这种捆绑与依赖是可能阻止城郊农民的市民化进程（这可能是角色的路径依赖）。这就是城郊农民市民化过程中行政性赋权表面比较平顺，实际上是行政命令的强制推行。

2. 关于嘉良村二次撤迁前期村民/居民权利意识问题

嘉良村处于杭州市城市发展规划的重要区域，现在的农居点根据规划又要面临二次拆迁，嘉良村的村民私下对此议论颇多，已经形成了一定的共识，根据访谈所了解的情况，村民对于将来的再次拆迁安置持抵触情绪。主要的深层想法有：现有的房屋是独立三层别墅式洋房，出租、生活与居住方便，收入可观稳定，比较符合原来的习惯，地理区位优越；而计划安置的房屋，根据可见（庆丰村、三墩望月公寓）的做法参考，住房为高层或小高层为主的住宅楼，每户拥有的面积略小于他们现在的住房，按照人口多少有2—3套不同面积的套房，多户共用一个单元门，还要拿出自己的部分积蓄去补足相应的差价，地理位置不如现在的好（大约在三墩，距离市中心远些），利用租房可得的经济收入村民怕减少，工作方式、生活方式和交往习惯等都会因新环境的出现要去改变。这种村民的私下议论表明村民身份角色变化所带来的权利意识的提高，可以看作城市化的正影响。市民在权利意识上整体是高于农民的。嘉良村的住户从村民到居民的角色变化后，这种权利意识的提升是可以印证的。在第一次拆迁安置中，村民的土地逐步被征用、安置的定居点逐步建成，嘉良村在这样城市化的过程中平稳地完成杭州市希望的撤迁安置工作，很少有这样群体性的共识，几乎没有什么意识表示对政策抵触，甚至带有一定的憧憬，这当然不能简单认为第一次拆迁安置政策就很好地保护且照顾了村民的利益，更多的解释是当时的村民权利意识还很薄弱。即将进行的二次拆迁安置，虽然还没有实质性的进行，可是嘉良村村民/嘉良社区居民早已议论纷纷。同样，我们不能认为这次拆迁安置的政策是如何有损于嘉良社区居民，更好的解释应该是嘉良社区居民的权利意识已经不同于原来作为村民的水平，而是大大提高到能够运用自己的权利来影响政府的政策了。

# 附3 撤村建居社区调研报告(三)
## ——萧山区长芳社区调查

自20世纪末以来，许多地方政府就开始了"撤村建居"，推进城郊农民的市民化进程。萧山区作为撤村建居较早的一个地方政府，[①]在推进城郊农民城市化的过程中除了面临角色权利边缘化等普遍性问题之外，[②]还呈现出一些地方性特色，例如，"上门女婿"集中等。这些地方性现象，虽然不具有普遍代表性，但是，它却从不同的侧面反映了撤村建居在推进城郊农民市民化过程中的有限性。

### 一 社区概况

1. 人口地理状况

萧山区北干街道长芳村于1997年转制[③]，由村委会改成居委会，在行政建置上实现撤村建居，又于2004年改成社区。转制后，所有该村农民在身份上"农转非"；原有的行政隶属关系和人、财、物等关系均保持不变。长芳村的所有土地名义上收归国有。按规定，暂不

---

① 《杭州市委、市政府关于在市区开展撤村建居改革试点工作的意见》(市委办〔1998〕126号)的出台，标志着"撤村建居"作为政府系统工程正式在杭州开始启动，而本调研的长芳村早在1997年就已经完成了转制。

② 这里的权利边缘化是指，农民的原有的权利不再享有，而新的市民权利又无法落实，如撤村建居后，计划生育只允许生一胎。按萧山目前的政策，若农民头胎是女儿，放弃生二胎，政府为夫妻双方的一方购买养老保险。长芳村农民就没有这样的机会，因为全村在籍人口已"农转非"。诸如此类问题，是撤村建居过程中普遍存在的现象。

③ 由于征地面积的不断扩大和房宅的增多，到1997年长芳村的人均耕地面积已低于0.1亩地。1997年，城厢镇为把十四个城区周边村(长芳村名列其中)转成建制转制村，专门向萧山区(注：1988年元旦萧山撤县建市，至2001年3月改成杭州的一个区)政府做了请示，萧山区政府于当年发文批准该请示。因此，1997年长芳村成转制村。

搞建设的土地，由市人民政府委托土地所在居委会代为管理，实质是长芳村仍拥有土地所有权。2003 年，由于省、市、区提倡社区建设，因此从 2004 年 1 月 1 日起长芳村居委会被改称 R 社区，实质关系没有变化。

长芳村有 4 个自然村，最大的自然村三头浜是村公所所在地，其余三个自然村的人口不断往三头浜迁移，目前该村人口主要集中在三头浜。长芳村地处萧山新城区和老城区的中间，离老城区大约 2 公里，离新城区不到 1 公里。离杭州武林门约 18 公里。104 国道穿过整个村。四个自然村都有河流穿过。陆路和水路发达，交通极为便利。其中两个自然村与老城区接壤。全村面积 460 亩。截至 2003 年 12 月户籍人口为 562 人，常住人口为 900 人。外来人口（按暂住证计算）为 1200 人①。在户籍人口中，劳动力人口非常少，以老幼为主，18 岁以下的人口为 159 人。劳动力人口的很大部分在 80 年代到 90 年代初的征地进厂过程中把户口迁出去了②。

长芳村总占地面积 460 亩，土地所有权属村集体所有。刚实行联产承包责任制时，长芳村有 360 亩耕地，40 亩自留地，60 亩宅基地。由于长芳村处于城乡接合部，80 年代就开始征地。从 1983 年开始征用土地，到目前为止国家建设使用即征地建厂 200 亩。长芳村现可耕种的土地面积为 108 亩，农民宅基地的使用面积为 50 亩。原先集体经济组织使用（即村办企业，现均已转制）占地面积 50 多亩，村镇公共设施使用地使用 45.5 亩。

长芳村的农民房都有三四层楼，房子占地面积从 60 平方米到 120 平方米，若包括院落面积则从 70 平方米到 200 多平方米。此外，农民在院落里或在原有的自留地里盖起的平房也面积大小不一，小的一户农民有 20 多平方米，大的则有 70 多平方米。这些平房一般都用于出租。

---

① 实际人口远远超过这个数字，一般一户外来家庭只有一张暂住证，按每户外来家庭平均 3 个人计算，就有 3600 人。

② 这批征地进厂的人下岗后，有一部分人把户口迁回村里，村里接纳户口，但言明他们已无权享受村里任何福利。

2．经济状况

（1）产业结构

农业：随着征地面积和住宅面积的不断扩大，长芳村的耕地急剧减少。从农村联产承包责任制实行到 1997 年，长芳村的耕地减少了 2/3 以上。人地矛盾突出。另外，农业的收入很低。两种原因叠加，长芳村的农业越来越弱化。在 1991 年之前的 20 多年里，长芳村的农业一直处于自给自足的状态。在联产承包责任制刚实行时，长芳村的人均耕地面积仅有 0.4 亩，农民种植的产出虽可供自家一年的粮食和蔬菜，但农产品剩余不多，因而不进入市场，也不用交公粮。1997 年转制，村里一次性清除农作物，并赔偿农民青苗费。1997 年始，长芳村农业画上句号。自 1997 年以来，十年里有两户农民一直在村庄的闲置土地上再次种蔬菜，一户自给自足，另一户以种菜卖菜补贴家用。有趣的是，2007 年随着蔬菜价格的上涨，长芳村的几十亩备用地被附近的农户自发地种上各种蔬菜，不留空隙。

工业：目前长芳村的工业是乡镇企业时代的村办企业转制而来的私企和股份制企业，共有三家，分别从事棉纺织和轴承业。长芳村属下已经没有企业。

服务业：目前长芳村的服务业比较兴盛。长芳村村民从事的服务业包括餐饮、副食品、美容美发、各种维修等以生活服务为主的行业，此外还有搬运、载客等临时性服务以及一些建材租赁业、运输业。一些外来人员也在长芳村从事一些以生活服务为主的行业。长芳村的一条较宽的村路几乎形成了商业一条街。对此，长芳村不少村民认为：外地人的大量涌入给村里的服务业带来了好生意。

房屋租赁：长芳村处在城乡接合部，最大的优势就是距城市近，村集体可高价出售土地使用权和出租房屋。在 20 世纪 80 年代中期到 90 年代中期，长芳村的集体收入占较大比重的是因城市征地而获取的征地费。如今，长芳村的集体收入和村民个体收入有很大一部分依靠房屋出租。长芳村沿 104 国道两旁的建筑都出租给个人或集体，租金按行业性质不同而不等。而长芳村的村民尽可能拓展房宅空间，并且在原来所分得的自留地上建平房，把尽可能多的房屋出租。与众多以出租房屋作为主要家庭收入的城中村相比，长芳村村民很少把自己居住的楼房用于出租，而是尽可能扩建附房出租。一部分家庭每月有500元左右的租金，大部分家庭每月有800—1000元的租金，有的家庭每月租金可以超过2000元。据2007年调查，68.6%的被调查者认为家庭收入最主要来源是工资，19%的被调查者认为家庭收入最主要来源是个人或家庭经营收入，仅有8.6%的被调查者认为家庭收入最主要来源是房租。对于长芳村村民来说，房租是收入的重要来源之一，在大多数家庭占家庭收入的1/3多。但与杭州城中村、珠三角的城乡接合部相比，完全靠房租生活的这种现象在长芳村尚未形成。

（2）职业结构

农业：长芳村转制后，基本没有从事农业的人。

国企：通过招工和随迁征地进厂的"工人"，在20世纪90年代中期国有企业倒闭转制时，纷纷下岗。征地"做工人"这个一度让很多人都向往的跳出农门的路子并没有给这些"工人"得到一张"长期饭票"。但那些进事业单位的人还在单位里有一份稳定的工作。据调查估计，从1983年开始的征地进厂使得300人左右的长芳村农民成了"工人"，然而现在只有不到100人还在征地单位里。除了几个在下岗前幸运退休的人，其他人都成了下岗工人。这批工人下岗，直接原因是企业倒闭或转制裁减员工。而下岗工人再就业的困难是由几种因素凑成的。首先，下岗工人竞争力弱。90年代中期，企业工人下岗时，长芳村的下岗工人年龄都已超过35岁，很多简单操作行业招工要求年龄35周岁以下。他们文化程度不高，平均受教育水平只有5年，无法适应招工学历要求。除了个别人之外，很多工人缺乏专门技能。他们基本上没有什么社会资源可用以为自己再找一份相对满意的工作。其次，因为基本每个家庭都有租金收入，下岗工人特别是女工，不愿意干又累又苦的低收入工作。最后，原先企业转制后，新的报酬体系较国企时下降，没有医疗福利，有微薄的养老保险，工资大幅下跌。当前在转制企业的员工以外地民工为主。

村企：村办企业转制后，变成私企或股份制企业。由于外来民工的大量涌入提供了更便宜的劳动力，企业经营人员降低职工工资，取消集体所有时的福利。原来在村办企业上班的村民不满这种报酬离开企业。一个50岁出头的女工对笔者说：

> 我们干了这么多年，没有工龄算的，跟他们正式工人（指国有企业或事业单位的工人）不一样。现在外地人多了，他们（企业主）给我们跟外地人一样的工资。还是他们外地人好，35岁以下的，厂里还给他们买80块钱一个月的养老保险。我们老了，连这80块钱都没有。一个月最多400块钱，还要三班倒。自己村方的人和隔壁村的本地人都不要干了。现在厂里都是外地人。

现在长芳村总共还有20多个人在转制后村办企业，主要是那些村办企业转制后的企业所有者、企业管理人员，除去这些人，留在这些企业里的本村人所剩无几。

长芳村35周岁以上的人中，有1%的人在个企、私企做文职工作，如出纳、会计。

年青一代（18—35周岁）的人中，完全闲置的劳动力只有两个。年轻人在企业做各种工种，也有干个体的。有10%的年轻人，从大中专学校毕业后，进入事业单位工作。

40—60岁的劳动力，为了尽可能的不闲置起来，从事了服务业。一般下岗的女人就在家做主妇，要么在家开个杂货店，做点小买卖。男人有几个开车干个体，有几个手艺师傅，如木工、泥水工，也有搞维修的，大部分都打零工，干点搬运工、钣金工之类的活。这些零工酬劳相对比较高，因为是本地人，语言通，活干得牢靠，又不大会惹起事端，雇主比较信任，所以某些零工长期有活干。另一些从事服务业的人是长期从事这一行的，如美发、餐饮，有些搞得初具规模。还有一些从事服务业的村民，以私企形式从事运输、租赁、废物回收等行业。

笔者根据对长芳村116户家庭进行的抽样调查，得出长芳村目前职业分布状况的统计表（见下表）。

**表 1**　　　　　　　　　　　**长芳村职业分布状况**

| 打零工 | 个体户 | 国有企业 | 其 他 | 社区服务 | 事业单位 | 私营企业 | 政府部门 | 自办企业 | 总　计 |
|---|---|---|---|---|---|---|---|---|---|
| 19.8% | 19% | 14.7% | 6.1% | 3.4% | 12.1% | 19% | 5.1% | 0.8% | 100% |

（3）村民物质生活水平

长芳村 90% 的村民拥有 1 幢自建独立别墅，有 2 套住宅的占 6.3%，有 3 套的占 3.7%。42% 的家庭拥有电脑，13.2% 的家庭拥有汽车和电脑，4.4% 的家庭拥有汽车和液晶电视。绝大部分家庭的厨卫设施跟城里人差不多。

调查发现，55.2% 的长芳村村民认为自己的生活水平跟周围的老市民相比"差不多"，29.6% 的村民认为"不如老市民"，5.6% 的村民认为"比老市民好"。这组数据从主观感受这一面反映了长芳村的物质生活水平状况。

3. 村民政治生活

长芳村村民对村落的政治理解仍然停留在社队结构这个观念上。在村民的意识中：村委会与街道办事处仍然属于上、下级关系。村干部的所作所为应当是经过街道办事处领导同意的。如果村干部有违规行为，就应该首先找街道办事处领导。这种观念与长芳村的现实权力关系暗合。长芳村一贯以来以村支书为第一把手，村支书和村长都属于村党支部的委员，归街道党工委领导。因此，村民找街道办事处解决问题往往有一定成效。

村民的政治表现直观地表现在村委会干部的选举上。《村民委员会组织法》强调村民自治中四个民主："民主选举、民主决策、民主管理、民主监督"，民主选举在地方政府的引导下越来越趋于公开、公平、公正，全村参与度相当高。三年一届的村干部选举是长芳村的重要政治生活。民主决策、民主管理没有稳定的程序安排。但农村是熟人社会，村民之间的这种关系能在一定程度上限制村干部的决策、管理。村干部在工作中如若严重侵犯村民利益，将承受强大的舆论压力，并可能被诉诸上级政府。

在长芳村村民中，"村民自治"概念的知情率为 6% 左右。这 6% 的人中在校学生占 1%，其余 5% 的人主要分两类，一类是具有初中以上文化水平在企事业单位工作的人；另一类是曾经在村里或街道办事处工作过的人。这两类人年龄在 35—55 岁，以党员居多数。

学生从书本上了解到这个概念，但因为很少关注家庭村落里的公共事务，很难把所学与实际结合起来。那 5% 的人，在某种程度上充当了长芳村的意见领袖。这些人较多关注村庄公共生活，在当今土地资源日益稀缺，村里重新分配由土地转化而来的经济利益的阶段对村务尤为关注。据一名属于这 5% 群体的女子说：

> "以前我也和其他村民一样围着自己的小家庭转，没有精力也没有这个氛围在村民中宣传村民自治。再说，一般不是很大的事情不直接关系到很多人的利益，也很难跟人家去说。很多人都有顾虑。真的运用村民自治的权力维护自己的利益也要费好大一番力气，事情如果比较大那参与的人还多一点。"

村民自治需要村民的政治实践。村民在维护自身利益的过程中才能逐渐把握"自治"的含义，并能够有效地与侵权者对抗。

### 4. 村民社会生活

### (1) 教育投资

长芳村村民比较重视教育投资，为孩子请家教、送孩子到艺术班学习现象普遍。长芳村越来越多的孩子上自费的中学、民办高校。该村村民对自己的做法是这样解释的：

> "现在就这么一个孩子，没有多的人，只要他自己努力，做父母的尽可能提供经济条件。"

> "我们那时候没读书，今天这么辛苦，但还能混口饭吃，现在的社会没文凭怎么吃饭？"

　　"自费就自费了（上高中），不然孩子这么小也干不了什么。不像我们那时候，老早挣工分了。再说家里也不等他的钱用。"

　　"最好能学出点东西来（上艺术班），学不好也就算了，就当让他去玩玩，总比没学的好。"

　　村民的教育投资高，潜在的期望也比较高。他们期望将来孩子的职业轻松且高薪，最青睐公务员。

　　（2）宗族观念

　　村民的宗族观念比较淡泊。据村民反映，一直以来，长芳村的宗族势力就不强。村民心中没有很分明的宗族概念。再者，村民之间联姻较多，家族关系错综复杂，因此宗族观念就更加淡化。村民之间有家族的嫌隙，但这种嫌隙有越来越淡化的趋势。笔者分析其原因有以下几点：

　　其一，家族里的新一代人接受过基础教育，思想比较开放。而且，新一代对上一代的嫌隙一般是通过听闻知道的，不是亲身经历，因此怨愤较少。其二，经济在长芳村村民生活中占据首要地位，因此其他事情相对弱化。其三，同处一个村，有时有共同的利益需要维护，因此会彼此妥协。其四，家族观念较弱，村民以核心家庭为重心。其五，公共舆论的影响。家族矛盾若升级成持久的暴力冲突，双方都会受到舆论的谴责。

　　因此，总的来说，随着社会经济的发展，村民越来越趋向于理性化，宗族观念也日趋淡化。

　　（3）阶层的衡量标准

　　在长芳村，村民没有明确的阶层意识。成年村民只要不赋闲、人情世故符合当地风俗，就可被村民认同并获得个体的尊严。尽管阶层意识不明晰，但他们心中对不同的人有一个地位的排序。村民衡量他人与自己的最重要的标准是金钱，然后依次是社会资源、文化程度、人品。而社会资源、文化程度被人重视的根本原因是，村民认为这两者能转化成实利。

## 二 各相关方对撤村建居的态度

### 1. 政府的态度

负责萧山区城乡一体化工作的相关领导认为撤村建居是一件利民利区的大事。这将有助于提高萧山的土地利用率，并给民众带来实惠。农户将得到可观的拆迁赔偿，撤村建居将改善农村的居住环境；此外，区政府计划将建立健全这些农户的医疗、养老等配套制度。对拆迁过程中遇到的困难，政府尽量努力平和地解决。在不同村庄的拆迁过程中，区政府面对每个情况不同的村采取不同的具体办法，在拆迁的过程中不断总结经验，以有助于新的拆迁安置工作。

### 2. 市民的态度

目前萧山区这种"城乡一体化"安置都在原村，他们仍旧形成一个本村的社区，与市民的关系跟之前没什么变化。

市民歧视农民越来越成为历史。在计划经济时代，大多数农民的物质生活与市民存在差距，差距在于农民收入低，另外，市民的生老病死全部由政府承担，而农民一切开支都由自己承担，所以当时市民或者城镇居民这样的身份都是令人艳羡的，市民的生活幸福感远远高于农民。随着计划经济体制为市场经济体制所替代，市民面临着岗位的竞争，下岗失业接踵而来，而原先所享有的福利也锐减。最明显的房子问题，计划经济时代市民不用愁，有公房。而现在必须节衣缩食买商品房。可是农民却有相对宽敞的自建房，这一点让城里人非常羡慕。市民生老病死这一块仍然有保障，但这种保障比计划经济时代削减。在萧山城郊农村拆迁安置的过程中，有很多市民羡慕农民的机遇，在他们的听闻中，一次拆迁可以让一个家庭净增一笔财富。市民以旁观者的眼光来看待这些撤村建居的农民，对农民的机遇表示羡慕。

值得一提的是，萧山的经济在改革开放后一直相当景气，城乡差别没有想象中那么大，市民与农民之间的身份差别没有强烈地影响他们的关系，更没有出现对立情绪，两种身份的人对附着在对方身上的某些特殊待遇或机遇都表现为平静地接受。调查数据印证了这一点，调查显示 63.2% 的长芳村村民认为周围的老市民对他们的态度"没什么特别的"。

从人数上，萧山原来的市区不大，萧山广大的农民人口足以消解计划经济时代农民的不公平感。农民的参照对象是跟他一样土生土长的同村人。而市场经济下，农民的处境综合起来并没有比老市民更好，他们只是比自己原来更好些，所以市民也可欣然旁观。

市民认为有关农民的这一形势变化与他们无关也无碍。城郊农民能否顺利市民化，市民不认为这很重要，市民相对比较关心的是原来的农民能有良好的公共卫生意识。

3. 原村二委会的态度

村支书一方面认为，目前这种撤村建居方式将发展成一条死胡同，但另一方面，从萧山区拆迁来看，目前是拆一方富一方。说它将变成死胡同，原因是那种多层公寓式的安置房的小区管理如何进行？比如把草坪锄掉种菜，这在村民看来很合理，家门口种菜是农民历来的习惯，既方便又无毒，要说绿化这也是啊。到时东一块西一块不成样子。再比如说养两只鸡，那行不行？你不能对农民说不行。这样的小区的物业管理费谁出，按现在他们在做的，街道不拨款，那就只能村里出，这不是一笔小钱。再说，农村里你收不收停车费，你收，人家说这是集体土地，你不收，没车的人不同意。现在区里还没有一套关于安置农村的管理经验，它不可能跟城市小区一样，也跟以前的农村社区不同。这要是不想办法完善，这样的安置小区的环境可能比农村时还差。

不过，拆迁的赔付及安置房的差价，使得完成这一过程的农户有一笔余钱，有的能多一辆车钱。最近在 6 月 30 日左右，萧山的村党支部委员去区党校培训，其中讲到物权法，今后对于农村土地和农宅的赔偿按市场价，那对于我们村来说，这个赔付很可观。从这个角度来说，如果硬要拆，农民是肯拆的。只是任何人去问农民愿不愿意拆，他出于逆反心理都会说"不"。

村长认为撤村建居若建成统一的多层公寓便于集中管理，但各家各户出于不同的情况，会有不同的选择，有的愿意拆，有的不愿拆。

但如果能在拆平后，以农村联建房的形式安置，那几乎绝大部分人家都愿意拆的。

### 4. 村民的态度

村民反映，别的村撤村建居出现很多问题，如赔偿标准不一样，分房次序有先后等，希望自己村在未来的拆建中不会碰到这类问题。对于拆建，村民的意见最理想的是拆了以后建统一规划的农村联建房；如果实在要住商品房，那也没办法，只能认了。但是现在占到家庭收入1/3多的房租收入就会减少。拆迁后安置，按每人50平方米算，有的人家只够自己住，有的则可有一小套出租。小套商品房出租，其租金超出了农民工的承租能力，另外，在萧山工作的大中专毕业生大部分来自本地，这一群体的租房需求并不多。这就增加了出租难度。这是很大一笔损失。对于绝大多数村民来说，从这一点考虑，都不愿意拆迁。目前，村民的生活满意度比较高，丰衣足食。一旦拆迁，收入削减；主干家庭分户生活，支出增加。

还有一些村民认为，目前村子整体没有规划，附房填满村子的空隙，村道被越挤越窄，村庄外地人太多，导致卫生状况太差。居住环境的外部空间狭小局促。现在宁可入住统一建造的农民房，不管是多层公寓还是联建房，但一定不能出租给外地民工，太乱太脏。政府建立外地人廉租房制度就行了。大部分四十岁以下的人都有这类想法。四十岁以上的人则要看其家庭经济状况，经济状况富裕的人，他们注重生活质量，赞同不出租房子的实施办法；大部分家庭，一般还是愿意保持现在这种状况。这样生活相对宽裕。

总体来说，村民处在一种坦然的状态中，拆还是不拆，已经不再像2003年刚提出"城乡一体化"时那么触动他们的神经。他们认为撤村建居在短期内还是能改善生活的，不会比现在更差，所以还能接受。年轻人，尤其是儿媳或女婿都倾向于拆迁后分户居住，喜欢自己有一个独立的空间，相对自由。

长芳村村民对城市化后的生活和工作也并不十分担忧。相反村民的心态很平静，做好随时拆迁的准备。村民以农民的谦逊态度说道："愁什么呢，人家好过我们总也好过的。"这就是说，对今后生活的担忧基本上不存在。这跟该村生活的历史有关系，一贯以来，长芳村村村民凭借其地理位置能获得更多的劳动机会，其物质生活水平与其他村庄相比一直不差。然而更重要的是村民有生存保障。

60岁以上的老年人，他们一辈子省吃俭用，有点余钱。1997年改制后，70岁以上老人每人一次性可领取1.5万元土地征用一次性安置补助费，或者每月263元，现已增加到313元。这对于农村老人来说，实现了养老金从无到有的巨大转变。农村老人有的和子女住一起，有的则自己单独居住。跟随子女的老人，自己不需在吃饭方面开销，其他方面的需求很少。其每月领取的钱可以自己打算。那些不跟随子女的老人，若有子女每月给赡养费，则其生活也无须担忧。如果子女不给赡养费，老人手头要紧些，他们往往还会自己想办法赚点钱，比如见地就种菜，蔬菜自给自足，多了还可以卖，或者做纸钱卖①，贴补家用。如果有两老健在，两人都有养老金，生活不成问题。如果只有一个健在，那要紧巴些，但也过得去。老人生小病，一般都拖②；如果很不舒服如发烧，则会由子女带去看病。这个花费由谁出，就要看子女的孝心了。遇到小病，老人自己还挤得出来，但要是长病、大病，那就看子女的态度了，子女出钱，老人就有钱看病，子女不出钱，老人就在家挨着。不过，农村是熟人社会，碰到这类事情，村里的舆论压力比较大，所以一般不太有对重病老人不理不睬的情况。

40—60岁这个年龄阶段，长芳村村民的家庭结构比较特殊，夫妻双方一工一农或双职工，也就是说夫妻中至少有一人因征用土地而进厂做过工人。"工人"这个身份在今天看来已经没有那么大的价值和吸引力，但对于这些"以土地换工作"进厂又下岗的村民来说，他们觉得自己比同村没进过厂的人要好些③。他们下岗时，运气好的那批刚好到退休年龄，领取退休金，退休金比农村老人每月领取313

---

① 做纸钱在长芳村风气很盛，中年人赋闲在家也做，有些开杂货店的空闲时间做。

② 长芳村转制后，全体户籍人口农转非，但医疗属"农村合作医疗"，小病报销不多；大病报销较多，但相对老人的经济能力，支出总额较大。

③ 他们的底线是生存安全，参照对象是自己同村人及过去的生活水平。

元要多一倍以上；不到退休年龄的，由工厂统一给每个工人续买
10—15 年养老金，这以后还不到退休年龄就由个人续买，到退休年
龄后，领取养老金，这笔养老金在村民看来是老年生活的保障，配偶
若也是同样性质的下岗工人，养老的钱很充裕。如果配偶是在籍村
民，到退休年龄可领取每月几百元的养老金，两老简单的生活条件是
能满足的。医疗这块，萧山不断在改进农村医保体制，农民中患大病
的医疗有保障。下岗工人的医疗保障跟大病保险的优惠额度接近。这
个曾经的工人比今日的农民在养老金方面有明显优势，医疗方面也要
更有保障。所以，这样的家庭成员结构，使得该村老人老有所养，病
有所依，对未来的生活很放心。这里的问题是，虽然该村早已非农
化，但医疗体系从属于农村合作医疗，而非城镇居民医疗保险，这跟
杭州市在城市化过程中给予非农化村民的待遇不同。该村村民在这一
点上很羡慕滨江区的农民。尽管如此，年纪大的村民，非要界定的
话，50 岁以上的村民，他们并不担心以后房子被拆掉了日子会特别
难过。现在的老人，他们最坏的打算是今后即使子女靠不牢，凭两老
的收入就可以生活了。对未来没有很多打算，也没有太多担忧。

　　年轻人认为自己目前的生活不比城里人差，从就业这个角度来
说，农村青年和城市青年一样要靠实力，靠本事，城市化不会对自己
的职业产生影响。长芳村 77.6% 的村民认为目前的工作是靠自己找
的。不过，年轻人承认自己的职业放到城市的职业评价体系里将处于
底层。

　　据调查统计，33% 的长芳村村民认为目前家庭最大的困扰是没有
稳定的收入来源。在本次调查中，20—59 岁的人占 99.2%。也就是
说，处于劳动力年龄的村民中，33% 左右的人认为没有稳定的收入来
源还是个问题。相应地，34.5% 左右的村民认为自己最合适的工作是
国营企事业单位就业。看来，长芳村不少人"做工人"那段历史及
其待遇给村民的印象比较好。虽然如此，村民并不紧张担忧，对现状
比较自足。村民这种平和的心态跟他们的参照群体是同村村民有关。
同村村民目前的经济、社会状况同质性较高，所以村民对家庭的现状
并不焦躁。

### 三　村民对市民生活的看法

长芳村村民生活满意度相当高。这个村庄贫富差距不大。其地理位置决定了"置于死地而后生"这样的发展模式在村庄没有基础。一贯以来，长芳村村民凭借其地理位置能获得更多的劳动机会，其物质生活水平与同时期其他农村相比一直不差，村民的生存压力不大，很少创业。当前，随着萧山新城区建设的发展，长芳村置于黄金地段，获取收入的方式或者说工种也随着城市的推进而增加，其中一项稳定的收入来源是房租，另外，劳动就业的机会也比较多，吃饭穿衣绰绰有余。现在让长芳村的年青一代家长感到压力的是孩子的培养费用。他们希望孩子不输在起跑线上，给孩子尽可能好的教育条件，不惜花费昂贵的跨学区择校费。

村民对市民的生活方式不太羡慕。大多数村民认为自己的生活质量不比城里人低。55.2%的长芳村村民认为自己的生活水平跟周围的老市民"差不多"。在长芳村，村民对城里人与乡下人概念没那么在意，印象深刻的是曾经存在较长时期的"工人"与"农民"的分界。村民认为城里人的孩子在学区上占优势，另外，城里人意味着女人地位相当高，婚姻不稳定。农民的生活质量衡量标准是家庭稳定和睦、物质上宽裕，这两点该村的村民基本都能实现，这就决定了他们不羡慕城里人，不认为城里人的生活方式都很好，相反认为农民的生活状况是值得让那些老市民羡慕的。老市民居住条件差，收入不比该村农民高多少。调查得出，6.4%的村民认为周围老市民羡慕他们的生活。另外，他们认为城里的年轻人婚姻太不稳定，不好。杭州城市消费太高，交通拥挤，也不是很好。"钱"这个概念，在不少村里人看来，够用就好，多了也没什么用，日常开支后有所剩余便够了。

大多数村民对自己的物质生活比较满足。至于精神生活，他们的需求没那么明显。在农村天天能看见熟悉的人，想说话打招呼的时候可以随时说上几句，这样的环境让他们很坦然。调查数据显示，76%的村民主要交往的人是邻居。而年青一代对精神生活的需求也没有那么多，生活得为下一代发展着想，所以赚钱和休息是生活的主要节奏。至于精神生活则是有钱有闲的人的事。这里需要指出的是，生活习惯很重要，长期的农村格局生活使得农民对城市精神生活没有特别的兴趣。长芳村农民的精神生活主要是看电视、在家族内串门、在有人气的地方聊天。其中一些基于地缘、血缘的人际互动在城市里达不到，所以他们不羡慕城里的生活，特别不喜欢城里的人际格局。

## 四　市民化过程中的一些突出问题

### 1. 外嫁女村民身份认同

在长芳村，和其他许多农村一样，城市化过程中，村籍是获取诸多由土地征用或收归国有转化而来的直接经济利益的根据，也是在村队建制撤销后的集体资产分配中占据席位的根据。截至1997年9月10日24时（城厢镇十四个周边村"农转非"截止时间），在村户籍人口中，16周岁以下的人员，获得劳力安置一次性货币化安置费8000元，一次性生活补助费4000元。16周岁以上、45周岁以下的户籍人口获得8000元劳力安置费。45周岁以上的户籍人口发放生活费每月100元/人。萧山区劳动和社会保障局于2003年5月7日颁发了《关于实施征地农转非人员养老保障制度办理程序的通知》，通知规定若45岁以上未到退休年龄①的户籍人口不领取每月100元/人的生活费，由区征地劳力安置办公室统一到区社保业务管理中心，为养老保险安置人员办理一次性缴足15年养老保险费投保手续。该通知在长芳村没有得到村民的响应，长芳村45—60周岁这一年龄段的人继续按每月100元/人领取生活费②。村民的意见是：政府的政策怎么变，没数的，以后到底能不能拿到钱要到时候看，不如现在拿一个月是一个月。

2002年，长芳村制定了《关于土地征用其他补偿费量化到户的实施办法》。长芳村按村民户籍在村的年份累加（即把每次征用土地

---

①　按萧山区劳动与社会保障局规定：转制农村按女性50周岁、男性60周岁为退休年龄。

②　到退休年龄后，每人每月可领取256元，2006年增至316元。

的其他补偿费平分到当年长芳村的在册农业户口，然后累加分给村民）发放了土地征用其他补偿费（包括劳力安置费、地面附着补偿费、协调费），最高赔偿金额（即到 1997 年 9 月 10 日 24 时户口还在村的人员获得的赔偿费）为 1.15 万元。

长芳村村民还可以分到撤队费（转制村都有这笔费用），即按照撤制队而划归撤制队集体经济组织所有的土地补偿费。按规定，这笔费用可以股权形式或者货币形式全部量化到队集体经济组织成员个人。

长芳村村委会的村籍判定标准是结合区文件法规和村规决定的。在两个规定之外的村民就不具有村籍，也无法享有户籍人口的待遇。因此，诸多没划归户籍人口的村民对村里那些没有经过公开讨论的村规提出质疑。对于户籍的划归问题争议最大的是出嫁的女儿及其子女的户籍问题。在长芳村，上门女婿的待遇和其他户籍人口一样，但那些户口迁入没有上门女婿身份的人没有户籍待遇。

出嫁的女儿有些因为预备迁入地户口冻结①无法迁移户口；有些因为常住长芳村，把配偶的户口也迁入长芳村；有些配偶是常住长芳村的非本村户口。这些结婚女子及其子女尽管户口留在长芳村，但被村委会认为其户口没有实质意义，不享有户籍人口待遇。但这些女子不认可村里的这一规定。

【案例 1】一位常住长芳村的女子说："我丈夫是城镇户口，但他们在这里居住了好几代人了，有一幢 2 间 3 层的住宅。我原来是村里户口，迁不过去，就留在村里，我女儿生下来后，户口只能跟我，也在村里。现在要分钱了，我女儿一点都轮不到。她去城里读书要交借读费，在这里又没有钱分，那她算哪里人？我们是根据政策把户口留在这里的，原来也不知道现在会分土地费什么的。政策是怎么规定的，就怎么办。土政策随便定，那我们

---

① 如 1997 年长芳村转制前，村民属于农村户口，嫁给城镇居民，女子及子女户口都不能迁入城镇。

不是太吃亏了吗?"

在建房方面，该女子说："现在我家前面两户人家翻建了，又高又大两幢房子挡住我们的阳光。冬天我们家照不到一个小时的太阳。"她希望村里批地让她另外择地建一房屋，或从村里的居民公寓①购买一套房子，这两个要求都被村里拒绝。村里的理由是男方不是本村人，尽管他们在本村住过多年，但他们现在的房子是当年因男方的奶奶是本村人，且男方的父亲是抗美援朝的退伍兵照顾他们才批的。该女子相当不满。她撬开了居民公寓一套空房子的门，举家入住。村里不置可否，也不办任何手续。

【案例2】另一位常住长芳村的王姓女子说："我自己是长芳村人，结婚时，我父亲给我一间房子住，我户口没迁出去，后来把丈夫的户口也迁来了，他们老家建机场征地的赔偿他一点都没分到。我跟丈夫一直在村口开店做生意。我儿子生下来后，户口放在村里。现在村里分土地费，本来我们一个也分不到，我去说了他们把我儿子的分给我们了，可我的没有。我丈夫没有我也没什么说的。可我没有怎么都说不过去。"

相比前一位，这位女子有自己的房子。村委会的理由是："当时她结婚时，她父亲有两间房子分给她的。"这两间房子在分家协议上归其兄弟平分，暂借给她住，后经兄弟默许归长兄所有。但该女子20年前批地时与当时村支书私交甚好，所以打擦边球同意其建房。

村干部认为对待这类外嫁女是最棘手的问题。村里在关于农转非后享有生活补贴和养老金这一点上，给予外嫁女本人同村村民待遇；在土地赔偿款上，母子两人中给一个名额。村干部认为这已经是折中

----

① 专门为土地征用后农转居的双职工家庭而建。即男性为户主，原为本村村民，由顶职或征地进厂迁出户口变为城镇户口，其妻及子女也均为城镇户口这样的家庭。价格相当低廉。

的办法，不然如果跟其他村民完全一样对待，村民肯定有意见。但相关村民认为：如果我们本来就不该有这笔钱，那后来分一个名额给我们的钱是从哪里开支的呢？是本来就该有这笔钱还是另外的集体资金里分出来的？一般村民认为应该是本来就有这笔钱。为此争端，有些村民采用了法律的手段。但是因为这类案例办起来比较棘手，还没有村民靠法律途径成功解决过这类问题。萧山区法院由于这类案例没有可明文参照的条例，于 2004 年 1 月 1 日开始拒绝受理此类案例。调查中发现，村民和村干部各执一端，都认为自己是对的。

这里有一点值得关注，在案例 2 中，尽管王姓女子的丈夫从外迁入，也具有村民户口，且在老家的征地过程中没有享受任何权利，但她对丈夫在本村没有享受村民待遇却能接受。由此可见，在外嫁女村民的评判标准中，是否在血缘继承上具有村民身份即土生土长且具有或曾经具有本村户口两个条件是衡量村民身份的标准。而村干部和广大村民是按父系社会传统认可村民身份的。但一些特殊的例子给现任村干部的工作增加了难度，如：

【案例 3】常住长芳村的李姓女子，户口征地进厂迁出，丈夫是城镇户口外村人。为工作方便，住在娘家。丈夫的舅舅曾任长芳村村支书。在其丈夫舅舅任职期间，把李姓女子哥哥的土地批给李姓女子建房。兄妹因此反目。

这样的情况全村只有一例，但对外嫁女来说是一个参照对象，村干部只能把其特殊性推给前任。外嫁女却因此而对村干部更不满。

在这案例 1 和案例 2 中，显示了公民身份和村民身份的差异和冲突，这实质上反映的是国家与村庄两种不同原则和规则之间的冲突[1]。

2. 年轻"上门女婿"集中出现

长芳村 20 世纪 70 年代末以后出生的"上门女婿"现象很明显。在这一拨"上门女婿"之前，长芳村的上门女婿屈指可数，全村在

---

[1]　张静：《身份认同研究》，上海人民出版社 2006 年版，第 38 页。

世的上门女婿只有两个，其中一个是本村人。这两个上门女婿为全村熟识了解，并接纳为本村人。而新一拨上门女婿数量已有9个，这个数字将随着"80后"陆续结婚而增多。新一代上门女婿集中出现，有三个因素：一是长芳村从1980年就开始逐渐征地进厂，居民身份者日渐增多。具有居民户口的家庭只能生育一个孩子。二是长芳村当年隶属于萧山县计划生育政策的试点乡，生育指标和控制手段极其严格。超生不仅要罚款，而且具有居民户口的家庭超生，孩子的父母被单位开除；若父母皆为农民，孩子的祖父母若享受单位退休金，则将罚没其退休金。双方皆为农民，若在头胎是女儿，且女儿年满5岁（后改为8岁）前不能生第二胎。长芳村20世纪70年代末80年代初已婚年轻女子大部分经历过强制性流产甚至引产。相比于上一代人，长芳村独生女儿和两个女儿家庭数量众多。三是传宗接代观念仍然很严重。如果说，上一代"上门女婿"不仅是为传宗接代，还是农村家庭的重要劳动力；那么，目前已经没有农地可种的长芳村，"上门女婿"数量不断上升，突出地反映传宗接代思想在长芳村的影响。此外还有传统的养儿防老思想的作用。农村老人传统上由儿子养老，这不仅是经济上靠儿子，精神上也以儿子为依靠。和儿子住在一起，农村老人没有城市"空巢老人"的孤独感和不安全感。就目前长芳村的社区服务状况看，跟传统农村几乎没有差别，老人在生活上遇到小事都叫子女来帮助，而不是社区。

尽管现在长芳村老人有养老金，而20世纪70年代末80年代初结婚的这些人，几乎每家都有一个人曾经当过"工人"，意味着其退休金远远高出长芳村养老金。这一批即将迈入老龄的父母在经济上没有多少需要子女帮助，反而可以帮助子女。但他们晚年的精神需求还是得由子女来满足，三代同堂是这一批准老人眼中最大的幸福。农村社区服务不健全，老人依靠子女获得各种安全感：包括生活小事上子女的照顾、突然发病子女可尽快送医院、与邻居有纠纷子女可保护老人。如案例4：

【案例4】长芳村王姓夫妇，有两个女儿，均出嫁。2004年王姓夫妇翻建房屋。邻居以影响采光为由干涉，要求其地基前移3米，王家答应。当王家老房推倒后，邻居以其不得重建①为由将其告上法庭。王姓夫妇的女儿女婿经多方努力无果。在此情况下，王家的侄子通过关系帮助王家打赢官司，房子得以动工。然而，邻居却在施工过程中经常阻挠，甚至警告其女儿："你来了一趟只有一趟"。在建房过程中，邻居老头拿锤子来砸新房。王家赶紧告诉邻近的侄子，侄子马上赶到现场，制止对方的行动。女儿每周休息时间来帮忙，但对于邻居突发的冒犯无法尽快解决。

"儿子"这个角色在农村承担了社会功能：他是维护家庭在村庄的各种经济、社会、政治利益的主体。在这个意义上，儿媳也被村民认同有此功能。但"上门女婿"在解决村里纠纷时很少出面。在长芳村生活时间较长的"上门女婿"为村民认可，具有话语权，但除非家庭利益严重受威胁，"上门女婿"不参与"儿子"所承担的各种社会功能。于是，有上门丈夫的女子充当跟农村的"儿子"完全一样的角色。在邻里之间、村庄公共生活方面具有跟"儿子"一样的权利。父母需要的精神依靠由留在身边的"女儿"承担。农村社会的儿子具有的社会功能由女儿来完成。

另外，促动这拨准老人招"上门女婿"的一个重要原因是农村的社会评价体系以子孙作为重要标准。没有儿孙，在农村被称作"绝户"，当地人说"没有后人"。这种直接的刺激也成为"上门女婿"迅速增加的原因之一。长芳村村民逢年过节要祭祖，有些家庭还修家谱②，这些也成为刺激因素。

但新一代"上门女婿"相比于上一代，明显的特点是"隐匿性"。上一代上门女婿为其获得各种村民权利有一个仪式，即结婚后

---

① 1997 年转制，根据转制规定，长芳村住宅只得维修不得重建。对此，一般在协调好邻里关系、村干部及城建部门的关系后，老基重建在长芳村十分普遍。

② 当前政府倡导文化建设，一些地方政府在发掘和保护传统文化工程中，把农村的家谱列为一种文化表达，这将加强传统的子孙观念，给农村计划生育工作带来困难。

要宴请村里人，表明其身份。结婚后，作为主要劳动力在田间劳作，村里人有机会接触他们，互相慢慢了解和熟识。新一代上门女婿没有这道明示身份仪式，在结婚时也不提"入赘"之事。等到其开始生活在女方，村民才渐渐去了解其身份。他们不再务农，职业多样化，有的在外地工作，有个别很少回家，他们很少抛头露面，村里人几乎不认识这些新的"上门女婿"。如：

【案例5】徐姓女子，大专毕业，在一家大企业工作。独生女。丈夫是大学同学，为上门女婿，在外地工作。他们育有一子，已有4岁。但村里很少有人认识"上门女婿"。徐姓女子家里的一切由她及其父母打点。

上门女婿大部分来自浙江其他地区，小部分来自外省。大部分原来家庭经济状况不佳，且有几个兄弟，没有稳定的职业；个别出身城镇居民。9个上门女婿中，3个具有大学学历。其中一个大专毕业生与妻子关系很好，两人共同创业，家庭比较幸福。

在这些"上门女婿"家庭，从未传出家庭矛盾的消息。如果说婆媳矛盾还在一定程度上呈现在村民中，那么翁婿矛盾似乎从来没有传开过。偶尔会听到一两个岳父劝诫别人别招"上门女婿"。那么这些家庭是的确比较和谐呢，还是大家都小心翼翼在回避一些东西？

这些新"上门女婿"安安静静，在村子的生活里很少被提起。但是那些招了"上门女婿"的父母比较满足。

在长芳村逐渐城市化的过程中，农民去当了"工人"，产生一大批独生女儿。而这些家庭却在家庭生活的安排上，纳入了传统轨道，招来一批"上门女婿"。我们要进一步思考的是这些隐匿的"上门女婿"将对这些家庭进入城市生活方式有何影响？

3. 村民权力特殊性

在长芳村，为了争夺以货币形式表现出来的资源，人们变得紧张和敏感，对公共领域的事情较为关心。这种为了争取自我利益而产生的关心显然是自发的，这种关心演变成"民主选举、民主监督"的要求，与村民自治的其中一些内容不谋而合。在长芳村一小部分"意见领袖"的促动下，长芳村发生了一起促进"村民自治"传播的典型事件。

【案例6】2003年12月某日上午，长芳村的村治保员和长芳村某厂厂长得知村里将把本村的30亩地征用作菜市场，名义上投资方是外面某个公司，实际上股份的分配是那个公司老总、村支书、村支书的侄子和村长。其中村长只占10%，另外三人究竟是怎么个分法不太清楚。而当初申请征地时，村里是以居委会的名义向区城市规划处报批的。眼看村支书他们要私自瓜分利益了，于是两人分头找村里相对能干的人，并告知这一消息。一时间二三十个人群情激愤，于当天下午派代表到村里要求查阅已私下签订的合同，但遭拒绝。这些代表马上在第二天呈一份报告到街道办事处，澄清合同的非法性，因为没有经过村民同意。

街道办事处立即安排时间召来支书和村长，询问事情经过。据两者的汇报：他们于2002年向区国土资源局和区规划处报批在本村建30亩地的菜场，资金自筹，获得批准。

事情发生后，几个村民代表回忆：

在2003年11月底村里召开"村民代表"会议，会议是前一天通知的，只告知"土地量化等相关事宜"一句话。第二天就召开会议，会议花较长时间叫大家讨论这笔钱是否要现在分掉还是入股。代表都同意分。然后村支书宣布把钱分掉。没提菜场的事。大家也不知道入股是入到哪里，还怕村干部把这笔钱弄丢了。于是代表在不明就里的情况下签了字，同意分钱。于是马上散会。所以，到后来村民去质问村长时，村长认为自己的过程是合法的。但是，有几个年轻的村民代表觉得这其中是有问题的。回来后就找人商量。接着因为第一个投资者有亲戚在长芳村，又曝出因为利益瓜分不均，第一个投资者被村支书踢掉的事，现在村里合作的投资者是第二个了。于是这件事情被传开。村民开始觉得投资的菜场应该有巨额利润。紧接着村干部与后来的投资者签约。就在他们签约那一天，村委会里其他工作人员暗中把他们签约的消息放出去，并告知这其中股份如何分成都不知道，村支书和他侄子应该是占大头。因为村支书踢掉第一个投资者就是因为他考察发现菜市场利润可观，想占大头。据第一个投资者透露，在他答应给村支书50%的股份作为回报的基础上，村支书最后还是踢了他，想自己联合侄子干。而这个消息在此事爆发大约半个月前，村长曾托别人之口秘密透露给村里某个较有组织能力、经济能力的人。于是把一些事情联系起来考虑，村民推测村长后来是被10%的股份摆平的。

在上告的村民的报告中，他们陈述了他们否认协议合法性的理由：1.村民代表不是经选举产生，是由村支书自己定的，村民从来不知道还有村民代表这回事。而且大多年纪偏大，文化程度偏低。2.即便承认村民代表的合法性，村民代表也是在不明白情况的前提下签了字的。当时签字的协议上写的是让村民做选择，是把钱分了，还是留下作为股权，没讲投资项目。村民本来就不放心村干部，怕他们私吞了这笔钱，于是大部分人都要求分钱。至于投资菜场这个事压根不知道。因此上告村民认为这是一个骗局。村支书有意把两件事混淆在一起，利用村民对他们的不信任，骗其签字。对上面领导则说，村民想把钱分了，是以人们都想分钱来说明筹资只能由外部解决。3.因为"村民代表"事先并没有被明确告知会议事项，所以没有去征求别的村民的意见，他们所签的字只能代表个人，不代表村民的集体意见。他们这次签的字是被利用了其"村民代表"的身份，而不是执行了村民代表的实质意义。

这些上告者要求村民自己联合出资筹建菜场。他们的理由是：村民中有很多失业、无业人员，村民现在主要靠房租和打零工的钱度日，日子过得不很宽松。村民们想从这最后一块土地为自己创造持久的经济来源，解决生存依靠问题。这是帮政府解决了长芳村的失地无业失业人员的问题，而且农民有多年的积蓄和还未发到手的"土地费"（其实是量化的钱，上告者没理解），有这个经济力量自己联合出资建这个菜场。而且在村民看来，本村村民应该享有这个投资的优先权和将来买店面的优先权。上告者提出，村民自治就应该由全体村民共同协商决定这件大事，应该遵从村民的意见。

上告者为了这次行动能成功，做了很多工作。他们得到了广大村民的支持，并把这种支持表现在书面材料和统计表上，把报告抄送到萧山区政府。在区政府的干涉下，上告者取得初步成果：村委与投资方的行动被搁置。但村支书并没有打算放弃，没答应与村民讨论具体的筹建市场的事宜。然而村长因为这件事情态度有了明显的变化，成了一个介于村支书与村民之间的中间派，并倾向于与村民合作；而村支书则固守己见，并在某些事情上给村民"穿小鞋"。在走访中，笔者看到，通过这一次行动，上告者对未来充满信心，他们很高兴，因为"把村民都发动起来了。"

长芳村村民为了维护自己的长远利益，不再"搭便车"，敢于承担责任，这对于村民自治和将来的"市民化"是有意义的。

农地征用问题引起的诸多问题在学界已有较多的关注，新闻媒体也给予了一定的报道，随后，国务院发出了整顿农地征用的通知。长芳村这个菜市场投资事件，处于目前土地征用整顿时期。因此也引起了区政府的较高关注。

2004年5月，区政府派一名区人大代表到长芳村调查民意，这名代表要求村委会组织召开了一个村民会议，并在会议上表达了区人大和他个人作为人大代表的意见。在会上，长芳村村民对由村民联合投资菜市场一事进行投票表决，在许多群众在场的情况下由村民代表投票，当场唱票结果是一人反对，其余通过。区人大代表监督了此次民主决议过程，并在会上发表看法："你们村地也征完了，将来房子也拆了，你们靠什么吃饭？你们村有这么多下岗工人、失地农民，那么你们村的这最后30亩土地是不

是可以用于为本村村民谋出路上，让老百姓自己享受这最后 30
亩地呢？"会上，长芳村村支书表示，村民自己弄不好的。人大
代表反驳："现在不能下定论说，农民自己投资自己管理菜市场
就办不好。"村支书结语说："我们要听办事处的。"村民尤其是
村里的能人和党员为这一事件持续奔走了 7 个月。

在这个案例中，有意思的是，不管村支书原先的建造菜市场计划
用了什么手段，其申报手续齐全，具有法律效力。但在全村村民联名
抵制下，这些原先的手续可全部推翻，而确立新的投资方式。在农村
的公共事务中，合情合理与合法同等重要。在涉及利益分配时，农村
社会如若有个人严重忽视社会公正，那么这样的方案很难获得实质性
认可。

这一次会议对于长芳村来说，意义非同一般。长芳村村民第一次
这样聚集在一起，以一种公开的方式共同商讨村民的公共事务。而
且，由于区人民代表的在场，他们相信这是一次行之有效的表决，自
己的意愿会受到尊重。村民对待个体与整体利益的关系，跟以往的
"搭便车"心理比较有一定程度的转变。为了争取自己的利益，村民
把个人选择转化为集体选择，并且对这种公共选择机制开始有一定的
认同度。

在下一届村干部选举中，村支书在党员和村民两次选举中均失
败。新一届村干部决定于 2008 年以村民联合投资的方式开发建造
菜场。

把这次菜场投资事件与 20 世纪 90 年代中期的村办企业转制相
比，村民在 2003 年的维权意识明显上升。

【案例 7】20 世纪 90 年代中期，萧山市集体企业按政策要求
纷纷转制。长芳村所属的三家集体企业面临转制。在这个转制过
程中，当时在任的绝大部分男性村干部以妻子或子女的身份瓜分
了该村的企业所有权，只有一位男村干部和一位妇女主任没
参与。

　　　村棉纺织厂一分为二，一半归当时王姓支书的儿子买断；另一半为副支书和另一村干部买断，以副支书占大头，副支书因此被排挤出村干部班子；村绝缘体厂为当时村委会会计买断；村轴承厂为当时沈姓村干部的儿子和另一村干部买断，以沈家占大头。买断的价格相当低廉，远远低于企业实际价值。然而，当时村民虽然愤愤不平，却安于接受此种事实，并没有发生上告或其他实际反对行动。两相比较，2003 年的行动实属不易。

　　相隔不到 10 年时间，村民对影响切身利益的村务态度差异明显。其原因有以下几点：

　　（1）村集体企业转制与村里"征地进厂"的工人下岗在同一时期，当时众多家庭忙于自己下岗的相关手续和利益争取，无暇关心其他事务。2003 年村里有大量自谋职业的村民，他们不少是下岗工人，还有一部分是村办企业转制后辞职的村民。在失去稳定收入来源的情况下，村民特别关注集体利益的分配。随着城市化不断推进，城郊农村"寸土寸金"。人们充分认识到：土地是农村最重要最值钱的集体资产，将来村民的出路就在人们这片剩下的土地上。村民想获得稳定的收入来源，较为宽裕地生活，需要把土地资源兑现。恰逢区规划办批准在该村建造一个大型农贸市场，村民都紧紧盯住这个商机。在长芳村股权化后，村集体的年利润在年底按股权分红，目前长芳村年底分红很少。村民希望村集体投资这个菜场以期获得丰厚的分红，同时也期望优先获得商铺购买权。村民认为这两个愿望如果能实现，那长芳村村民未来的生活无忧无虑。

　　（2）90 年代中期，村民余钱不多，土地征用补偿费也未听说。村民后来明白村企被村干部廉价买去，他们也不抗议。不少村民的考虑是：让我买厂，我还买不起，又贷不到款，算了。这就是说，当时村民的市场经济意识很淡，难以想到通过市场竞争的方式卖掉集体企业，保住集体资产。村干部相应的优势是通过村集体做担保，贷款纷纷到位。随着市场经济不断发展，长芳村村民的经济头脑越来越活络，对集体资产的安排产生各种意见，村干部要私吞集体资产的难度逐渐增强。

（3）村企转制惠及当时在任的绝大多数男性村干部，也就是说村干部内部形成某种协商，村集体利益被他们内部瓜分。村干部内部没人捅娄子。村民关注生计，很少关注时代变化和政策。村干部尽可能不透露政策和具体操作过程，以期获得尽可能大的利益。当这种情况为村民所知时，转制早已完成，局面已定。这提醒我们注意：在自治状态下，村集体利益有可能被农村精英合法瓜分。政府提倡村民自治还要建立机制，防范此种现象发生。这个机制如果扔给村民，让他们民主监督，实质意义不大。村民必须对村务知情，才能形成监督。这里首先要解决村民对村务的知情权问题。因此，政府出台相关政策，有必要从多渠道输出政策，使相关群体尽可能多了解政策信息。另一个问题是，如果知情较慢，村民民主监督滞后，政府的对策是什么？或者有什么制度化的补救措施？

4．老干部的监督作用

长芳村的重大公共事务中，两位前任村长及一位前任支书相互沟通。在紧急事件发生时，这三位是村民首先求助的对象。上述菜场投资事件中反对当任支书私自侵占集体利益的领头人包括这三位，他们和村里的一些党员能人开会讨论，赶在村支书开工建造之前，制订抵制村支书计划的实施方案；写联名报告送街道、区政府相关人员；鼓励村民轮流去街道反映民情民怨；督促街道领导按时做出答复；就政府和村支书的新情况聚会商讨对策。

在村干部的换届选举中，这两位前村长牵头，与村里能人、当任会计和治保主任共同商讨，在党员会议上根据候选人资格推举有能力的年轻人当村党支部委员候选人，在当任村支书和村干部商讨决定的村委候选人中一致推举合适的人选并安排参与讨论的人及候选人分头开展活动，每位按血缘或人缘负责几户人家的引导解释工作。这些人都不是村民代表①，但基于血缘的动员工作比较容易做，还有一半的农户与这些老干部或能人没有血缘关系，这些农户的动员由前任品格正直的老村长去做。每到一个阶段，大家聚会谈谈各自的看法，商讨

① 长芳村的村民代表长期以来由村支书圈定，而非村民大会选举。而这些代表几乎不履行代表职责。

具体的下一步措施。在 2006 年长芳村两委干部的选举过程中，这一批人为选举忙碌了一个月。最后的选举结果与他们努力推举的候选人完全一致，只是职务上略有差别。

【案例 8】2006 年 4 月，长芳村进行换届选举。

按规定，50 周岁以下的支书、村长候选人必须具有高中文凭。

原支书，男，党员，50 岁以上，初小毕业，谋求连任。虽然学历不够，按规定连任就不考虑学历要求。曾经在村民建房问题上权钱交易，在菜场投资事件上影响相当差。

原村长，男，党员，在村里工作长达 20 多年，高中毕业，50 岁以下，且无明显劣迹。选举给他留的位置只会升不会降。

原村会计兼妇女主任，女，党员，在村里工作长达 20 多年，高中毕业，50 岁以下，且无明显劣迹。按民意很可能继续当村干部，但要防止现任村支书通过手段把她排除出候选人名单。

原治保主任没有高要求，党员，以原来职位为目标，有更好的职位则欣然接受。

原村联防队队长，村长的小舅子，谋求拥有正式干部身份。个人品行方面的声誉较差。

原村联防队队员徐，高中毕业，党员，退伍军人，40 岁以下，个体经营为其主要收入来源，希望入选村干部。

转制的棉纺织厂厂长，前支书儿子，50 岁以下，初中毕业，希望入选村干部。

私营企业老板，女，党员，50 岁以下，高中毕业，有兴趣当选村里的一官半职。

在这些积极筹措的竞争中，老干部首先拟定先选举的党支部委员候选人：原村长、原村会计、徐姓联防队员、私企女老板。村党支部由 3 人构成，他们准备了 4 个候选人。并在老干部的号召下，大家集会，商量确定一致意见。除村长外的其他 3 个候选人、原治保主任以及一些村庄的能人与三位老干部一起商定，分头去做村里其他不靠拢村支书的党员的工作，争取在选举时能获成功。几天后，大家碰头谈谈做工作的情况，动员工作比较成功，大家就等选举。

选举当天，由街道党工委派干部监督。选举结果按票数多少计算，前三名是原村长、原村会计、徐姓联防队员。这就意味着原支书被挤出村党支部委员的身份。而按规定，村支书、村长从支部委员中产生。街道党工委经考察确定原村长为新任支书。第一次竞争结束，第二次村委会干部的选举即将举行。

为第一次选举集合在一起的人，又以两位前村长为核心，共同讨论下一次候选人。商量决定：原村会计、原村治保主任、徐姓联防队员、私企女老板为候选人。大家以家族关系为基础各自去做村民的动员。几天后碰头汇总动员结果。不久，村民选举开始，区政府派警力维持秩序。不少候选人在选举当天请亲人团拉票，气氛较为紧张。

选举结果当场唱票，当宣布原村会计以绝对多数领先村长职务时，全场响起掌声。紧接着，宣布其他职务的票数，最后以原村治保主任、徐姓联防队员、私企女老板胜出。

老干部的组织作用功不可没。老干部组织的选举人胜选原因：

（1）推举的候选人比较合理。这些候选人具有高中文凭，在村庄的社会交往评价体系里声誉不错，有一定的办事能力。老干部推举这些候选人没有任人唯亲，而是从大局考虑，选出符合条件具有良好社会印象的人，以遏制企图占据集体利益的人胜选。

（2）老干部与村民选举观一致。长芳村村民选举村干部有思维定式。他们习惯于首先考虑在村委工作多年的人选，只要这些人选符合条件，而且没有给大部分村民留下坏印象，最容易成为村民选举的对象。村民对候选人该担任什么职务有论资排辈倾向，这种倾向与老干部的想法一致，原来的村长升为书记，原来的村会计升为村长，原来的村联防队员升为村委干部，原来不在村委工作的私企女老板担任村会计。一个农村社会长期共同生活，沉淀下来某种共同的观念，老干部与村民对村干部的人选有很高的一致性。这也是大多数村民对这次选举结果感到满意的原因。

老干部能带领村民扭转村庄重要事件的性质，能推动选举的方向。这里有一个问题，即老干部为何能有如此作用？根据参与观察发现，可作如下解释：

（1）老干部有村务工作经验。他们对村庄治理过程中要涉及的相关部门，相关程序比较清楚。当村务发生问题时，他们知道如何入手，找哪些职能部门，尽快解决问题。他们根据曾经的村务工作经验，熟悉农村与行政机构、职能部门交涉的程序，他们也比较熟悉与这些部门打交道的规则。所以，老干部组织起来，带动村民维权，成效明显。这也给我们一个启示：村民自治，可以引导村庄建立由老干部组成的民主监督小组。他们既熟悉内部村务的运作，又熟悉村庄与职能部门的沟通方式，是监督现任村干部工作的有力力量。

（2）有些老干部的威望比较高。案例中两位前村长，在村庄中有良好的口碑。他们在任期间清廉、务实。其中一位在任时公正公平，创办村办企业，非常关心村民，帮助村民解决各种困难，后被乡镇企业借调，现经营私企。这两位老干部在村民中很有影响力，村民比较信赖他们。所以在重要的村庄公共事务方面，村民比较容易受他们引导。

（3）老干部经济实力强。案例提到的3名老干部家庭经济状况较好，有固定的休息时间。他们有时间、有精力投身于村庄公共事务。他们不再谋求村干部的位子，能保持对村务的独立意见。

5. 宗教排斥

长芳村村民普遍信仰佛教，与其他农村地区一样，农村的佛教和迷信纠合在一起。村民除了去庙里宿山、拜佛，参加"活菩萨"组织的佛期，人们还把佛教融入对已故亲人的纪念中。清明、鬼节、年关祭祖是长芳村目前祭祖的三个节日。

长芳村"活菩萨"特别多。这些"活菩萨"自称是某个神仙的坐骑，可帮助有困难的人向神仙求助。他们通常在有人登门拜访时，先询问对方情况，然后点香和蜡烛，跪拜神仙。静坐（以示向神仙讨方）后，然后告诉登门求助者要做些迷信活动，像医生开处方一样列出一些活动要求：如念佛、做道场，需要多少量的纸钱。长芳村的"活菩萨"情况如下：

【案例9】在60岁以上的人中，有两名闻名遐迩的"活菩萨"。

一位女"活菩萨"，文盲，60多岁，信她的"佛亲"称呼为"三爹"。她每年定期组织一次全村的佛教活动，由每家自愿出善款，然后请人念佛、做道场，这是普及全村的保太平村活动。在她家里，她每年举行一次"佛期"，为她所属的神仙而作。周边乡镇的佛亲纷纷赶来，一般会带来家禽等牺牲、贡品、纸钱。

另一位"活菩萨"，男，小学文化，退休职工，近70岁，由于生病后说话不方便，宣称自己不再当坐骑。原先在"佛亲"中声望超过前者。有不少夫妻请他为刚出生的孩子起名，请他赐给五彩的挂绳戴在孩子脖子上，祈求平安。那些生病尤其是慢性病的信徒，经常前来询问"良方"。他也曾经组织"佛期"，人丁相当兴旺，各个社会阶层的人都有。

几年前，新一代"活菩萨"又冒出来。有两位，皆为女性，皆为文盲。

一位，50岁，退休，开小杂货店，某天声称自己得幸成为神仙坐骑。开始从事一些迷信活动，也开始做"佛期"。她的"佛期"本村人参与得较少，外村人较多，但总人数不超过两桌。

另一位，50多岁，"得道"的方式与前者一样，知名度也差不多。

长芳村人这类活动蔚然成风。大多数家庭，凡家中有人生久病、重病，就会双管齐下，既跑医院，又跑"活菩萨"。

这些有声望的"活菩萨"，如长芳村两位60岁以上的村民，在村民中有一定的社会地位。但他们不干预别人的家庭纠纷以及村庄公共事务。在长芳村还没有人利用"活菩萨"去拉选票，但在别的地方有。这似乎是一种非正式意义上的政教分离。长芳村的信仰处于"自在"状态,当农民面临重大困难时,它在相当程度上缓解了农民的精神压力。

长芳村"佛教"信仰盛行,基督教信徒在长芳村特别受排斥。

长芳村的基督教徒数量不超过 10 户。这些家庭信仰基督教的原因,个别是妻子嫁过来带来的,一般是遇到难处的时候被基督徒劝说而信仰该宗教的。也就是说,长芳村基督徒大多来源于弱势群体。基督徒与佛教徒完全不同的礼拜仪式、宗教习俗使得佛教徒先入为主地排斥基督徒,邻居之间不串门,甚至亲戚之间因为信仰不同而互不来往。基督徒在家庭遇到困难的时候往往由教友帮助解决。

【案例 10】长芳村一陈姓家庭,信仰基督教。父亲在孩子年幼时醉酒后不幸溺水身亡,母亲含辛茹苦养育一双儿女。在一个基督教邻居的劝说下,皈依基督,寻求心理慰藉。母亲辛苦工作,把儿女培养成一对大学生。儿子是 80 年代的大学生,女儿是 90 年代末的大学生。这在大学生很少的长芳村,实属不易。但长芳村村民很少表示祝贺。

不幸的事接二连三发生。儿子大学毕业后,被分配到一个不如意的工作,闷闷不乐。不久,儿子辞职。在家闲置一段时间后,告别母亲去投奔同学,到四川去找工作,这一去再也没有回来,音信杳无。目前村里人认为他失踪了。村里分配土地补偿费及量化股权时,没有给他名额。村里认为,第一,他早已迁出户口,不在籍。第二,按在籍时间能只能分到少量的钱和股权,且人已多年不见,按无人处理。这引起其母的不满,她最后请教会出面与村里协调,要求给予其子在籍人口待遇。她的理由是其子从未亡故,而且辞职多年,不享受居民待遇,户籍应回村,享受户籍人口待遇。在教会的努力下,村里出于照顾,给予其子完全户籍人口待遇。女儿大学毕业后,自谋职业,收入不高。因恋爱问题跳楼,幸抢救及时,很快康复。现已找到新的工作。在教友的帮助下,她们申请到低保户。

　　基督徒家庭在长芳村社会生活中被边缘化，大致有以下原因：

　　（1）基督教属外来宗教信仰。佛教在农村有着漫长的发展史，它逐渐被纳入传统习俗并成为农民的一种精神依托。长芳村农民的婚丧嫁娶都有固定的仪式，这些仪式与佛教有密切关系。丧葬仪式带有浓厚佛教意义，如果说先人相信阴阳两界说而形成这种仪式，那么今天的长芳村村民更多的是出于难以割舍的情感而遵守这种传统，他们在情感上愿意相信已故亲人灵魂不灭，永远和活着的亲人在一起。在结婚时，长芳村村民嫁娶都有祭拜仪式，为告知先人，祈求先人庇护新人。在传统节日里，长芳村祭祖活动有所淡化，目前长芳村祭祖的节日只有三个：清明、鬼节、年关。这些祭拜一方面为获得先人的庇护；另一方面表达后人的孝道。此外，村民对已故亲人要定期纪念，如做"七"，做"周年"，一般是一周年、三周年、五周年，以后逢十做周年，另外还要给已故亲人做"阴寿①"，这些仪式都需要亲戚参加。基督徒在婚丧嫁娶方面的仪式与佛教截然不同，较为简单，这在佛教徒看来难以接受。基督徒只在清明纪念故人，以鲜花为祭品。佛教徒对此种祭奠方式不以为然。基督徒不参加佛教徒亲戚的众多对亡故亲人的纪念活动。佛教徒认为基督徒背弃传统和风俗，有悖孝道，故排斥基督徒。亲戚之间因此而互不往来。在社会学意义上可以这么说，这种排斥表明长芳村的佛教徒有文化中心主义倾向。

　　（2）基督徒大部分属村庄弱势群体。长芳村的基督徒家庭大多有各自不幸之处，这些家庭在村中的社会地位较低。这些家庭往往需要他人的帮助，而无力帮助他人。亲戚可以帮一时一事，很难长期保持关怀，邻居更加淡漠。从社会交换论看，人们对他人的让渡包含着某种回报的期待，当这种期待无法实现时，人们的让渡会比较谨慎。

　　从情绪上来理解，人们愿意跟快乐的、幸福的人交往，轻松而快乐。若与不幸的人交往，自己的情绪受影响，甚至感觉到某种压力。所以，长芳村的弱势基督徒被人们忽略。

　　（3）基督徒组织性强。基督徒的宗教生活比佛教徒更具组织化。

---

　　① 阴寿：当已故亲人满逢十虚岁，如七十岁、八十岁、一百岁，在其生日为其做寿。

他们定期做礼拜，共同聚会交流相互安慰。当"兄弟姐妹"有人生病住院时，他们轮流值班看护。当其中有人有难以解决的困难时，他们相互出谋划策并以教会名义出面帮助解决。基督徒内部的情感联系密切，满足了社会交往的情感需求。教友教会提供的切实帮助，满足了基督徒的一些利益需求。因此，他们在情感上更倾向于教友，在现实困难面前更依赖基督徒组织。相应地，基督徒与佛教亲戚、邻居的关系更疏离。

然而，长芳村有一户经济条件相当好的基督徒村民，有实业，与萧山一著名的企业家有亲戚关系，并受其关照，这户村民在村里也被冷落。尽管每到周末，教友开着名车来他们家聚会，但村民并不与之发生密切的社会联系，不想从他们那里获得社会资源。基督徒在长芳村几乎没有地缘关系。

6. 对周边下岗市民另眼相看

长芳村与萧山的杭州第二棉纺织厂（以下简称"杭二棉"）的家属区相邻。计划经济年代，杭二棉工人享有萧山城厢镇①居民户口，是标准的城里人，也是长芳村姑娘热衷的择偶对象，而杭二棉的小伙不会选择农村户口的长芳村姑娘，选择的是"征地进厂"迁出户口的长芳村姑娘。长芳村姑娘很乐意嫁到杭二棉，离家近，对方是工人，经济条件比农村好。90 年代中期，杭二棉转制后，原来的工人下岗。差不多同一时期，长芳村转制，土地征用的赔偿安置费等陆续兑现。老杭二棉工人家庭的小伙很倾向于找长芳村姑娘结婚。选择长芳村姑娘，意味着拆迁时能获得面积较大的安置房。

长芳村转制后，姑娘出嫁均不迁户口，婚后把子女的户口也放到长芳村，以期拆迁时获利。在拆迁政策中，以户为单位，凡具有萧山户口且未享受过经济适用房的，每户每人可分得 50 平方米安置房。这些女子如是计算：一家三口，自己和孩子户口在村里，丈夫也可跟随安置，夫妻俩各 50 平方米，独生子女按两个人算，这样一家可安置 200 平方米。

_____

① 萧山市中心所在地，属于萧山老市民所在的区域。

　　然而，杭二棉和长芳村均转制后，长芳村姑娘很少把杭二棉家庭的小伙作为择偶对象，全村仅有1人。除去入赘的，出嫁的姑娘往往选择跟长芳村情况相似的城郊农村的小伙。杭二棉的姑娘却跟小伙不同，她们择偶仍然不考虑长芳村及周边其他农村的小伙。另外，长芳村小伙也不考虑杭二棉的姑娘。

　　这种择偶观的差异，反映了社会变迁对家庭生活的影响，长芳村的村民对邻近的杭二棉工人有了新的看法。

　　长芳村和杭二棉都转制前，年轻人根据工农差别择偶，工人找工人，工人与农民很少通婚。只存在杭二棉小伙娶长芳村"征地进厂"迁户口的姑娘这类婚姻。这类婚姻中，双"工人"利益叠加，没有任何一方因与农民结婚而致使家庭经济状况削减。另外，按农村的习俗，女儿出嫁后，以夫家为重，所以当年"征地进厂"的长芳村姑娘嫁给城里人毫无障碍。

　　但是，杭二棉的姑娘很少嫁给长芳村"征地进厂"的小伙，这些小伙一般都生活在长芳村，很少有分到单位房。这表明，姑娘的评价体系里，农村与城市差别很大。第一，农村的家庭经济条件差，公婆在经济上不能帮助儿子的小家庭。第二，与公婆生活在一起不自由。农村的公婆对儿媳的要求比较传统。公婆都希望儿媳孝顺，这意味着儿媳在经济上要照顾老人，要承担家里的大部分家务，管教好孩子，不能太顾着娘家，要听丈夫的话，听公婆的话。不然，就不是一个好儿媳。这是城里人最难以接受的。城里人家庭男女较为平等，家务分摊，妻子相当照顾父母，反而对公婆比较疏远。所以，城里的姑娘不敢嫁到农村。第三，农村生活走动的亲戚多，人情世故烦琐。比如，小姑子的公婆做寿或做祭日，嫂嫂都要到场礼贺。在这方面，城市生活要简单得多。城里人近亲走动，远亲一般不走动，走动的亲戚没有严格的礼尚往来，较为自由。第四，生活空间不够私密。农村社会比较爱打听别人的家庭生活，或者某些隐私，把这些当作话题讨论。更有甚者，如果谁总是穿着时髦，会被人议论；谁有固定的爱好，比如跳舞、打球这些城里人平常的娱乐活动也会被农村的邻居们谈论。城市社会的风俗与农村的风俗差异很大。农村的传统和风俗给年轻媳妇带来不小的精神压力。农村姑娘嫁作儿媳后，个人的生活质量下降，更别说城里姑娘的感受。这些不仅是过去城里姑娘不嫁农村居民小伙的原因，也是现在杭二棉工人家庭出身的姑娘不嫁到长芳村的原因。

有意思的是，农村的公婆基于城乡风俗的差异，也不喜欢城里人做儿媳。长芳村的公婆正是如此，他们过去不喜欢城里儿媳，现在也不喜欢。在农村公婆眼里，城里媳妇不节约，吃穿入时；不贤惠，与丈夫分家务；不孝顺，很少管公婆；最怕的是以娘家为主。在萧山农村，流行一种看法：儿子不能娶城里人，特别是杭州人，不然这个儿子就白养了。在杭州流行一种看法：女孩子不能嫁给萧山人，哪怕他们很有钱，萧山婆婆太厉害。这些针锋相对的分歧，实质是传统农村社会与现代城市社会的差异，它集中体现在家庭婚姻方面。调查数据佐证我们的分析，调查显示，42.3%的长芳村村民认为自己家庭的生活方式与城里人的生活方式相比"有一些差别"，认为"有很大差别"的占14.6%。

现在的变化是，杭二棉的小伙想娶长芳村的姑娘却娶不来。杭二棉家庭，父母下岗，即使有的另谋出路，经济条件上相对于长芳村农户的优势不比当年，甚至比长芳村农户差。当年工薪家庭分的房子面积不大，很少有在外面买商品房，姑娘若嫁到杭二棉，要跟公婆挤着住，等孩子出生，空间就更小。所以，比较之下，长芳村姑娘更多嫁到本村或其他跟长芳村相似的城郊农村，嫁到城市的都有独立的商品房，不跟公婆一起住。

长芳村村民认为如今的杭二棉工人不宽裕，下岗后收入少，住房拥挤，他们的经济条件不如长芳村的村民。但村民眼里，这批下岗工人仍然很会消费，像计划经济年代那样吃光用光，不知节约；小市民气息重，市场上买菜常跟摊主计较；小区无人负责管理，杂草丛生，道路毁坏，居住环境不好；还是有点看不起农民。长芳村村民很是不满老杭二棉工人那种随时露出来的优越感。在长芳村村民看来，杭二棉工人经济拮据，不少大龄男青年娶不起媳妇，没有理由还有优越感。在计划经济时代，长芳村农民羡慕杭二棉工人的消费方式，进而羡慕他们的工人身份。那时村民认为，工人身份意味着生老病死皆有保障，所以他们吃光用光在情理之中。如今，杭二棉工人下岗了，相对经济条件变得比较差了，他们难以改变以往的消费方式，村民对他们表示鄙视。长芳村村民认为"工人"一直比较小气，菜市场上老看见或做生意碰到"工人"磨时间讨价还价，斤斤计较。过去，村民对这种小市民气不以为然，却从不表达出来，如今却有点不屑。长芳村卖菜的村民之间经常交流对付杭二棉小市民的办法，言语之间常有鄙视之意。

这种细微的态度转变比较微妙，似乎长芳村村民相比于杭二棉工人有种优越感。但有一点是明白的，即长芳村村民对现状是满意的，这有两方面的原因：一方面农民主要的参照群体在村内，村庄内部贫富差距小，农民容易满足；另一方面与计划经济年代相比，杭二棉工人与村民的贫富差距缩小，甚至比不上一般村民，村民的相对满足感较强。

# 参考文献

Allen, Vernon L. & van deVliert (eds.) 1984, *Role Transitions: Explorations and Explanations*, New York: Plenum Press.

Ashforth, Blake E.2000, *Role Transitions in Organizational Life: An Identity-Based Perspective*, Mahwah: Lawrence Erlbaum Associates, Inc.

Bates, F. L. & C. C. Harvey 1975, *The Structure of Social Systems*, New York: Wiley.

Biddle, Bruce J.& Edwin J.Thomas 1966, *Role Theory: Concepts and Research*, New York: John Wiley & Sons, Inc.

Biddle, Bruce J. 1979, *Role Theory: Expectations, Identities, and Behaviors*, New York: Academic Press.

Biddle, Bruce J.1986, "Recent Developments in Role Theory", *Annual Reviews of Sociology* 12.

Biddle, Bruce J. 2004, "Role Theory". in Edgar F. Borgatta, as editor-in-chief, *Encyclopedia of Sociology*. New York: Macmillan Reference.

Biddle, Bruce J., Barbara J. Bank & Ricky L. Slavings 1987, "Norms, Preferences, Identities and Retention Decisions", *Social Psychology Quarterly* 50 (4).

Boyanowsky, Ehor O.1984, "Self-Identity Change and the Role Transition Process", in Vernon L.Allen & Evert van de Vliert (eds.), *Role Transitions: Explorations and Explanations*.New York: Plenum Press.

Brown, D.L.& L.Kulcsar 2000, "Rural Families and Rural Development in Central and Eastern Europe", *Eastern European Countryside* 6.

Brown, D.L.& L.Kulcsar 2001, "Household Economic Behavior in

Post-Socialis Hungary", *Rural Sociology* 66.

Burt, R. S. 1982, *Toward a Structural Theory of Action: Network Models of Social Structure, Perception, and Action*.New York: Academic.

Cast, A.D.2004, "Role Taking and Interaction", *Sociological Psychology Quarterly* 67.

Coverman, Shelley 1989, "Role Overload, Role Conflict, and Stress: Addressing Consequences of Multiple Role Demands", *Social Forces* 67 (4).

Deere, C.D.& A.deJanvry 1981, "Demographic and Social Differentiation Among Northern Peruvian Peasants", *The Journal of Peasant Studies* 8.

Enright, Robert D.& Daniel K.Lapsley 1980, "Social Role-Taking: a Review of the Constructs, Measures, and Measurement Properties", *Review of Educational Research* 50 (4) (Winter).

Fein, Melvyn L. 1990, *Role Change: aResocialization Perspective*, New York: Praeger Publishers.

Fischer, C.S.1982, *To Dwell Among Friends: Personal Networks in Town and City*, Chicago: University of Chicago Press.

Fisher, C.D.& R.Gitelson 1983, "A Metaanalysis of the Correlates of Role Conflict and Ambiguity", *Journal of Applied Psychology* 68.

Goffman, Erving 1959, *The Presentation of Self in Everyday Life*, New York: Boubleday.

Goffman, Erving 1961, *Encounters: Two Studies in the Sociology of Interaction*, Indianapolis: Bobbs-Merrill.

Goode, William J.1960, "A Theory of Role Strain", *American Sociological Review* 25 (4) (Aug.).

Gordon, C.& P.Gordon 1982, "Changing Roles, Goals, and Self-Conceptions: Process and Results in a Program for Women's Employment", in Ickes & Knowles (eds.), *Personality, Roles, and Social Behavior*.New York: Springer-Verlag.

Gordon, Chad 1976, "Development of Evaluated Role Identities", *Annual Reviews of Sociology* 2.

Goudy, W. J. 1990, "Community Attachment in Rural Region", *Rural Sociology* 55.

Gove, W.R.1975, *The Labeling of Deviance: Evaluating a Perspective*, New York: Wiley.

Hare, A. P. 1985, *Social Interaction as Drama: Applications from Conflict Resolution*, Beverly Hills, Calif: Sage.

Heiss, J. 1981, "Social Roles". in M. Rosenberg & R. H. Turner (eds.), *Social Psychology: Sociological Perspectives*, New York: Basic.

Hilbert, Richard A. 1981, "Toward an Improved Understanding of 'Role' ", *Theory and Society* 10 (2) (Mar.).

Hunt, Diana 1978, "Chayanov's Model of Peasant Household Resource Allocation and its Relevance to Mbere Division, Eastern Kenya", *Journal of Development Studies* 15 (Oct.).

Ickes, William & Eric S.Knowles (eds.) 1982, *Personality, Roles, and Social Behavior*, New York: Springer-Verlag.

Linton, R.1936, *The Study of Man*, New York: Appleton-Centruy.

Lyman, S.M.& M.B.Scott 1975, *The Drama of Social Reality*, New York: Oxford University Press.

Lynch, Karen Danna 2007, "Modeling Role Enactment: Linking Role Theory and Social Cognition", *Journal for the Theory of Social Behavior* 37 (4).

Lyson, Thomas A. & Amy Guptill 2004, "Commodity Agriculture, Civic Agriculture and the Future of U. S. Farming", *Rural Sociology* 69 (3).

McCall, G.J.1982, "Discretionary Justice: Influences of Social Role, Personality, and Social Situations".in Ickes & Knowles (eds.), *Personality, Roles, and Social Behavior*, New York: Springer-Verlag.

Mead, G.H.1934, *Mind, Self and Society*, Chicago: University of

Chicago Press.

Menjívar, Cecilia 2006, "Liminal Legality: Salvadoran and Guatemalan Immigrants' Lives in the United Status", *American Journal of Sociology* 111 (4).

Merton, R.K.1957, "The Role-Set: Problems in Sociological Theory", *British Journal of Sociology* 8 (2) (Jun.).

Merton, R.K.1957, *Social Theory and Social Structure* (Rev.ed.). Glencoe, Ⅲ.: The Free Press.

Mischel, W.1977, "The Interaction of Person and Situation".in D. Magnusson & N.S.Ender (eds.), *Personality at the Crossroads: Current Issues in Interactional Psychology*.Hillsdale, N.J.: Lawrence Erlbaum Associates.

Moreno, J.L.1934, *Who Shall Survive?* Washington, D.C.: Nervous and Mental Disease Publication. (Rev. ed. New York: Beacon House, 1953).

Netting, R. 1993, *Smallholders, Householders: Farm Families and the Ecology of Intensive, Sustainable Agriculture*, Stanford, California: Stanford University Press.

O'Brien, David J., Stephen K. Wegren & Valeri V. Patsiorkovsky, 2005, "Marketization and Community in Post-Soviet Russian Villages", *Rural Sociology* 70 (2).

Oatley, K.1990, "Role Transitions and the Emotional Structure of Everyday Life", in S. Fisher & C. L. Cooper (eds.), *On the Move: the Psychology of Change and Transition*, Chichester Engand: Wiley.

Omi, Michael & HowardWinant, 1994, *Racial Formation in the United States: From the 1960s to the 1990s*, New York: Routledge.

Parsons, T.1951, *The Social System*, New York: Free Press.

Parsons, T., Shils, E. A.1951. *Toward a General Theory of Action*, Cambridge, Mass: Harvard University Press.

Perlman, Helen Harris 1968, *Persona: Social Role and Personality*,

Chicago: The University of Chicago Press.

Polanyi, Karl 2001/1944, *The Great Transformation*, Boston: Beacon.

Popkin, Samuel L. 1979, *The Rational Peasant*, Berkeley, C. A.: University of California Press.

Ritzer, G. 1996, *The McDonaldization of Society: an Investigation into the Changing Character of Contemporary Social Life* (rev.ed.), Thousand Oaks, C.A.: Pine Forge Press.

Ritzer, G. 2000, *The McDonaldization of Society*, New Century Edition.Thousand Oaks, C.A.: Pine Forge Press.

Sarbin, T.R. 1982, "A Preface to a Psychological Theory of Metaphor", in V. L. Allen & K. E. Schibe (eds.), *The Social Context of Conduct: Psychological Writings of T.R.Sarbin*.New York: Praeger.

Scheibe, K.E. 1979, *Mirrors, Masks, Leis, and Secrets: the Limits of Human Predictability*, Now York: Praeger.

Shaffer, Ron, SteveDeller & Dave Marcouiller 2004, *Community Economics* (2nd ed.), Iowa: Blackwell Publishing.

Shanin, Teodor (ed..) 1987, *Peasant and Peasant Societies: Selected Readings* (2nd.ed.), New York: Basic Blackwell Ltd.

SinghaRoy, Debal K.2004, *Peasant Movements in Post-colonial India: Dynamics of Mobilization and Identity*, New Delhi: Sage Publications India Pvt Ltd.

Stovel, Katherine & Mike Savage 2006, "Mergers and Mobility: Organizational Growth and the Origins Of Career Migration at Lloyds Bank", *American Journal of Sociology* 111 (4).

Stryker, S.& A.Statham 1985, "Symbolic Interaction and Role Theory", in C.Lindzey & E.Aronson (eds.), *Handbook of Social Psychology* 1, New York: Random.3rd ed.

Stryker, S.& A.S.Macke 1978, "Status Inconsistency and Role Conflict", *Annual Reviews of Sociology* 4.

Stryker, S. & R. T. Serpe 1982, "Commitment, Identity Salience, and Role Behavior: Theory and Research Example", in Ickes & Knowles (eds.), *Personality, Roles, and Social Behavior*, New York: Springer-Verlag.

Szelenyi, I.& E.Kostello 1998, "Outline of an Institutionalist Theory of Inequality: The Case of Socialist and Post Communist Eastern Europe", in *The New Institutionalism in Sociology*, (eds.) by M.C.Brinton & V.Nee. New York: Russell Sage Foundation.

Taylor, Charles 1992, *Multiculturalism and "The Politics of Recognition"*, Princeton: Princeton University Press.

Theodory, G.L.2001, "Examining the Effects of Community Satisfaction and Attachment on Individual Well-Being", *Rural Sociology* 66.

Tsushima, T.& V. Gecas 2001, "Role Taking and Socialization in Single-Parent Families", *Journal of Family Issues* 22.

Turner, R.H.& N.Shosid 1976, "Ambiguity and Interchangeability in Role Attribution: the Effect of Alter's Response", *American Social Review* 41.

Turner, Ralph H.1962, "Role-Taking: Process versus Conformity", in Arnold M.Rose (ed.), *Human Behavior and Social Processes: anInteractionist Approach*.Boston: Houghton Mifflin.

Turner, Ralph H.1974, "Rule learning as Role Learning: What an Interactive Theory of Roles adds to the Theory of Social Norms", *Interviews Journal of Critical Sociology* 1.

Turner, Ralph H.1978, "The Role and the Person", *The American Journal of Sociology* 84 (1) (Jul.).

Turner, Ralph H.1979, "Strategy for Developing an Integrated Role Theory", *Humboldt Journal of Social Relation* 7.

Turner, Ralph H.1985, "Unanswered Questions in the Convergence between Structuralist and Interactionist Role Theories", in J.H.Helle & S. N. Eisestadt (eds.), *Micro-Sociological Theory: Perspectives on*

*Sociological Theory* 2， Beverly Hills， Calif：Sage.

Turner， Ralph H.1990， "Role Change".*Annual Reviews of Sociology* 16.

United Nations 1994， *Human Development*.New York：Oxford University Press.

United Nations Human SettlementsProgramme 2004， *Urban-Rural Linkages：An Annotated Bibliography 1994-2004*.UN-HABITAT.

Van deVliert， E.1981， "A Three-Step Theory of Role Conflict Resolution"， *Journal of Social Psychology* 113.

Van Sell， M.， A.P.Brief & R.S.Schuler 1981， "Role Conflict and Role Ambiguity：Integration of the Literature and Directions for Future and Directions for Future Research， *Humboldt Journal of Social Relation* 34.

Walzer， Michael 1983， *Spheres of Justice*， New York：Basic.

Whyte， Ian D.2000， *Migration and Society in Britain， 1550-1830*. London：Macmillan.

Winship， C.& M.Mandel 1983， "Roles and Positions：A Critique and Extension of the Blockmodeling Approach"， in *Sociological Methodology 1983-1984*， （ed.） by S.Leinhardt.San Francisco：Jossey-Bass.

Zurcher， L.A.1983， *Social Roles：Conformity， Conflict， and Creativity*， Beverly Hills， Calif：Sage.

［美］埃弗里特·M.罗吉斯、拉伯尔·J.伯德格：《乡村社会变迁》，王晓毅、王地宁译，浙江人民出版社 1988 年版。

［英］爱德华·汤普森：《共有的习惯》，沈汉、王加丰译，上海人民出版社 2002 年版。

常进雄：《城市化进程中失地农民合理利益保障研究》，《中国软科学》2004 年第 3 期。

陈国富：《财产规则、责任规则、不可转让规则与农地产权保护》，《开放时代》2006 年第 4 期。

陈映芳：《"农民工"：制度安排与身份认同》，《社会学研究》2005 年第 3 期。

陈映芳等：《征地与郊区农村的城市化——上海市的调查》，文汇出版社 2003 年版。

［美］第默尔·库兰：《偏好伪装的社会后果》，丁振寰、欧阳武译，长春出版社 2005 年版。

杜洪梅：《城市化进程中城郊农民融入城市社会问题研究》，《社会科学》2004 年第 7 期。

傅白水：《解决农民失地问题的浙江模式》，《中国改革（农村版）》2004 年第 7 期。

高勇：《城市化进程中失地农民问题探讨》，《经济学家》2004 年第 1 期。

［美］戈登：《在美国的同化：理论与现实》，载马戎编《西方民族社会学的理论与方法》，天津人民出版社 1997 年版。

［美］戈夫曼：《日常接触》，徐江敏等译，华夏出版社 1990 年版。

［美］戈夫曼：《日常生活中的自我呈现》，冯钢译，北京大学出版社 2008 年版。

关宏超、祝锡萍：《依靠机制创新保障失地农民合法权益——浙江省台州市征地保障制度创新调查》，《农业经济问题》2004 年第 9 期。

［荷］何·彼特：《谁是中国土地的拥有者？——制度变迁、产权和社会冲突》，林韵然译，社会科学文献出版社 2008 年版。

黄祖辉、毛迎春：《浙江农民市民化——农村居民进城决策及进城农民境况研究》，《浙江社会科学》2004 年第 1 期。

［英］霍华德·纽比、弗雷德里克·巴特尔：《批判的农村社会学导论》，载苏国勋、刘小枫主编《社会理论的知识学建构》Ⅲ，华东师范大学出版社 2005 年版。

姜作培：《农民市民化必须突破五大障碍》，载《中共杭州市党校学报》2002 年第 6 期。

蒋省三、刘守英：《让农民以土地权利参与工业化——解读南海模式》，《政策》2003 年第 7 期。

［美］卡斯特（Manuel Castells）：《认同的力量》，夏铸九、黄丽玲等译，唐山出版社 1997 年版。

课题组：《城市化进程中农民市民化问题研究》，《经济与社会发展》2003 年第 6 期。

孔祥智、王志强：《我国城镇化进程中失地农民的补偿》，《经济理论与经济管理》2004 年第 5 期。

［美］赖特·米尔斯：《社会学的想像力》，陈强、张永强译，三联书店 2001 年版。

蓝宇蕴：《城中村空间改造的思考》，《中共福建省委党校学报》2008 年第 12 期。

李惠斌、杨雪冬编：《社会资本与社会发展》，社会科学文献出版社 2000 年版。

李培林：《流动农民工的社会网络与社会地位》，《社会学研究》1996 年版第 4 期。

李培林：《村落的终结——羊城村的故事》，商务印书馆 2004 年版。

李强：《关于城市农民工的情绪倾向与社会冲突问题》，《社会学研究》1995 年第 4 期。

李强：《影响中国城市流动人口的推力与拉力分析》，《中国社会科学》2003 年第 1 期。

林南：《社会资本——关于社会结构与行动的理论》，张磊译，上海人民出版社 2005 年版。

林拓：《农民市民化：制度创新与社会空间形态的转变》，《经济社会体制比较》2004 年第 5 期。

林毅夫：《制度、技术与中国农业发展》，上海三联书店 2005 年版。

卢海元：《土地换保障：妥善安置失地农民的基本设想》，《中国农村观察》2003 年第 6 期。

陆福兴：《解读"咸嘉模式"》，《决策咨询》2004 年第 11 期。

陆学艺：《内发的村庄：行仁村》，社会科学文献出版社 2001

年版。

[美] 罗伯特·金·默顿：《论理论社会学》，何凡兴等译，华夏出版社 1990 年版。

[美] 马若孟：《中国农民经济》，史建云译，江苏人民出版社 1999 年版。

毛丹：《乡村组织化与乡村民主——浙江尖山下村观察》，《中国社会科学季刊》1998 年春季卷。

毛丹：《浙江村庄的大转型》，《浙江社会科学》2008 年第 10 期。

毛丹、王珂：《杭州市撤村建居文件汇编》（未刊本）。

毛丹、王萍：《村级组织的农地调控权》，《社会学研究》2004 年第 6 期。

[法] 孟德拉斯：《农民的终结》，李培林译，中国社会科学出版社 2005 年版。

彭慕兰：《腹地的构建：华北内地的国家、社会和经济（1853—1937）》，马俊亚译，社会科学文献出版社 2005 年版。

[法] 皮埃尔·布迪厄、[美] 华康德：《实践与反思——反思社会学导引》，李猛、李康译，中央编译出版社 2004 年版。

[俄] 恰亚诺夫：《农民经济组织》，萧正洪译，中央编译出版社 1996 年版。

[美] 乔治·H.米德：《心灵、自我与社会》，赵月瑟译，上海译文出版社 1992 年版。

史娟：《城市化进程中失地农民问题研究述评》，《山东农业大学学报》（社会科学版）2004 年第 2 期。

史娟：《城市化进程中失地农民问题研究述评》，《山东农业大学学报》（社会科学版）2004 年第 2 期。

孙东海：《谨防"郊区陷阱"——与黄向阳博士一席谈》，《决策咨询》2001 年第 3 期。

孙久文、杨维凤：《我国城镇化发展中的区域协调问题》，《生态经济》2008 年第 11 期。

唐根年等：《中国农民市民化经济门槛与城市化关系研究：理论

与实证》，《经济地理》2006 年第 1 期。

陶然、曹广忠：《"空间城镇化""人口城镇化"的不匹配与政策组合应对》，《改革》2008 年第 10 期。

［英］特奥多·沙宁：《农村社会学的产生和发展》，载苏国勋、刘小枫主编《社会理论的知识学建构》Ⅲ，华东师范大学出版社 2005 年版。

田凯：《关于城市农民工城市适应性的调查与思考》，《社会科学研究》1995 年第 5 期。

田珍：《我国农民市民化问题研究观点综述》，《经济纵横》2006 年第 4 期。

［美］托马斯、［波兰］兹纳涅茨基：《身处欧美的波兰农民》，张友云译，译林出版社 2000 年版。

汪立华：《城市性与农民工的城市适应》，《社会科学研究》2003 年第 5 期。

王春光：《新生代农村流动人口的社会认同及城乡融合关系》，《社会学研究》2001 年第 3 期。

王道勇：《农民市民化：传统超越与社会资本转型》，《甘肃社会科学》2005 年第 4 期。

王颉、樊平、陈光金、王晓毅：《多维视角下的农民问题》，江苏人民出版社 2007 年版。

王进、侯远志：《农民市民化问题研究综述》，《安徽农业科学》2008 年第 2 期。

［美］威廉·伊斯特利：《在增长的迷雾中求索：经济学家在欠发达国家的探险与失败》，姜世明译，中信出版社 2005 年版。

文军：《农民市民化：从农民到市民的角色转型》，《华东师范大学学报》2004 年第 3 期。

我国农村劳动力转移与农民市民化研究课题组：《我国农村劳动力转移与农民市民化研究》，《经济研究参考》2003 年第 5 期。

［美］西奥多·W.舒尔茨：《改造传统农业》，梁小民译，商务印书馆 1987 年版。

谢建社:《农民工分层:中国城市化思考》,南开大学社会工作与社会政策系编《农村劳动力转移的社会政策学术研讨会论文集》2006 年。

徐浩:《农民经济的历史变迁——中英乡村社会区域发展比较》,社会科学文献出版社 2002 年版。

徐元明:《失地农民市民化的障碍与对策》,《现代经济探讨》2004 年第 11 期。

于文波、王竹:《混合社区适宜模式及实现途径研究》,《规划师》2006 年第 6 期。

[美] 詹姆斯·C.斯科特:《农民的道义经济学:东南亚的反叛与生存》,程立昱、刘建等译,译林出版社 2001 年版。

[美] 詹姆斯·C.斯科特:《国家的视角:那些试图改善人类状况的项目是如何失败的》,王晓毅译,社会科学文献出版社 2004 年版。

张汝立:《农转工:失地农民的劳动与生活》,社会科学文献出版社 2006 年版。

张孝直:《中国城市化过程中的"政府悖论"》,《国家行政学院学报》2002 年第 5 期。

张媛媛、贺利军:《城市化过程中对失地农民就业问题的再思考》,《社会科学家》2004 年第 2 期。

赵立康 (课题组/负责人):《杭州市失地农民权益保情况调查与建立新机制的探索》,《杭州研究》2005 年第 2 期。

赵锡斌、温兴琦、龙长会:《城市化进程中失地农民利益保障问题研究》,《中国软科学》2003 年第 8 期。

赵新平、周一星:《改革以来中国城市化道路及城市化理论研究述评》,《中国社会科学》2002 年第 2 期。

赵延东:《"社会资本"理论述评》,《国外社会科学》1998 年第 3 期。

赵延东、风笑天:《社会资本、人力资本与下岗职工的再就业》,《学术季刊》2000 年第 2 期。

折晓叶：《村庄的再造——一个超级村庄的变迁》，中国社会科学出版社 2007 年版。

浙江省人民政府研究室课题组：《城市化进程中失地农民市民化问题的调查与思考》，《浙江社会科学》2003 年第 4 期。

郑杭生：《农民市民化：当代中国社会学的重要研究主题》，《甘肃社会科学》2005 年第 4 期。

郑杭生、吴力子：《"农民"理论与政府体系急需重构——定县调查告诉我们什么?》，《中国人民大学学报》2004 年第 5 期。

周大鸣：《城乡结合部的社区研究——广州南景村五十年的变迁》，《社会学研究》2001 年第 4 期。

周晓虹：《流动与城市体验对中国农民现代性的影响》，《社会学研究》1998 年第 5 期。

朱力：《群体性偏见与歧视——农民工与市民的摩擦性冲突与互动》，《江海学刊》2001 年第 6 期。

朱力：《论农民工阶层的城市适应》，《江海学刊》2002 年第 6 期。

朱信凯：《农民市民化的国际经验及对我国农民工问题的启示》，《中国软科学》2005 年第 1 期。